마음속
요정과
도깨비

마음속
요정과
도깨비

펴낸날 2021년 4월 30일

지은이 류정미
펴낸이 주계수 | **편집책임** 이슬기 | **꾸민이** 전은정

펴낸곳 밥북 | **출판등록** 제 2014-000085 호
주소 서울시 마포구 양화로 59 화승리버스텔 303호
전화 02-6925-0370 | **팩스** 02-6925-0380
홈페이지 www.bobbook.co.kr | **이메일** bobbook@hanmail.net

© 류정미, 2021.
ISBN 979-11-5858-773-4 (03190)

'내 안의 나'와 마주하기

마음속___
요정과___
도깨비___

류정미

마음속 요정과 도깨비를 다스리는 시간

긍정적인 마음의 요정, 부정적인 마음의 도깨비
우리는 마음속에 누구를 키우고 있을까?

우리 마음의 요정과
도깨비에게 인사를!

우리 마음속에는 작은 친구들이 산다. 그 친구들은 바로 요정들과 도깨비들이다. 요정은 긍정적으로 생각하고 매사에 감사할 줄 아는 마음이고, 도깨비는 부정적인 생각으로 가득 차 있고 불만뿐인 마음이다. 그리고 요즈음 세상은, 그리고 사람들 속에는 요정보다 도깨비가 훨씬 많은 것 같다. 우리는 보통 '긍정적으로 사는 것이 부정적인 생각만 하고 사는 것보다 낫다'고 생각한다. 물론 그렇다. 긍정적인 마음가짐은 자신의 삶을 윤택하게 해 주고 주위 사람들에게 에너지를 줄 수 있다. 하지만 우리 마음속에 도깨비는 없고 요정만 있다면 과연 행복하게 살아갈 수 있을까? 나아가 그런 사람들만 있다면 세상은 웃음만 넘치는 곳이 될까?

나는 '아니다'라고 생각한다. 세상에 정답은 없다. 도깨비만 가득한 세상은 생각하기도 싫지만, 그 반대도 마찬가지이다. 마음속 요정들은 아껴주고 닦아주며 잘 키우고, 도깨비들은 조금 눌러가야 한다. 어느 한쪽이 없어지거나 가득 차거나 하는 것이 아니라 서로에게 없는 부분들은 채워가며 함께 존재해야 한다. 그렇게 했을 때 서로 간에 더욱 큰 효과를 낼 수 있다고 생각한다.

이 세상을 만난 지 그렇게 오래되지는 않았지만 그렇다고 살아온 날들이 적지도 않다. 개인적인 생각으로, 40년 채 살지 않은 이 시기에 내 생각을 정리하고 책으로 엮는 것이 이제껏 살아오면서 한 생각과 경험을 바탕으로 앞으로 나아갈 길을 제시하는 데에 좋은 시도가 될 것으로 생각했기 때문에 펜을 들었다.

또한, 내 사랑하는 아이들에게 '엄마가 이렇게 살아왔단다'라고 들려주고 싶다는 것도 내가 책을 엮는 이유 중 하나이다. 내가 그렇게 파란만장한 삶을 살아왔다고도, 대단한 일들을 겪어왔다고도 생각하지는 않지만, 그래도 우리 아이들의, 어떤 일이 있을지 모르는 창창한 앞길에 조금이라도 도움이 되리라 싶어서 글을 쓰는 것이다. 아울러, 만약 다른 아이들이 이 책을 접하고 읽게 된다면 그 아이들의 앞으로의 삶에도 좋은 영향을 끼쳤으면 좋겠다. '성공'만이 목적인 것처럼 되어버린 이 현대 사회에서 조금이라도 다른, 성공의 기준을 가지고 조금이나마 다양한, 삶의 방향을 추구하도록 하는 데에 작은 영양제가 될 것이라 믿는다.

그리고 꼭 아이들뿐 아니라 이 책을 접하는 어른들을 포함해 모든 이들이 행복했으면 좋겠다. 행복하지 못한, 혹은 그저 그런 나날들을 살아가던 이들이 이 책을 읽고서 삶의 행복을 되찾았다고 한다면 나는 그것만으로도 이 책을 펴내느라 애쓴 것에 대한 충분한 보상이 될 것이라고 생각한다. 누군가를 행복하게 할 수 있다는 것은 엄청난 능력이자 재능이라고 생각하는데, 그런 재능이 나에게 있다는 것을 발견한다면 나 또한 매우 기쁠 것이다.

내가 이 책을 엮기로 한 이유를 설명해 봤는데, 사실 궁극적인 이유는 따로 있다. 아니, 따로라기보다는 앞서 말한 이유를 포괄하는 것인 것 같기도 하다. 바로 삶의 에너지를 주기 위해서이다. 주는 대상은 다른 이들뿐 아니라 나 자신도 포함이다. 가끔 이런 생각을 할 때가 있다. 너무 지치고 피곤할 때, 혹은 에너지가 필요할 때 '무한 동력'이 있었으면 좋겠다는 생각이다. 이론상으로 무한 동력이라는 것은 열역학 법칙에 위배되어, 존재가 불가능하지만, 인간의 에너지 공급원이 이웃이나 곁에 있는 사람들이라면 인간의 긍정적인 에너지가 무한정 공급되는 것은 가능하지 않을까? 생각해보았다. 타인에게서 얻는 에너지란 한 방향으로 공급되는 것이 아니라 쌍방향으로 이동하는 것이라고 생각한다. 내 옆에 있는 사람이 처져 있으면 나도 같이 에너지를 잃기 마련이다. 반대로, 옆 사람이 밝고 빛나는 에너지로 가득하다면, 나 또한 조금씩 회복되는 경험을 할 수 있다. 이 에너지는 보이는 것도, 만질 수 있는 것도 아니지만 느낄 수는 있다. 곁에 있는 사람들도 모두 느낄 수 있는 신비로운 것이다.

그렇다면 인간의 무한 동력의 근원지는 어디일까? 사람마다 다른 것일까? 나는 '나 자신'이라고 답하고 싶다. 더 정확히 말하면 '나의 마음'이다. 마음가짐, 마음먹기. 이것은 우리가 어릴 적부터 부모님께 많이 듣던 말이 아닐까 싶다. 우리가 조금 부정적인 생각을 표출할 때마다 부모님께서는 '마음을 좋게 먹어라', '다 마음먹기에 달린 것이다. 긍정적으로 생각해라'는 뉘앙스의 말씀을 하셨다. 그 당시에는 '그게 어떻게 가능하지', '또 이 말씀이네'라고 생각하기도 했지만, 어른이 되고서야

마음속 요정과 도깨비

그렇게 말씀하신 진짜 뜻을 알 것 같다.

마음가짐은 정말 중요한 것이다. 절망적인 상황에서 무조건 긍정적인 마음가짐을 하는 것은 어려운 일이지만, 우리가 조금만 다르게 생각해도 화내지 않고 넘어갈 수 있는 상황에서 발산하는 긍정에너지 하나하나가 우리의 삶을 윤택하게 만든다.

나는 나 혼자서만 긍정적으로 생각하고, 이 에너지를 발산하고 싶은 것은 아니다. 많은 이들과 특히, 주위에 있는 가족들과 이웃들과 나누고 싶다. 그렇게 했을 때 더욱 긍정의 시너지가 커질 것이라고 믿는다. 그래서 이 책을 쓰는 것이기도 하다. 무언가를 나눈다는 것은 줄어드는 것이 아니라 오히려 두 배가 되는 것이기 때문이다.

책을 펼치자마자 가장 앞쪽에 있는 이 프롤로그는 식전에 먹는 애피타이저와 비슷하다고 생각한다. 애피타이저는 본격적인 식사에 앞서 입맛을 돋워주고 식사가 더욱 맛있게 느껴지도록 해 주는 역할을 한다. 그리 근사한 식사는 아니지만, 짧지도 길지도 않은 나의 삶을 담은 이 책을 통해 읽는 이들이 모두 행복해지기를 바라는 마음에서 구색을 갖췄다.

애피타이저는 본 식사보다 맛있으면 안 되기 마련이다. 하지만 나의 프롤로그는 그러한 점에서 애피타이저와 다른 점이 있다고 생각한다. 처음부터 거창하게 행복을 말하고 있다. 그것이 삶에서 가장 중요한 것이라고 생각하기 때문이다. 이 책을 읽는 많은 분이, 그리고 아이들이

제가 살아온 삶의 경험을 함께 공유하며 자신이 어떻게 생각하며 살아왔고, 앞으로 어떤 길을 가려 했는지를 가만히 정리해 볼 수 있었으면 좋겠다. 그것이 궁극적으로 내가 이 책을 만드는 목표이다. 나를 잘 모르는 독자분들도 이 책을 접하는 순간부터 나의 이웃이 되었으면 한다.

마음속 요정과 도깨비

차
례

프롤로그_ 우리 마음의 요정과 도깨비에게 인사를!　　　　004

1

삶과 죽음

•− 유한한 삶, 정해진 죽음　　　　014

공평하면서 공평하지 않은,　　　　016
내일 죽는다면 나는 무엇을 할까?　　　　024
40대, 50대, 60대에 해야 할 일　　　　031
다 함께 이야기 나누어봅시다　　　　039

2

감사와 불만

•− 감사는 요정, 불만은 도깨비　　　　042

몸이 아픈 사람, 마음이 아픈 사람　　　　044
도깨비를 키우는 현대인들　　　　055
감사의 에너지　　　　068
다 함께 이야기 나누어봅시다　　　　077

3

장애인과 비장애인

• — 세상에서 가장 아름다운 언어 080

수어는 왜 필요할까? 082

동정이 아닌 이해로 다가가는 법 093

아름다운 사회를 만들기 위하여 103

다 함께 이야기 나누어봅시다 111

4

게으름과 부지런함

• — 보약을 마실 것인가? 독약을 마실 것인가? 114

인생을 결정짓는 습관 116

좋아하는 일, 해야 하는 일 126

감사의 습관을 나에게 선물하기 134

다 함께 이야기 나누어봅시다 141

5

아이와 어른

• — 아이이자 청춘이자 어른인 나이 144

30대 후반, 어디에 와 있나? 146

백 투 더 퓨처 156

우리는 현재를 살아가는 존재 164

다 함께 이야기 나누어봅시다 173

6

날씨와 기분

• – 우중충 비 오는 날, 화창하게 볕 드는 날　　　176

기분을 정하는 날씨, 날씨를 정하는 기분　　　178
궂은 날, 내리는 비, 무엇을 할까?　　　186
태풍 속 결혼식이 행복했던 이유　　　194
다 함께 이야기 나누어봅시다　　　203

7

자녀와 부모

• – 아이는 내가 지나온 길, 노인은 내가 지나갈 길　　　206

행복을 위한 세 가지 요소　　　208
내 유년의 선생님, 나의 부모님　　　216
떠나보낸 이를 추억하며　　　225
다 함께 이야기 나누어봅시다　　　233

8

오래, 그리고 짧게

• – 모두에게 평등한 재화, 내가 사는 시간　　　236

24시간은 짧을까, 길까?　　　238
내가 쓰는 시간의 목적　　　247
단 5분이라도 나를 위하여　　　255
다 함께 이야기 나누어봅시다　　　263

9

편안함과 스릴

•— 익숙함에 속아 설렘을 잃지 말 것   266

편안해서 지루한 사이   268

나의 인생은 얼마나 설레는가   278

뛰는 토끼, 헤엄치는 거북이   287

다 함께 이야기 나누어봅시다   295

10

오른쪽과 왼쪽

•— 마음 가는 길은 죽 곧은 길   298

올바른 선택의 의미   300

후회하지 않는 사람은 없다   308

그런데도 사랑해, 너를 나를 우리를   315

다 함께 이야기 나누어봅시다   323

에필로그_ 쓰고 보니 나도 이제 알겠네요   325

삶과 죽음

유한한 삶, 정해진 죽음

탄생과 죽음은 필연적인 사건이다. 태어난 이는 모두 죽게 되어 있으니 말이다. 죽음은 생명에게 있어 결코 비켜 갈 수 없는 사건이다. 또한, 죽음은 생명에게만 허락된 행위이기도 하다. 모든 것에는 시작이 있  으면 끝이 있기 마련인데, 시작이 삶의 일부라면 끝 또한 삶의 일부라고 보아야 할 것이다. 그런데도 우리는 탄생은 삶이라고 부르는데, 죽음은 삶이라고 부르지 않는다. 역설적으로, 죽음이 있기에 삶은 완성이 되고, 생명이 깃든 모든 존재의 삶은 죽음이라는 마침표를 찍을 때까지 어떻게 살아왔는가의 그 의미가 달라진다.

인간이란 생명 역시 그러하다. 비록 일상의 삶에서 잊히고 감추어져 있으며, 멀리 밀려나 있을지언정 죽음은 인간에게는 가장 분명한 사건이며, 우리를 에워싸고 삶 전체를 관통하고 있다. 죽음에 대한 생각이 현재의 삶을 방향 짓기도 한다. 삶과 죽음은 이중적이며, 서로에 의해 서로가 결정되는 상호관계에 놓인 하나의 사건이다. 따라서 죽음에 대한 생각이 없는 이에게 삶의 의미란 애초에 찾을 수 없는 것이 된다.

마음속 요정과 도깨비

인간은 죽음을 두려워하며 회피하고, 어쩔 수 없는 삶의 종결 정도로 생각하곤 한다. 죽음은 살아있는 것과 반대되는 것, 생명의 끝을 의미하며, 죽음으로 우리 삶은 끝장나는 것으로 생각한다. 죽음은 절대적인 무의 체험, 다시는 돌아올 수 없다는 불가역성과 연관되어 있기에 죽음은 삶을 절대적으로 무로 돌리는 절망적 사건으로 이해한다.

그러나 죽음을 어떻게 이해하며, 죽음을 어떻게 받아들이느냐 하는 것이 오히려 삶을 결정하고, 삶의 길을 이끌어간다. 그러기에 좋은 죽음은 그 삶이 아름다웠고 선했다는 하나의 표징이 된다. 삶은 죽음이 있기에 삶으로 자리하며, 죽음은 삶의 길에서 자신의 모습을 결정짓게 된다. 좋은 죽음은 올바른 삶을 내비쳐주며, 좋은 삶은 아름다운 죽음을 보여준다.

우리는 어떻게 살고 어떻게 죽어야 할 것인가, 첫 장은 이에 대한 필자의 견해를 담아 보았다.

 ## 공평하면서 공평하지 않은,

∘ 누구나 한 번쯤은 이런 생각을 해 보았을 것이다
'인간은 왜 유한하고 죽음 뒤에는 무엇이 있을까?'

이 문제는 세상에서 제일 어려운 문제임이 틀림없다. 인류 역사상 그렇게 똑똑했고 잘났던 사람들이 많았지만 아무도 이 문제를 풀지 못했고 앞으로도 풀 수 없을 것이 틀림없다. 그렇게 불로장생을 위해 이리 뛰고 저리 뛰었던 진시황도 죽음을 이길 수 없었고, 오늘날 인간은 결국 죽음의 존재를 받아들이고 살아간다. 죽음을 의식하고서 살아가는 유일한 존재인 인간은, '모든 인간은 단지 삶의 길이가 다를 뿐 반드시 죽음에 이르기 때문에 죽음은 공평한 것이다.'라고 생각하며 살아가지만, 이것이 과연 공평한 것일까, 생각해 볼 필요가 있을 것 같다.

죽음의 평등성은 삶의 질과 직결된다. 물론 모든 인간은 죽지만, 언제 죽느냐의 문제만이 인간의 죽음이 공평한가 불공평한가를 정하지는 않는다고 생각한다. 예를 들어, 두 명의 사람이 있었고 같은 날 같은 시각에 태어나 100여 년을 살고 같은 날 같은 시각에 죽었다고 생각해보

마음속 요정과 도깨비

자. 그런데 한 명은 자신이 하고자 하는 바를 이루고 삶을 충분히 즐겼으며 사람들에게 널리 이름을 알렸고, 다른 이는 가난하게 고생만 하다가 죽었다고 한다면 과연 이 둘에게 있어서 죽음은 공평하게 작용한 것일까? 나는 그렇게 생각하지 않는다. 물론 내가 앞서 예로 든, 부유한 정도라든가 명예의 유무, 또는 일반적으로 말하는 '성공'의 성취도 등이 삶의 질을 전적으로 결정하는 것은 아니지만, 이 두 사람 자신들이 느낀 삶의 질의 차이가 컸다고 생각했을 때, 죽음은 더 나은 삶을 누린 사람에게 더 유리한 쪽으로 작용한 것이 아닐까 생각한다.

이것을 조금 다르게 생각하는 사람은 이렇게 말할 수도 있다.

"더 나은 삶을 살고 있던 사람이 죽음으로 그 삶이 중단된 것이 그렇지 못한 삶을 살고 있던 사람의 삶이 사라진 것보다 더 안쓰러운 것 아닌가?"

일리가 있는 말이지만, 내가 그렇게 생각하지 않는 이유가 있다. 삶의 질이 부유한 정도와 어느 정도 비례한다고 가정했을 때, 부유할수록 의술의 힘을 빌릴 수 있다는 것 등의 이유로 사망의 가능성이 낮고, 결과적으로 둘의 삶의 시간이 같았다고 하더라도 그만큼의 희망을 품고 살았을 것으로 생각하기 때문이다. 희망은 삶을 풍요롭게 해 주는 매우 큰 요소라고 생각한다. 그래서 이 삶의 질이라는 부분은 '빈익빈 부익부'가 적용되는 척도이기도 하다.

너무 결과론적인 주장이라고 말할 수도 있다. 하지만 죽음은 삶의 종료를 의미하고, 삶의 결과가 나타나는 시점이기 때문에 죽음에 관련한 문제는 결과론으로 말하는 것이 타당하다고 생각한다. 물론 나의 이러한 주장에는 허점이 있을 수도 있다. 내 생각이 전적으로 옳은 것이라고 말하고 싶지는 않다. 함께 생각해 볼 문제이다. 적어도 삶과 죽음의 문제에서 정답은 없기 때문이다.

앞서 말한 경우는 매우 극단적인 예시이고, 모든 인간은 각기 태어나는 일시와 죽는 일시가 다르다. 그렇지만 변하지 않는 진리가 하나 있다. 당연한 말이지만, 태어나는 일시는 정해져 있어도 죽는 일시는 정해져 있지 않다는 것이다. 태어나는 것은 의술로도 어느 정도 예측할 수 있다. 그러나 죽는 것은 아무도 예측할 수 없다. 제아무리 건강한 사람이라도, 혹은 시름시름 앓고 있는 사람이라도 누가 언제 죽을지는 아무도 모르는 것이다. 단지 앞서 예로 든 것처럼 우리는 삶의 여러 환경에 따라서 죽음의 가능성을 어느 정도 조절해볼 수 있다는 사실만을 알고 있고 이마저도 죽음의 예측불가능성 앞에서는 힘쓸 수 없다는 것을 알 뿐이다.

결국, 우리가 죽음을 어떻게 해 보기 위해 손쓸 수 있는 방도는 아무 것도 없다. 정확히 말하면 '확정적 죽음'이라고 표현해야 할까? 건강의 문제는 죽음과 당연히 직접 관련이 있는 문제이기에, 의술이나 약술의 힘을 빌려 건강을 관리하는 것이 죽음을 늦추고 삶을 건강하게 살아갈 수 있는 방도이지만 사고로 인한 죽음이라든가 갑작스럽게 찾아온 죽음 앞에서는 모든 것이 무력화된다. 우리가 세우고 있던 삶의 계획(거창

마음속 요정과 도깨비

한 것이 아니라고 하더라도 가령 바로 한 시간 뒤에 있을 중요한 약속 같은 것)도 중요한 것이 아니게 되어버리고 죽음 앞에 연기처럼 사라지는 것이다.

시간이 좀 지났지만, 죽음에 대해 생각해보고 또 글을 쓰고 있자니 10여 년 전쯤, 20대 중후반 시절에 고찰했던 단상이 떠올랐다. 그때 한창 글에 대한 열정이 왕성했는데, 소설로 쓰기 좋을 것 같은 소재가 떠오른 적이 있었다. 이것 또한 죽음에 관련된 소재였는데, '만약 해가 지날 때마다 한 살씩 나이를 먹는 것이 아니라, 사람마다 무작위로 나이를 먹는다면?' 하는 생각이었다. 하지만 조금 머리를 굴려 보다 적절한 소재가 아니라는 결론을 내렸다. 나이를 랜덤하게 먹는다고 하면 그 나이에 대한 가치는 어떻게 책정할 것인지도 애매하고, 죽음이라는 것이 앞서 이야기했듯이 나이가 차야만 찾아오는 것이 아니기도 하기에 재미있는 소설이 되기 힘들다는 생각이 들었다. 죽는 날은 모르는 것이기에 사실 어떤 요소를 넣더라도 죽음이 개입되면 그 소설의 무법자가 되어버리는 것이다.

그러나 이 짧은 생각은 내가 죽음에 대해 더욱 생각하게 되는 계기가 되었다. 만약 실제로 나이를 해가 거듭될 때마다 사람마다 다르게 먹는다면, 복권과 같은 방식으로 해서 나이를 적게 먹는 상품이라든가 그러한 비법 등이 판을 칠 수도 있을 것이다. 그만큼 '젊음의 가치'는 어떤 시대든지 무시할 수 없다. 젊은 나이에 요절한 가수 고 김광석 씨의 매우 유명한 노래인 〈서른 즈음에〉의 노랫말에도 적혀 있듯이, 언제나 머물러 있는 청춘인 줄만 알았던 나의 젊음이 어느샌가 지금 이 순간에도 점점 더 멀어져 가고 있는 것이 인생의 법칙이자 순리이다. 요즈음과 같은 백세 시대에는 서른이 넘었다고 해서 청춘이 다 갔다고 말하지 않기는 하지만, 그래도 무언가 '서른'이라고 하면 20대가 다 갔다는 생각에 괜히 서글퍼지곤 하는 것을 그 나이 즈음의 사람들은 느낄 것이다.

우리가 언제 죽을지 모르고, 또 죽음이 어떠한 존재인지에 대해 써 봤지만, 이 모든 이야기의 결론은 '모든 인간은 언젠가 죽는다'이다. 얼핏 들으면 섬뜩하지만, 어쩔 수 없이 우리는 이를 받아들이고서 살아간다. 그렇다면 우리는 어떤 결론을 내려야 할까? 내가 내린 결론은 이것이다.
'잘 사는 것만큼 잘 죽는 것도 중요하다.'
이 말 또한 섬뜩하지만 우리는 받아들이고서 살아가고, 또 그래야만 한다. 그런 관점에서 보았을 때, 안 죽고 영원히 살 수 없다면 이게 차선책이 아닐까? 우리는 잘사는 것만을 생각하기 마련이다. 후회되지 않는 삶을 살기 위해, 또 내가 이루고자 하는 것을 이루는 삶을 살기 위해서 산다. 이유와 동기야 다들 다르겠지만, 대부분 그럴 것이다. 그렇다면, 잘 사는 것 못지않게 중요한 잘 죽는 것이란 어떤 것일까? 어떤 죽음이 좋은 죽음일까? 이것은 나 혼자 함부로 결론 내리기가 너무나 어렵다. 흔히들 장수한 어르신의 죽음을 호상(好喪)이라고 말하곤 한다. 이러한 죽음이 좋은 죽음일까? 아무리 장수하였다고 해도 가족이나 주위 사람들은 그래도 더 오래 살았으면 하는 마음이 들 수도 있기에, 사실 호

마음속 요정과 도깨비

상이라는 말은 함부로 하면 안 되는 말 같기도 하다. 이 부분은 함께 생각해보았으면 좋겠다. 내가 말할 수 있는 것은 잘사는 것만큼 잘 죽는 것이 중요하다는 것뿐이다.

처음으로 돌아가서, 그렇다면 죽음은 사람에게 공평한 것일까? 공평하지 않은 것일까? 생각해보자. 죽음이 모든 이들에게 공평하게 찾아올 수 있는 조건을 생각해보자. 나는 여기에 '죽음의 질'이라는 말을 써보고 싶다. 죽음이 공평하려면 이것이 같아야 한다고 나는 생각한다. 이제껏 '삶의 질'이라는 말은 많이 사용하기도 하고 또 그것에 대해서 생각해보기도 했지만, '죽음의 질'이라는 말은 처음 들어볼 것이다. 그도 그럴 것이, 나 또한 처음 사용해 보는 말이다. 사람이 살아가면서 자신의 삶에 만족을 느끼고, 또 다른 이들도 그 사람의 삶을 좋게 평가한다면 삶의 질이 높았다고 말할 수 있을 터인데, 삶의 질이 높은 사람의 죽음의 질이 꼭 높을까? 그건 아니라고 생각한다.

여기서 말하는 죽음의 질은, 죽음은 모든 사람에게 한 번 찾아오는 것인데 그 사람이 죽음으로서 본인과 타인에게 발생하는 부가적인 가치와 밀접한 연관이 있다. 여기에서 말하는 부가가치란 예를 들어 그 사람의 죽음이 정말 이타적이고 의로우며 다른 이의 삶의 질을 높여 줄 수 있는 것이라면 죽음 자체의 의미뿐 아닌 그보다 더 큰 가치가 발생한다는 뜻이다. 자칫 허무함뿐일 수 있는 죽음에 무언가 다른 가치가 생긴 것이다.

그렇지만 이 '죽음의 질'이 좋은 사람은 죽음에 무언가 리스크가 있을 가능성이 크다. 나의 죽음이 이타적이려면 나의 삶의 질이 조금 낮아져야 할 수도 있다. 생각 외로 다른 이를 위한 죽음, 혹은 의로운 죽음이라 불릴 만한 죽음은 찾아보기가 쉽지 않다. 나의 삶과 죽음을 온전히 지켜내고서 질이 높은 죽음을 맞이하기는 매우 어려운 것이다. '죽음의 질'이라는 개념을 이렇게 정의해 보았을 때, 다른 이와 죽음의 질이 같기는 정말 쉽지 않다. 일정 수준 이상의 죽음의 질을 얻기는 웬만한 사람으로서는 힘든 것이다. 그러므로 나는 죽음이 공평한 것이라고 하기에는 무리가 있다고 생각한다.

그렇다면 반대로, 죽음은 불공평한 것일까? 나는 이 물음에도 물음표를 던질 수밖에 없다. 사람마다 삶의 길이가 다르고, 죽음의 질과 시기가 다르지만 나는 결국 죽음은 모든 사람에게 한 번씩은 찾아온다는 점에서 죽음이 공평하다고 이야기하고 싶기도 하다. 누구는 한 번 죽고, 누구는 두 번 세 번의 죽음을 겪는다면 이야기가 달라지겠지만, 모든 인간은 한 번의 죽음으로써 삶에 마침표를 찍기 때문이다.

이 글을 읽는 여러분들도 한 번쯤 이러한 부분에 대해 생각해보았으면 하는 바람에서 내 생각을 털어내 본다. 죽음이 모든 이들에게 공평하지도, 불공평하지도 않다고 나는 결론 내렸다. 관점에 따라 다른 해석이 가능하다는 것이다. 이 글을 읽는 분들의 생각이 궁금하여 이번 편의 결론을 열어 놓고자 한다. 혹은 내가 정의한 '죽음의 질'에 관련하

마음속 요정과 도깨비

여, "죽음의 질이 이렇게 정의된다면 더 좋겠다."라고 하는 의견이 있다면 그것에 대해서도 더욱 생각해보시길 바란다.

　　과연 죽음은 사람에게 공평한 존재일까, 그렇지 않은 존재일까?

 내일 죽는다면 나는 무엇을 할까?

◦ 언제나 어린이들에게는 내일이 있다

오늘 못하더라도 아깝지 않다. 다음에 하면 되니까. 사람들은 시간이
언제나 영원할 것처럼 생각하고 살아간다. 시간이 유한하게 느껴지는 것
은 마감이 다가왔을 때다. 수능이 얼마 남지 않은 고등학생, 레포트 제출
기한이 임박한 대학생, 업무 마감 기한이 다가온 직장인… 어릴 때는 어
른만 되면 시간을 내 마음대로 쓸 줄로 알았다. 그러나 어른이 된 다음에
는 아무리 시간을 내 마음대로 써보려고 해도, 마감에 쫓기듯이 살아야
할 수밖에 없음을 깨닫게 된다. 시간의 유한함이 체감하기 때문이다.

아이러니하게도 어른은 아이보다 시간에 쫓기듯 살아간다. 오늘 안에
어떤 일을 끝내지 않으면 평범한 내일을 누리는 것은 내려놓아야 한다.
혹자는 어릴 때, 한 손에 브랜드 커피를 들고 바삐 회사를 찾아 들어가
는 커리어우먼을 보며 멋있다고 동경하던 때도 있을 것이다. 그 커피가
그 직장인에게 '멋'이 아닌 오늘을 살게 하는 '약'이었음을 깨닫게 되는
순간부터 그는 어른이 된다. 혹자는 어릴 때, 매년 금연하겠다고 다짐하

고는 몇 개월 만에 검지 위에 다시 담배 한 개비를 올려놓는 아버지를 보며, 나는 저렇게 되지 않겠다고 다짐했는지도 모른다. 그 담배가 아버지에게 오늘 하루의 유일한 달콤함이었다는 것을 알게 되면 그는 어른이 된다. 어른은 아이보다 여유를 누리지 못하고, 온전히 내 시간을 살지 못하며, 평범한 내일을 위해 무던히 오늘을 달리는 존재들이다.

인생에도 마감이 있다. 바로 죽음이다. 이 죽음은 누구에게나 찾아온다. 그러나 불행인지 다행인지 우리는 아무도 나의 수명이 얼마 남았는지 알지 못한다. 그 덕에 인생의 유한성을 우리는 잊어버리고 살곤 한다. 그렇다면 아래와 같이 생각해보자. 미디어에서 너무 많이 나와 이제는 흔한 클리셰이긴 하지만 말이다.

내가 시한부 판정을 받게 된다면?

죽음을 떠올리면 불안하고 무서워지는 것이 당연하다. 아이들은 죽음보다 탄생에 가까운 존재들이고, 그렇기에 겁이 없는지도 모른다. 하지만 어른이 되어갈수록 죽음을 향해 달려가게 된다. 아마도 내일 없이 살아가는 우리 어른들은 어렴풋이 죽음에 다가가고 있음을 느끼고 죽기 전에 완성도 있는 삶을 가꾸고 싶기에 더 두려운 게 아닐까.

그러나 재미있는 것이 있다. 삶의 완성도는 죽음이 있을 때 완성된다. 많은 철학자들은 그렇게 말한다. 인간이 미지의 죽음을 받아들이기란 쉽지 않다. 죽음을 받아들이는 데에는 5단계가 존재하는데, 이 글에서 단계가 중요한 것은 아니기에 이에 대한 심리학자 퀴블러 로스의 분석은 다음 페이지에 간단히 소개한다. 중요한 것은 마지막 단계에서는 결국 죽음에 대해 받아들이게 된다는 점이다. 그리고 수용해 나가는 과정에서 타인에 대한 베풂을 수행하고, 진정으로 인생에서 중요하다고 느꼈던 친구, 가족, 그리고 나 자신의 중요성을 회복한다.

퀴블러 로스(1968년)는 약 200여 명의 말기 환자들을 면담하여 '죽음에 대한 환자의 심리 상태'를 다섯 가지 단계로 나누었다.

1. 부정(denial)의 단계

병이 치유될 수 없다는 사실을 통보받으면 환자는 현실을 부정한다. "나에게는 그러한 일이 일어날 수 없다", "믿을 수 없다", "진단이 잘못되었을 거야"라고 생각하고 더 나은 진단과 치료를 기대하면서 여러 병원을 찾거나 치료를 거부한다. 이러한 비이성적 행동은 갑작스러운 충격에 대한 일종의 완충장치다. 죽음에 대한 고통을 받아들일 수 있는 시간을 자신에게 주는 것이다.

2. 분노(anger)의 단계

왜 하필이면 자신에게 이러한 일이 일어나게 되었는지에 대해 분노를 표현하게 된다. 이러한 분노의 대상은 자기 자신을 포함하여, 가족, 병원의 직원이나 의사, 신에게까지 나타날 수 있다. 이때는 주변 사람이 어떤 말을 해도 들리지 않기 때문에 그 분노감을 수용해주는 것 외에는 해줄 수 있는 것이 없다.

마음속 요정과 도깨비

3. 협상(bargaining)의 단계

자기 죽음을 미루고 싶어 하는 심리 상태로, 착실한 행동을 하거나, 신에게 특별한 헌신을 맹세하기도 한다. 장기기증을 결심하는 이들이 많은 시기도 대부분 이때라고 한다. 때로는 비합리적이고 미성숙한 환상에 빠져 엉뚱한 종교에 심취하기도 한다.

4. 우울(depression)의 단계

환자는 더는 자신의 병을 부인하지 못하고, 증상은 더욱 악화되어 실제로 몸이 쇠약해진다. 극도의 상실감과 우울증에 빠지며 자신의 삶에 대한 회한 등이 몰려온다. 그러나 죽음을 수용하려는 잠정적 준비 상태라고 볼 수 있다.

5. 수용(acceptance)의 단계

자신의 운명에 더 분노하거나 우울해하지 않는 단계로 담담하게 가족들과 지나간 감정들을 이야기하거나 사랑했던 사람들과의 추억을 이야기한다. 대개는 많이 지쳐있고 몸이 쇠약해지며, 감정이 잘 드러나지 않는다.

인간은 한계상황을 맞게 되므로 인해서 자기 자신이 현존재임을 깨닫는다고 한다. 현존재란 현실에 존재한다는 의미로, 인간이 자기의 삶 속에서 가장 인간답게 살아가는 모습을 실존주의자 하이데거가 이렇게 불렀다. 우리는 죽음을 직시할 필요가 있다. 그래야 인간다움을 회복하면서 살아갈 수 있다. 죽음이라는 유한성은 한 사람에게 가장 소중한 것이 무

엇인지 깨닫게 한다. 그리고 인간다운 선택을 통해 삶을 완성하게 한다. 그 인간다움은 각각이 살아가는 현실에 따라 다르기 때문에 어느 고유한 특정 모습으로 규정할 수는 없을 것이다. 그러나 필자는 그 인간다움이 삶에서 소중한 것을 깨닫고 아끼며 살아가는 것이라고 생각한다.

일본의 정신과 의사 문데쯔오 가시와기 역시 일본의 암 환자 400명을 면담한 연구가 있다. 일본 사람들은 암이라는 진단을 받았을 때 1. 희망 (Hope)을 품는 반응을 보였다. 그래도 어떤 구원의 길이 있지 않겠는가 하는 기대 말이다. 병세가 점차 진행되면 2. 의심(Suspicion)의 단계에 이르게 되고 그 감정이 발전되면 3. 불안(Anxiety)하게 된다. 이 불안의 단계에서 감정을 밖으로 표현하는 사람과 그렇지 않은 사람이 있다. 감정을 밖으로 표현하는 사람은 다음 단계인 절망을 앞당겨 경험하고 그렇지 않은 사람은 점진적으로 절망을 경험한다.

중요한 것은 절망의 단계다. 4. 절망의 단계에서도 이제는 될 대로 되라는 심정으로 자신을 포기하는 사람과 죽는 것 자체를 수용하는 사람이 있다. 자신을 포기하는 사람은 임종 후 지켜보는 사람들에게 인간적인 접촉이 차갑게 느껴지고 무엇인가 더 해주지 못하는 데서 오는 침울한 느낌을 받는다. 죽는 것 자체를 수용하는 사람은 인간적인 접촉이 따뜻한 느낌이 들게 하고 이 사람을 위해서는 할 수 있는 일은 다 해주었다는 데서 오는 밝은 느낌을 얻는다고 한다.

절망 단계가 중요한 이유는 포기하면 절망에서 끝이 나고, 수용하면 그다음 단계가 있기 때문이다. 절망의 다음 단계는 '생의 의미'를 찾는

마음속 요정과 도깨비

단계다. 인간적 접촉 속에서 진정으로 사랑하는 것, 소중한 것을 깨닫게 되고 내가 해줄 수 있는 것이 무엇일지 고민하게 된다. 결국, 죽음이 있음으로써 인간의 삶은 완성이 되고, 그 완성도를 높이는, 인간다운 행동이 우리가 살아가면서 해야 할 일일 것이다.

필자는 필자의 삶에서 소중한 것이 무엇인지 너무나도 잘 알고 있다. 가족? 친구? 남편? 자식? 아니다. 그 무엇보다 소중히 여겨야 할 것은 '나 자신'이라고 말하고 싶다. 나 자신보다 나를 잘 아는 사람은 없다. 그렇기에 나 자신이 죽을 때까지 아끼고 배려해주어야 한다. 나를 아끼고 사랑하는 것은 이기심과 다르다. 사람이 사람다운 삶을 살아가기 위해서는 물질적으로도, 심리적으로도 '채움'이 필요한데, 심리적 채움은 스스로에게서 나온다.

타인이 나를 아무리 사랑하고 예뻐해 주어도, 내가 자신을 사랑하지 않는다면 심리적으로 공허한 느낌이 들기 마련이다. 배곯고 허기진 사람이 우연히 얻은 빵을 다른 배고픈 사람과 나누어 먹기란 어려운 일이다. 이처럼 자신을 사랑하지 못하는 이는 타인을 사랑하기도 어렵다. 세상에서 가장 중요한 것은 '나'이며 '나'를 위해 살라는 말도 독자들에게 꼭 당부하고 싶다. 그리고 역설적이게도, '나'를 사랑하는 것이 바로 '타인', 주변을 사랑하는 방법이라는 점도 말이다. 그리고 한발 더 나아가 타인을 사랑하고 타인을 위할 줄 아는 마음을 가질 때, 누구보다도 품위 있는 삶이 완성될 것이다.

시한부 판정을 받았다는 마음으로, 필자는 하루하루를 살아간다. 내 인생의 마감일에 내 삶은 참 품위 있는 삶이었다고 느낄 수 있도록 최선을 다해 주변을 사랑하고 있다. 사랑하는 방법은 별다른 것이 아니다. 아이의 이야기를 들어주고, 내 아이가 좋아하는 것이 무엇인지 관심을 기울여주는 것이다. 내 남편이 기분 좋은 하루를 보낼 수 있도록 '좋은 아침!'이라고 말하며 밝게 웃어주는 것이다. 나보다 먼저 버스를 타려는 동네 어르신이 느릿느릿 계단을 올라가셔도 조급해하지 않는 것이다. 주변을 사랑함은 이런 소소함에 묻어있다고 본다.

짜증 나고 힘든 상황도 여유를 가지고 웃어넘기는 것은 부정적인 마음이 나를 함부로 할 수 없게 나를 지키는 것이기도 하다. 봉사 활동을 나가고 기부활동을 하는 것만이 타인을 위하는 방법은 아니다. 베푸는 마음은 여유에서 나온다. 소소한 자랑이지만 이런 상황을 마주할 때면, 여유 있는 내 모습이 얼마나 품위 있게 느껴지는지 모른다. 품위 있는 삶이란 나 자신과 타인을 배려하는 사람이다. 그래서 나는 손해 보는 방향으로 선택하고 살아간다. 나를 위해서 말이다. 잠깐은 손해 보는 것 같지만 따져보면 내가 이익이다.

특별히 무엇을 하는 것보다 하루하루 당당하고 재미있게 살아가는 것이 죽음을 준비하는 것이 나의 모토다. 이 글을 읽는 당신은, 내일 죽을지도 모르는 자신을 위해 어떤 삶을 준비하고 있는지, 담소 한번 나누어보고 싶다.

마음속 요정과 도깨비

40대, 50대, 60대에 해야 할 일

◦ 나는 지금 30대 후반이다

몇 년만 더 있으면 불혹(不惑)이라 불리는 나이가 될 것이다. 50세는 지천명, 60세는 이순이라고 한다. 공자는 마흔 살에 미혹되지 않았고, 쉰 살에 천명을 알았으며, 예순 살에 귀가 순해졌다고 하여 나이마다 이와 같은 이름을 붙였다. 나이 마흔은 유혹에 흔들리지 않아야 하고 부동의 위상을 지켜야 한다. 쉰이 되어서는 하늘이 나에게 내려준 뜻이 무엇인가를 알아야 하며 예순에는 타인의 말을 듣고 그 이치를 깨달으며 마음 깊이 와닿아 생각하지 않아도 생각이 얻어져야 한다. 누군가는 케케묵은 고전이라고 부를지라도 나는 〈논어〉를 참 좋아했다.

내가 몇 년을 더 산다고 확신할 수 없지만, 40대에 해야 할 일, 50대와 60대에 해야 할 일, 그리고 하고 싶은 일 정도는 정해두고 살고 싶다. 이 토대를 먼저 살아본 성인이 정해두었다니, 얼마나 멋진 일인가! 그래서 나도 최소 향후 30년간의 인생 계획을 세워보기로 했다. 내가 언제 죽게 될지는 모르지만, 누구나 웰 다잉을 준비할 자격은 있으니까.

1. 나의 장례식 준비하기

40대가 되면 주위에 죽는 사람들이 생긴다. 조부모나 부모님들 혹은 아는 지인이나 친구들이 갑자기 세상을 떠나는 경우도 접하게 된다. 그래서 막연하게 생각하던 '죽음'이 내 살갗에 느껴지는 현실이 되며 어린 아이의 사고를 벗고 직면하게 된다. 그래서 나는 품위 있는 나의 마지막을 위해 장례식을 미리 준비하기로 했다.

장례식에 들어갈 돈을 준비하거나, 혹은 무덤에 묻힐 땅을 사두는 것은 조금 다른 문제다. 내가 죽었을 때를 상상해보자. 장례식에 온 사람들이 나를 어떻게 기억하기를 바랄까? 그들은 나에 대해 무슨 말을 할 것인가? 이를 생각해보면 나의 마지막을 준비하는 것은 어려운 일이 아니다. 내 마지막 순간에 혼자이길 바라는 이가 있을까? 그것은 아닐 것이다. 우선 누가 올 것인지 생각해보자. 그렇다면 왜 나의 장례식을 준비해야 하는가에 대한 답이 나온다.

주체적으로 살기? 주체적으로 죽기!

탄생과 죽음은 잠시 잊어야 살아진다. 태어난 모든 것에는 죽음이 깃든다. 그러나 우리는 이것을 마치 남의 일처럼 치부하며 현생을 살아간다. 그렇기에 내 죽음이 언제인지는 누구든 알 수 없고 관심도 없다. 그러나 죽음은 내 인생의 마침표요, 나를 마지막으로라도 보러온 이들에게 평가받고 기억되는 자리다.

그렇다면 죽음을 두려워하며 살아야 하는가? 죽음만 기다리며 죽음에 갇혀 살 것인가? 죽음에 관한 수많은 책을 보고 내 주변의 죽음을 접하며 알 수 있었다. '내 죽음의 형태는 내가 선택해야 한다'는 것이 내가 내린 결론이다. 생의 마지막 모습은 각기 다르지만 죽음에 대해 한 번쯤 생각해보고 준비하는 사람과 죽음에 대해 회피하는 사람의 죽음은 그 모습이 다르다. 그래서 나는 준비할 것이다. 연습이 허용되지 않는 일이라는 것을 알고 있지만, 내 인생을 내가 정하는 것은 내 죽은 후까지 그려내는 것과 같다.

내가 꿈꾸는 40대 이후 나의 모습

나는 많은 이들이 나를 세상에 도움을 준 사람, 누군가에게 빛을 전해준 사람으로 기억되기를 바란다. 장례를 준비하는 것은 내가 불리고 싶은 모습으로 살아가는 것을 의미한다. 적어도 40대부터는 준비해 두어야 할 일이라고 생각한다. 40대부터는 내 직업이 바뀌어 있지 않을까 싶다. 직업이 바뀌면 매일 만나는 사람들도 바뀔 것이다.

어쩌면, 아이들과 함께하는 지금의 직업과는 다르게 노인분들과 함께하는 삶도 있지 않을까 그려보곤 한다. 아이들의 웃음소리도 너무 좋지만, 어르신들과 함께 지난 일을 추억하며 함께 이야기도 나누고 어르신들의 황혼의 문턱에 함께하며 끝마무리까지 도와드릴 수 있는 사람이 되고 싶다. 그 생각은 20대 때부터 계획하고 있었기에 공부도 준비해서 자격증을 취득했고 금전적인 부분도 조금이지만 준비 중이다.

필자는 그렇게 하루하루 매 순간을 감사하면서 살고 싶다. 몸과 마음이 조금은 불편한 분들과 소소한 웃음과 즐거움을 나누는 것이 내 40대 이후의 원하는 삶이다. 그리고 이들이 나의 장례식에 찾아와 나를 좋은 사람으로 기억해준다면, 나는 더할 나위 없는 행복이 될 것이다.

40대가 되면, 나는 임종 사진을 찍으러 갈 것이다. 내가 함께하고 싶은 그들과 함께 말이다. 내가 선택한 사진 속 모습으로 나와 만났던 이들과 작별하는 나의 마지막 모습을 준비하고 싶다. 내가 준비한, 내가 원하는 나의 장례식 사진을 준비하려 한다.

2. 여행 떠나기

20대는 자유여행을 많이들 떠나곤 한다. 사실 필자는 다른 20대에 비해 비교적 하고 싶은 일이 뚜렷했고 그 일을 하며 20대를 보내느라 자유여행을 가보지는 못했다. 그러다가 30대는 남들이 좋다고 하니까 일단 한번 떠나보자 생각하고 여기저기 여행을 좀 다녀봤다. 그러나 가서 사진만 찍고 돌아오는 여행이 되어버린 것 같아 아쉬움이 가득하다. 노년에 가까워질수록 체력은 줄어들지만, 여유가 생긴다고들 한다. 나는 이제 자신에게 진정한 휴식과 쉼을 줄 수 있는 여행을 떠나보려고 한다.

마음속 요정과 도깨비

낯선 곳에서 만나는 새로운 가치

국내여행도 좋고 해외여행도 좋다. 낯선 공간이 나에게 주는 신선함을 느낄 여유가 있다면. 하지만 굳이 간다면 해외여행을 더욱 가보고 싶다. 그 이유는, 다른 나라에 가면, 전혀 다른 생활의 세팅에서 전혀 다른 인생에 가치를 가지고 살아가는 사람들을 만나게 되기 때문이다.

아는 선교사분께 재미있는 여행 이야기를 들었다. 이 분은 어느 날 우연한 계기로 필리핀에 집짓기 자원봉사를 떠나게 되셨다. 원해서 간 것이 아니라 바쁜 와중에 어쩌다 보니 아는 분 손에 이끌려 자의 반 타의 반 떠나게 되었다고 한다. 비행기 안에서 '기왕 이렇게 된 거, 집 없는 불쌍한 사람들 도와주고 오자' 하는 마음을 먹고 여행길에 올랐는데, 도착해서 깜짝 놀랐다. 수재로 인해 집도 없는 아이들이 시무룩해졌거나 울고 있을 줄 알았는데, 도리어 춤을 추고 노래를 부르며 놀고 있더라는 것이었다. 집이 없는 동안은 땅을 침대 삼고, 하늘을 이불 삼아 자면서도 즐거워하는 모습을 보니, '불쌍한 사람'은 오히려 자기였다는 사실을 깨닫게 되셨단다.

지금과 전혀 다른 조건과 환경에 놓이게 되면 어떻게 해야 하나, 사람들은 불안과 걱정을 안고 살아간다. 그러나 막상 내가 걱정하던 상황에 놓인 사람들은? 그들은 아주 잘살고 있다. 오로지 여기서 나를 불행하게 만드는 것은 그 조건들이 아니라 나의 마음이다.

내가 지금 아등바등 붙들고 있는 이것들이 정말 가치가 있는 것일까? 세상 모든 일에 정답은 없으며 한 길이 있다면 다른 길도 있다는 사실을 우리는 여행을 통해 깨닫게 된다. 다른 방법이 있다면 나도 시도해보고, 새로운 가치 위에서 새로운 인생을 살아갈 계기를 마련하는 것이 해외여행이 아닐까.

일반적으로 유럽 사람들이 여유가 있는 것은 단순히 사회보장 때문은 아니다. 북유럽의 경우, 보통 법정 휴가가 6주 정도 된다. 그 휴가 때 유럽인들은 다른 나라로 1주~ 3주 정도 휴가를 떠난다. 해외여행을 자주 하는 유럽인들의 생활패턴이 그들의 사고를 바꾸어 놓은 것이다. 다양한 가치를 인정하면서, 여유롭고, 팍팍하지 않은 인생을 만든다는 것을 배우게 된다. 독자들 역시 삶의 여유를 얻을 수 있는 시기부터, 자신에게 진정한 쉼을 주는 해외여행을 계획해보길 바란다.

3. 책을 써라

40대 이전의 삶은 아무리 목표가 뚜렷하더라도 좌충우돌하게 된다. 처음 해보는 일에 대해 아무리 확신을 두려고 해도 흔들리기 마련이다. 천 번은 흔들려야 어른이 된다는 말처럼, 30대까지는 흔들림을 경험하는 나이라고 해도 과언이 아닐 것이다. 그러나 40대가 되면, 나이에 맞는 연륜이 생긴다. 그동안 자신이 해온 일에 나름대로 노하우가 만들어

마음속 요정과 도깨비

진다. 그래서 자신의 경험과 에피소드를 바탕으로 하면 책이 나올 수 있을 정도다. 정도에서 그치지 말고, 그 발을 내디뎌서 특정 분야의, 저자가 되어야 한다고 본다. 어떤 책의 저자라는 것은 자신이 어떤 분야의 전문가라는 것을 세상에 공표하는 일이다. 잘 쓴 책 한 권이 학위보다 낫다. 내가 학위를 딴 사실은 내가 직접 말하지 않으면 잘 알려지지 않지만, 책을 쓰고, 그 책이 베스트셀러가 된다면 그만큼 자신의 스펙을 높이는 가장 빠른 방법이 된다.

출판은 정말 멋진 일이다

나는 닦아놓은 기반이 없는데, 라고 생각할 필요는 없다. 전문가라는 뜻이 반드시 특정 직업이나 전문직만을 이야기하는 것이 아니다. 나는 적어도 자신에 대해 가장 잘 알고, 나에 대한 전문가이지 않은가. 자서전을 하나 완성할 힘이 있는 것만으로도 당신은 충분한 전문가라고 불려도 될 사람이다.

혹시 나는 글 쓰는 재주가 없다고 생각하는 사람이 있을까 걱정된다. 나 또한 글재주가 있는 것은 아니었지만, 생각을 한줄 한줄 담아 글을 적으면 언젠가는 빛을 발하게 된다. 그러니 부디 이 말을 믿으며 집필하기를 바란다. 당신의 멋진 인생을 위해서 오늘부터 인생을 적어나가길 바란다.

독자가 없을 것 같은데, 출판해도 되느냐고? 필자는 필자의 독자를 처음부터 당신으로 정하고 쓰지 않았다. 그런데도 지금 당신이 읽어주고 있는 것처럼, 필자 역시 언젠가는 당신의 독자가 될지도 모를 일이다. 두려워하지 말고 시도해보기를 바란다. 필자 역시 이렇게 출판을 해야겠다고 마음먹은 계기는 딱 하나다. 나의 지나온 인생에서 내가 어떤 생각을 했고, 어떻게 살아왔는지 스스로 알게 하기 위해서다. 읽어줄 사람이 없을 것 같다면, 미래의 나를 위해서라도 한 줄 남겼으면 한다.

그래서 필자는 이렇게 책을 내고 있다. 40대 이후에 할 일을 이렇게 30대에 할 수 있다니 적어도 몇 년은 득을 본 셈이다. 인생에서 가장 큰 손실은 '죽음'이 아니다. 인생에서 가장 큰 손실은 살아있는 동안 '내 안의 목소리가 죽는 것'이다. 오늘부터 당신 역시 진정한 본인의 모습을 드러내면서 살기를 응원해본다.

평범하게 살아가는 것이 제일 힘들다는 말이 있다. 그렇다면 평범함은 무엇일까? 내가 원하는 집에서 내가 원하는 차를 타고 남 부럽지 않게 사는 것? 타인이 부러워하는 삶? 부러움의 대상이 되면 더 이상 평범하지 않다는 생각이 드는데. 평범에 대한 기준은 모두 제각기 다르다. 생명체가 평범할 수 있다는 것은 어불성설이다. 생김새. 생각, 말투, 행동 모든 것이 다르다. 같은 장면을 보고도 느끼는 감정이 다른 것처럼 말이다. 필자는 평범함에 정답은 없다고 생각한다. 그래서 인생이 참 재미있다. 우리는 종교가 다르고 생각도 상황도 다르지만 죽음은 누구에게나 공평하게 오니까. 필자는 죽음만이 공평하고 가장 평범한 것이라 생각한다.

죽을래? 죽고 싶어? 어휴, 살기 싫어. 왜 사냐. 힘들고 지칠 때면 이러한 말이 손쉽게 나올 때가 있다. 만약 여기에 해당한다면 한번 이 질문도 생각해보길 바란다. 생각지도 못한 갑작스러운 사고, 혹은 불치병으로 인해 죽음이라는 공평함이 지금 눈앞에 온다면 나는 어떻게 할까?

우리는 몸과 마음이 지치고 힘에 버거울 때면 우리는 죽음이라는 단어를 떠올린다. 쉬고 싶은 마음이 강해서일까? 죽음을 선택하면 정말 내가 원하는 편안함이 다가오는 것일까? 아니면 두려움으로부터 회피하는 것일까? 어느 쪽의 선택이든 참 곤란한 난제다.

삶은 선택의 연속이다. 사소한 선택 속에서 내 인생의 방향이 바뀌고 종국에는 내 인생의 마지막 모습까지 결정된다. 그 사실을 알고부터는 작은 선택을 할 때도 한 번 더 생각하는 습관을 들이고 있다. 오늘이 당신 인생의 마지막 날이라 해도 지금과 똑같은 하루를 보내겠는가? 라고 묻고 싶다. 죽어서 천당 가려 하지 말고 사는 동안 천당에서 살고 싶다. 이 책을 읽는 순간만이라도 내 마지막 죽음에 모습이 어떤 모습일까 생각해본다면 조금 더 다른 내일을 만들 수 있으리라 소망해본다. 그래서 오늘도 나는 나 자신에게 묻는다. 오늘 품위 있는 삶을 살아가고 있느냐고.

삶과 죽음에 대한 저자의 질문 세 가지

1. 인생에서 평범하고 공평한 것을 무엇이라고 생각하나요?
2. 죽음을 수용할 것인가, 삶을 포기할 것인가. 어떻게 살고 싶나요?
3. 오늘이 인생의 마지막 날이라면, 지금 모습 그대로 살게 될까요?

마음속 요정과 도깨비

2

감사와 불만

감사는 요정, 불만은 도깨비

엄마가 너희들에게 쓰는 편지

엄마가 추천해줄 영화, 〈포레스트 검프〉가 너희들에게도 재미있고 따뜻한 영화였으면 좋겠다. 엄마가 학생이던 시절에 너무 감명 깊게 봤던 영화란다. 불편한 다리를 가지고, 세상을 바라보는 눈이 우리와는 조금 달랐던 외톨이 소년 포레스트 검프는 자신을 바라보는 사람들의 편견과 괴롭힘 속에서도 따뜻하고 순수한 마음을 간직한 소년이었지. 몸이 불편한 포레스트를 보며 우리는 포레스트를 불쌍하게 여겼을지도 몰라. 하지만 마음이 고약한 또래 친구들의 괴롭힘을 피해서 도망치던 포레스트는 다리가 불편한 자신이 누구보다 빠르게 달릴 수 있다는 사실을 알게 되고 늘 달리는 삶을 살아가게 된단다. 남들보다 힘들게 살면서도 늘 포기하지 않았고, 항상 누군가를 감싸주는 삶을 살았던 포레스트는 몸이 조금 불편했을 뿐, 그의 마음은 누구보다도 크고 단단했을 거야.

엄마가 늘 이야기해 주던 마음속 요정과 도깨비를 기억하니?
우리가 감사하는 마음을 가질 때 자라나는 요정들과 불만을 가질 때

　　　　　　　　마음속 요정과 도깨비

자라나는 도깨비들이 우리 마음속에 있다면 포레스트의 마음속에는 아마도 요정들이 아름다운 마을을 가꾸고 있지 않았을까?

포레스트 검프는 비록 몸이 조금 불편했지만, 마음은 누구보다 따뜻했고, 마음이 아픈 자신의 주변 사람들을 충분히 아껴줄 수 있을 만큼 강인한 사람이 될 수 있었단다. 그것은 아마도 포레스트를 아끼고 사랑하는 사람들의 감사하는 마음과 포레스트 자신의 건강한 몸과 마음 덕분이었을 거야. 우리는 어떤 것들에 감사함을 느껴야 하는지, 우리가 함께 살아가는 이 세상 속에서 우리는 어떤 이야기들을 우리 안에 채워가야 할지 생각해 볼 수 있는 시간이었으면 한다. 사랑한다.

몸이 아픈 사람, 마음이 아픈 사람

◦ 몸이 아프면 마음도 아프기 쉽다

손가락 끝에 일어난 손 거스러미를 집어 뜯다 보면 기어코 생채기를 내기도 한다. 그 작은 상처 하나의 욱신거림이 하루종일 신경이 쓰여 해야 할 일에 집중하지 못하고, 어느샌가 그 상처에 온 신경이 쓰여 실수하기도 한다. 하물며 그 작은 상처로도 인간의 집중력이 흐트러지기도 하는데, 더 큰 상처에 인간은 얼마나 흔들리게 될까? 우스갯소리로 중2병을 이기는 것이 갱년기라는 말이 있을 만큼 우리네 어머니들은 갱년기가 되면 유독 몸 여기저기가 아프다는 말을 달고 사신다. 그 아픈 몸을 이끌고 겨울철 김장이라는 거사라도 치르고 나면, 다음날 끙끙 앓는 소리를 내시며 신경질적이시던 어머니를 떠올리면, 인간은 몸이 아프면 자연스레 감정적으로도 예민해지고 날카로워지며, 상처를 더 잘받는 듯하다. 그 경험적 통계로 김장 날 다음날은 무조건 엄마의 비위를 잘 맞춰야 했던 기억이 생생하다.

이별에 대한 상투적인 표현 중에 '몸에서 멀어지면 마음에서도 멀어진다.'는 말이 있듯이, 우리의 몸과 마음은 따로 떼어서 생각할 수 있는 존

마음속 요정과 도깨비

재가 아니다. 몸이 아프고 고될수록 인간은 마음에는 외로움, 우울감, 불안감과 같이 어두운 감정들이 가까이 찾아와 쉽게 마음속을 차지하곤 한다. 그렇다면 몸이 아픈 사람과 마음이 아픈 사람 중 누가 더 아플까?

인간의 오복(福) 중 하나라고 하는 치아는 인간의 건강에 매우 큰 영향을 미치게 된다. 최근의 연구 결과 중에 치아가 적은 사람은 치아가 건강한 사람보다 치매에 걸릴 확률이 높다는 연구 결과가 있다. 턱을 움직이면 뇌로 가는 혈류가 늘어나고, 이로 인해 많은 양의 산소가 공급되는데, 치아가 적은 사람일수록 딱딱하거나 질긴 음식을 씹는 것이 불편해지면서 점차 오래 씹어야 하는 음식들을 피하게 되기 때문에 뇌로 가는 혈류가 줄어들기 때문이다. 일본 규슈대 연구팀이 5년간 60세 이상 노인의 치아 상태와 치매와의 관련성을 조사한 결과, 치아가 1~9개 있는 노인은 치아가 20개 이상 있는 노인보다 치매에 걸릴 확률이 81% 높은 것으로 나타났다. 이는 부족한 치아로 인해 씹는 활동이 원활하지 않은 것이 원인으로 보인다.

이 연구 결과가 보여주는 바와 같이 사람은 몸이 아프면 결국 마음의 병으로도 이어질 수도 있다. 건강 하고자 하는 마음이 신체가 겪는 아픔 앞에서 쉬이 무릎을 꿇고 마는 것이다. 우울증, 만성 피로감, 자살 충동, 불안감 등 인간이 겪는 마음의 어려움에 대해 근본적 해결이 될 수 없다 하더라도 많은 이들이 운동과 건강한 생활습관을 통해 어려움을 해소하고자 노력해야 한다고 생각하는 것을 보면 마음의 아픔은 신체가 건강해야 회복될 수 있다.

◦ 번 아웃을 피하고 싶은 그대에게

　최근의 서점가에 진열된 책들에서 흔히 보이는 단어인 뉴욕의 정신분석가 프로이덴버거가 명명한 '번아웃 증후군'이라는 현상은 세대를 불문하고 자주 등장하는 현상 중 하나이다. 자기의 일에 지나칠 정도로 의욕적으로 몰두하던 사람이 극도의 신체적-정신적 피로감을 호소하며 무기력해지는 현상인 '번아웃 증후군'의 경고 증상은 다음과 같다.

---

　1) 기력이 없고 쇠약해진 느낌이 든다.
　2) 만성적으로 감기, 요통, 두통과 같은 질환에 시달린다.
　3) 쉽게 짜증이 나고 노여움이 솟는다.
　4) 감정의 소진이 심해져 '우울하다'라고 표현하기 힘들 정도의 에너지
　　고갈 상태를 보인다.

　이상의 증상이 나타날 때 우리는 번아웃 증후군을 의심해볼 수 있다. 이러한 번아웃 증후군의 경고 증상들은 신체의 어려움과 감정, 마음의 어려움을 동반하는 증상으로 보인다. 긴 노동시간에 비해 짧은 휴식시간, 강도 높은 노동환경에 의해 발생한다고 하는 이 현상은 쉼 없이 맹목적으로 달리기만 하도록 종용하는 현대 사회의 부추김 속에서 왜 달려야 하는지, 무엇을 향해 달려야 하는지 고민해볼 시간도 없이 무조건 달려온 현재를 살고 있는 우리에게 당연한 결과인지도 모른다.

　　　　　　　　　　　　　　　　　　　마음속 요정과 도깨비

몸이 아프고 고되면 마음의 건강을 돌보고 다독일 수 있는 여유는 당연히 줄어든다. 스스로가 자신의 마음의 건강을 돌보고 가꿀 수 있는 여유. 그것은 누군가 만들어줄 수 없는 영역이기에 결국 자신의 내면을 들여다보고 다독거려야 하는 것은 자신의 역할일 것이다.

◦ 몸이 건강하면 마음도 건강하기 쉽다

다리에 모래주머니를 차고 힘겹게 계단을 오르내려 본 경험이 있는가? 아니면 매우 무거운 배낭을 메고 길을 걸어본 경험이 있는가? 모래주머니를 찬 두 다리는 천근만근 무거울 것이고, 배낭을 짊어진 두 어깨는 자양강장제 CF의 한 장면처럼 피로한 곰이라도 없은 듯 무거울 것이다. 시간이 흐를수록 내가 걷고 있는 길이 얼마나 아름다운지, 길가에 소복하게 핀 꽃들의 향이 얼마나 달콤하게 코끝을 간지럽히는지, 함께 걷는 이와 얼마나 즐거운 대화를 나누고 있는지 그 모든 것은 보이지도, 들리지도 않은 체 내 신체의 피로함과 힘겨움 만이 느껴질지도 모른다.

◦ 그 순간 갑자기 모래주머니를 풀어준다면?

누군가 내 어깨의 배낭을 내려 함께 들어준다면? 모래주머니를 차고 운동을 해 본 경험이 있는 사람이라면 누구나 알 것이다. 마치 내 두 다리에 스프링이라도 달린 듯 이렇게 몸이 가벼울 수가. 무거움에 힘겹게 눌려 있던 신체가 자유로워지는 순간 왠지 모르게 팔짝팔짝 뛰어보고 싶어질 만큼 몸도 마음도 몽실몽실 가벼워진다. 아무것도 변하지 않았지만 내 신체의 무거움에서 해방되었다는 그 사실 하나로도 사람의 기분이라는 것이 이렇게 바뀌어 해맑게 팔짝팔짝 뛰고 싶어지는 것을 보면 사람의 마음이라는 것은 몸이 건강하면 마음에도 조금은 햇살이 비치는 듯하다. 결국, 내 마음에 허락도 없이 들어와 자리를 차지하고 있는 우울감, 불안감 같이 내 마음에 웅크리고 앉아서 마음의 건강을 위협하는 어두운 감정들을 밀어내기 위해서는 내 몸의 건강함을 되찾아야 한다.

◦ 내 몸과 마음의 주인은 나 자신이다

내가 스스로 내 몸을 돌보지 않는다면, 인간의 몸은 너무나 쉽게 편안함과 나른함에 익숙해지기 마련이다. 아무런 노력을 하지 않으면서 건강한 삶을 영위하기를 원하는 것, 그것은 마치 배고픔에 허덕이면서도 누군가 숟가락으로 음식을 떠서 내 입에 넣어주기만을 기다리면서

마음속 요정과 도깨비

배고픔이 사라지기를 바라는 것과 같이 다소 뻔뻔한 생각이다. '나는 괜찮습니까?' 이 질문에 대한 답은 오로지 나만 할 수 있다. 내 마음속 세상의 날씨가 햇볕 가득한 따스한 온기로 가득 차기를 바란다면, 건강한 몸을 위해 무엇인가를 시작할 용기가 필요하다.

'건강한 육체에 건강한 정신이 깃든다.' 어디선가 본 적이 있는 구절일 것이다. 이 말은 2세기 초 고대 로마의 시인인 유베날리스의 시 구절이다. 늘 검투 경기가 열리는 고대 로마에서 폭력적인 검투 경기에 열광하는 로마 시민들을 보고 유베날리스는 정신은 텅 빈 채 운동만 하는 검투사들과 그들의 몸과 경기에만 열광하는 시민들의 어리석음을 비판하면서 검투사들이 잘 가꾼 몸만큼이나 올바르고 건전한 정신을 갖추기를 바라며 '건강한 육체에 건강한 정신이 깃들기를 바라노라. 죽음을 두려워하지 않는 용감한 영혼을 구하노라'라는 시를 남겼다. 유베날리스의 의도는 건강한 육체보다는 건전한 정신을 강조하고 싶었겠지만, 지금은 건강한 몸을 만들면 자연스럽게 정신도 건강해진다는 뜻으로 쓰이고 있다. 유베날리스의 의도는 달랐을지 모르지만, 결국 건강한 육체를 가진 사람이 마음도 건강하기 쉬운 것을 보면 건강한 정신을 갖추기를 바란 그의 표현은 선견지명인 듯하다.

무엇이 건전한 정신인가? 번아웃과 우울감, 만성 피로를 너무나 당연한 현상으로 받아들이는 현재의 우리들에게 어떤 건전하고 건강한 정신이 필요한 것일까? 이 질문에 대한 답변을 생각하는 것 자체로도 우리는 매우 건강한 생각의 시작을 함께 하고 있는 것이다. 건강한 정신에 대한 나의 삶의 가치 기준이 무엇인지도 깨닫지 못한 체 무조건 추구한 것들의 결과가 늘 성공으로 나타나지는 않을 것이다. 고민과 노력이 없는 상태에서 선택한 일들의 실패는 긍정적인 교훈으로 연결되지 못하고 불안감과 삶에 대한 불만을 안겨줄지도 모른다.

삶을 살아가면서 다양한 이유로 느끼는 불안감들을 우리는 어떤 것들로 해소해야 하는가. 그에 대한 해답을 찾는 과정은 여러 가지의 길이 있을 것이다. 하지만 결국 그 모든 길은 나 스스로가 어떠한 길을 걷기를 원하는가를 명확히 알아야 불안한 출렁다리가 아닌, 견고하고 아름다운 돌담길이 될 것이다. 나는 나에게 주어진 행복들에 감사하고 있는가? 내가 아닌 타인의 기준에 맞는 행복만을 추구하고 있는 것은 아닌가? 나와 나의 공동체는 우리 모두의 공공의 선을 향해 나아가고 있는가? 그러기 위해 나는 어떠한 노력을 하고 있는가? 많은 것들을 고민하고 스스로 답을 찾는 과정에서 우리는 우리 앞에 던져지는 불안감들을 해치우고, 나의 길이, 너의 길이, 우리의 길이 돌다리처럼 하나하나 모여 우리의 사회가 견고해질 것이다.

◦ 몸이 건강한 사람은 '감사'가 전제되어 있다

공평함이라는 단어에 대한 의미는 여러 가지의 해석이 있을 수 있다.

마음속 요정과 도깨비

모두가 똑같이 나누어 가지는 것이 공평하다고 느끼는 사람도 있을 수 있고, 더 가진 사람보다 덜 가진 사람에게 조금 더 나누어주어 같은 크기의 행복을 느끼도록 하는 것이 공평하다고 느끼는 사람도 있을 것이다.

공평함에 대한 한 컷의 만화를 본 적이 있다. 높은 담벼락 너머로 야구 경기를 볼 때, 키가 큰 사람과 키가 작은 아이가 함께 있다면 누군가의 공평함은 두 사람 모두에게 같은 높이의 발 받침을 주는 것이 공평한 것이고, 누군가의 공평함은 키가 큰 사람보다는 키가 작은 아이에게 발 받침을 해주어 두 사람이 모두 야구를 즐길 수 있도록 하는 것이 공평한 것이라는 것을 표현한 그림이었다. 이 그림을 보며 당연히 모두가 함께 즐길 수 있는 후자의 공평함이 옳은 것처럼 느껴질 수 있지만, 누군가의 어려움을 해소하는 것이 다른 이의 양보와 배려로 가능하다면, 그것을 강요하는 것이 아니라 마음에서 우러러 나온 진심으로 가능하도록 해야 한다고 생각한다. 공평함이라는 것은 결국 무엇이 옳고 그른 것이 아니라, 우리에게는 어떤 것이 공평함으로 다가올 수 있도록 모두가 함께 고민해볼 부분이다.

누군가의 배려와 양보로 가능한 공평함도 있지만, 반대로 누군가가 더 많이 가져도, 오히려 더 많이 가지면 가질수록 공평해지는 것들도 있다. 바로 감사함이라는 마음이다. 세상을 살아가면서 보고, 듣고, 느끼게 되는 많은 것들에 감사하는 마음을 갖는 것은 내가 감사하는 마음을 갖는 만큼 더 선한 영향력으로 돌아오게 된다. 이것은 마치 정직한 계단과도 같다. 내가 한 계단씩 차근차근 오르면 언젠가는 원하는 층에 도착할 수 있듯이, 감사함은 내가 감사함을 느끼고 기도한 만큼 그대로 돌아오기 마련이다. 또한, 감사한 마음을 가질 수 있는 것은 현재의 내가 그만큼 건강하다는 증거이기도 하다.

우리는 무엇에 감사함을 느끼는가. 우리는 산을 오를 때 등에 짊어진 짐의 무게와 한 걸음 한 걸음 내딛을수록 무거워지는 몸을 느끼며 힘든 것에만 주목한 나머지 내가 오를 산이 있다는 사실에는 감사할 생각을 잊어버리기도 한다. 무엇을 위해 우리는 산에 오르는가. 이 산에 오르기 위해 어떤 마음가짐과 기대를 가지고 오르기 시작했는가. 내가 함께 이 산을 오르고 있는 내 곁의 이 사람들과 나는 무엇을 함께 이야기하고 나누고 있는가. 이 모든 것을 생각하고 실천할 수 있음에 감사함을 느낄 수 있지 않을까? 건강한 신체에 채워온 나의 건강한 마음이, 내가 온전한 감사의 마음으로 세상을 살아갈 수 있게 함에도 역시나 감사할 수 있는 일이다. 내가 한 번 감사함을 느끼면 다른 한 번의 감사가, 백번을 감사하면 백번의 감사가 내 마음에 채워진다. 내 마음에 양껏 감사함을 채워도 누군가의 것을 빼앗는 것이 아니니 감사함은 누구에게나 주어지는 공평함이다. 누구에게나 공평하게 나누어지는 감사하는 마음을 우리는 어떻게 마음에 채워야 할까?

◦ 감사의 형태

나는 매일 아침 눈을 떠 감사의 기도로 하루를 시작한다. 오늘도 무

마음속 요정과 도깨비

사히 하루를 시작하게 해주심에, 내 팔과 다리로 상쾌하게 일어나 나를 가꾸고 정돈할 수 있음에, 내가 사랑하는 내 가족과 얼굴을 마주하고 웃으며 아침 인사를 나눌 수 있음에, 내가 사랑하는 두 아이에게 건강한 식사를 준비해줄 수 있음에, 이 모든 것이 나의 건강한 신체가 있기에 가능하기에 나를 살게 하시는 모든 것에 감사함을 느끼며 기도를 드린다.

이렇게 사소하고 당연하게 여겨지는 것들까지도 감사할 것들이 많기에 우리 주변에 감사한 일을 생각하면 최소 스무 가지가 넘을 것이다. 하지만 우리는 이 모든 것들에 감사함을 느끼기보다는 어느샌가 당연해진 나머지 불평만 보게 되기도 한다. 한 번의 불평이 스무 번의 감사함을 이겨버리고 한 번의 불평에만 모든 신경을 쓰며 하루를 보낸다. 감사함으로 시작한 하루의 일과 중 내 뜻과는 다르게 흘러가는 일들에 속상해하고 좌절하기도 하지만 그 모든 일이 그저 불평 거리로만 지나간다면, 오늘 하루는 그저 그런 하루로 마감될 것이다. 비록 화도 나고 왜 나에게 이런 일이 생기는 것인지 불평은 할 수 있지만 그래도 이 경험을 통해 내가 얻을 수 있는 것은 무엇일지, 이 시간을 통해서 나는 또 한 번 성장한 사람이 되어갈 수 있음에 감사할 수 있기를 바란다.

두 아이의 엄마로서 나는 나의 아이들의 건강한 신체에 건강한 마음이 깃들기를 바라며, 감사함이 가득 찬 마음으로 세상을 바라보기를 희망하며 늘 아이들에게 해주는 이야기가 있다.

“

  너희들의 가슴 속에는 요정과 도깨비가 살고 있단다. 너희가 친구들과 즐겁게 놀고 함께 맛있는 것도 나누어 먹으면서 서로 양보하고, 오늘도 친구들과 즐겁게 놀 수 있게 해주셔서 감사한 마음을 가질 때는 요정이 너희 마음속에서 노래를 해주는 것이고, 친구들과 싸우고 친구를 미워하는 마음을 가질 때는 도깨비가 너희 마음속에서 시끄럽게 하기 때문이야. 너희가 요정들에게 밥을 많이 주면 요정들이 많이 자라서 너희 마음속에서 노래를 부르면서 친구들과 즐겁게 지내도록 해주겠지? 요정은 너희들이 친구를 사랑하는 마음과 감사함을 느끼는 마음을 먹고 자란단다. 하지만 우리가 도깨비에게 밥을 많이 주면 마음속에서 도깨비가 자라서 너희들의 마음속에서 시끄럽게 떠들기 때문에 친구들과 늘 싸우고 마음이 속상하게 될 거야. 우리는 마음속에 누구에게 밥을 많이 줘야 행복할까?

”

  우리는 마음속에 누구를 키우고 있을까. 건강한 몸과 건강한 마음을 키우려면 우리는 어떤 고민과 노력을 할 수 있을지 우리 모두 함께 생각해볼 수 있는 시간이 필요할 듯하다.

                                   마음속 요정과 도깨비

도깨비를 키우는 현대인들

바쁜 현대를 살아가는 우리에게 로켓배송, 새벽배송 등의 문화는 너무나 익숙한 서비스가 되었다. 당일 주문한 물건이 다음날이면 도착해서 필요할 때 필요한 물건을 쓸 수 있도록 해주는 택배 서비스는 우리나라가 세계 일등이라고 해도 과언이 아닐 정도로, 우리나라의 배송 서비스는 매우 발달했다. 굳이 복잡한 절차 없이도, 필요한 물건들을 쉽게 찾아 원하는 시간에 배달까지 해주는 이 편리한 생활이 가능한 것은 누군가 이것들이 가능하도록 나를 대신하여 움직여 주기 때문일 것이다.

그런데, 이 모든 것은 소비자인 나의 편리함과 필요성을 위해 만들어진 시스템임에도 불구하고, 최근의 뉴스들을 보면 의아함을 자아내는 사건들이 발생한다. 한 아파트 단지에서 택배 차량의 출입을 막고 직접 물건을 배송하도록 조치하거나, 여러 층에 위치한 고객들의 상품을 배송해야 하는 택배 기사님들의 엘리베이터 사용을 금지하는 등의 행동을 보여 택배 기사님들과 아파트 주민들 사이에 불미스러운 일들이 벌어지는 것을 간혹 보게 된다. 한, 두 군데서만 일어난 일이 아니라, 공공연하게 일어났던 일이기 때문에 미디어를 통해서 보도되기도 했던 일이다. 물론, 무조건 이 행동이 잘못되었다고 말하고자 하는 것은 아니다. 이 행동을 해야만 했던 아파트 입주자들의 처지에서도 분명한 것은 이유가 있는 행동일 것이다. 아이들이 뛰어다니는 아파트 단지 내에 택배 차량의 이동이 사고와 연결되지는 않을까 우려가 되기도 하고, 층마다 물건을 배송하기 위해 엘리베이터를 오랫동안 잡아놓는 택배 기사님들의 행동에 불편함을 겪었기 때문일 수도 있다.

이 문제를 미디어를 통해 바라보는 우리는 무엇을 느끼고 있을까? 아이를 키우는 학부모들은 한편으로는 내 아이의 안전을 우선으로 생각하며, 아파트 입주민들의 선택을 옹호할 수도 있을 것이다. 다른 한편으로 바쁜 직장생활로 대부분의 물건 구입을 택배 배송으로 처리하는 소비자의 처지에서는 이런 상황으로 인해 물건을 받으러 아파트 단지 입구까지 가서 물건을 찾아와야 하는 불편함을 떠올리며 아파트 입주자들의 선택에 불만을 가질 수도 있을 것이다. 이러한 문제는 옳고 그름의 문제이거나, 무엇이 더 나은 선택인가에 대한 양자택일의 문제는 아니다. 다만 어떤 문제가 발생하였고, 우리가 그 문제를 인지했을 때 우리는 어떤 시각으로 그 문제를 바라볼 것인가. 문제의 해결방안을 제시하는 기준이 무엇인가. 그리고 무엇을 위해 그 문제를 해결하고자 하는가. 등의 여러 가지 고민을 함께하고 있는가의 문제라고 생각한다.

택배 문제로 돌아가서, 첫 번째 문제인 택배 차량의 아파트 진입 금지

　　　　　　　　　　　　마음속 요정과 도깨비

의 경우를 먼저 생각해보자. 아파트 내에는 사방팔방으로 뛰어다니는 어린이들과 반사 신경이 더딜 수밖에 없는 노약자 등을 포함한 다양한 사람들의 통행이 이루어진다. 이러한 가족이 있다면 우리는 아파트 단지 내의 차량 통행량이 무척 신경이 쓰이고 안전에 대한 불안감이 생길 것이다. 반대로 택배 기사님의 처지를 생각해본다면, 수백 가지 종류의 택배들이 있는데, 이 택배들을 아파트 입구에서부터는 차량을 이용하지 못한 채 손으로 물건을 나르도록 하는 것은 이 아파트로의 배송이 너무나 꺼려지게 만드는 요인이 될 것이다. 이 문제를 바라볼 때, 나는 어떤 시각에서 이 문제를 바라보아야 할 것인가. 내 안에 요정들이 많아서 내 마음에 늘 긍정적이고 희망으로 노래를 부르고 있다면 나의 필요와 편안함을 위해 늘 수고해주시는 많은 분의 노고에 감사하는 마음이 제일 크게 자리 잡을 것이다. 하지만, 늘 요정들의 목소리에만 귀를 기울일 수는 없다. 만약 내 안에 도깨비들이 많아서 시끌시끌 소란을 피우고 있었다면, 당장 내 앞에 펼쳐지는 불편함, 택배 차량의 주정차와 급한 운전으로 내가 또는 내 가족이 다칠지도 모른다는 불안감과 이런 불안감을 조성하는 그들에 대한 불만으로 가득 차게 될 것이다.

'혐오' 누군가를, 어떤 사람들을, 너무나 미워하는 나머지 상식적으로는 절대 선택하지 않을 선택마저도 하게 만드는 감정. 이 단어를 우리는 요즘 너무나 흔하게 볼 수 있고, 자주 사용하고 있지는 않은가 생각해본다. 내 안에 불안감과 불만을 먹고 자라는 도깨비는 나에게 주어진 많은 것들에 대해 불평과 불만을 일삼게 하고, 이것은 다시 내 안에 있는 도깨비들의 양분이 되어 무럭무럭 자라게 되는 결과를 가져올 것이다. 시간이 흐를수록 내 안에서 자라난 도깨비의 목소리는 결국 타인에 대한 혐오와 분노로 이어질지도 모른다. 감사함보다는 불만과 불평이, 타인의 배려에서 따뜻함을 느끼기보다는 혐오와 날 선 차가운 감정이 일어난다면, 우리는 결국 사람과 사람이 살아가면서 만들어지는 관계 속에서 발생하는 여러 가지 문제들에 대해서 내 안의 혐오를 마음껏 표출하여 비뚤어진 시각으로 문제를 인식하게 된다.

관계 속에서 발생한 문제를, 어떤 문제인가? 인식하는 단계에서 이미 내 안에 도깨비들이 만들어 놓은 혐오가 가득하다면, 문제를 둘러싼 다양한 사람들의 이유와 상황들은 고려하지 못하고 나에게 피해가 가는 것은 아닌지에만 몰두하여 문제를 인식할 수 있다. 이러한 상황을 우리는 이기적이라고 표현하며, 마치 나는 그렇지 않다고 당당하게 이야기할지도 모른다. 하지만 정작 나에게 닥친 나의 일이 되었을 때 님비현상에 휩쓸리지 않을 것이라고 자신하는 사람이 얼마나 많을지 확신할 수 없다.

관계 속에서 발생한 문제에 대하여 근본적으로 어떤 문제인지를 인식함에서 우리는 내 안에 존재하는 도깨비의 속삭임에서 잠시 귀를 닫을 필요가 있다. 택배 차량의 아파트 출입과 관련하여 이 문제는 택배 차량의 아파트 통행으로 인해 발생하는 나의 불안감과 불만이, 택배 차량에 대한 혐오에서 발생된 것은 아닌지 돌아보기가 필요하다. 만약 아파트에 통행자와 운행 차량 사이에 더 확실한 안전장치가 있다면, 우리의 불안감은 줄어들 수 있다. 그렇다면 이 문제는 택배 차량의 운행 문제가 아니라 아파트의 안전장치에 대한 문제일 수도 있는 것이다.

결국, 이 문제가 어떤 문제인가? 에 대한 올바른 인식은 더 현실적이고 적절하게 필요한 대안을 고민해 볼 수 있는 방향으로 변화할 수 있게 된다. 우리 안의 도깨비들이 만들어낸 혐오의 굴레에서 벗어나, 올바른 시각으로 세상을 바라볼 수 있는 지혜를 우리 스스로 키우기 위해서 내 안의 요정들의 목소리에도 귀를 기울일 수 있도록 조금 더 주위에 감사한 마음을 가질 수 있도록 노력해보는 것은 어떠한가.

◦ 배려와 감사는 당연한 것이 아니다

앞서 말한 주제 중 두 번째 문제인 택배 기사님들의 엘리베이터 이용을 제한하는 문제에 대해서 생각해보자. 물론 나 역시도 출퇴근 시간에 엘리베이터를 이용하기 위해 버튼을 누르고 기다리는 동안 꼭대기 층까지 올라갔다가 내려오면서 자주 멈춰서 사람이 타는 것을 보면서, 답답해한 적이 많다. 마침 바쁘고 시간이 촉박할 때 그런 상황이 벌어지면 그새를 못 참고 계단으로 뛰어가면서 온갖 짜증을 내기도 했다. 그런데, 그 상황에서 분노와 짜증을 그들에게 표출하지 못하고 참을 수밖에 없는 이유는 무엇이었을까? 그것은 모두가 평등하게 사용할 수 있는 엘리베이터를 사용하는 권리를 가진 사람들이라는 생각도 있었을 것이다. 하지만 택배 기사님들의 엘리베이터 사용에 대해서는 왜? 사람들은 그렇게도 쉽고 간단하게 불편함을 호소하고 문제를 해결하는 방법에 대해서, 택배 기사님들의 엘리베이터 사용제한이라는 일방적이고 폭력적이라고 말할 만한 방법을 제시한 것일까?

문제의 해결방안을 제시하는 기준이 무엇인가. 그리고 무엇을 위해 그 문제를 해결하고자 하는가. 이것에 대하여 함께 고민하지 않았기 때문이라고 생각한다. 우리가 일상을 살아가면서, 또는 사회생활을 하면서 어떠한 문제가 발생했을 때 문제의 해결방안을 제시한다는 것은 이 문제를 인식한 사람들에 대한 충분한 공감을 전제해야 한다. 문제를 둘러싼 당사자들 모두의 상황을 고려하고 어떤 불편함과 어떤 수고로움은 기꺼이 감수할 수 있을지, 우리 모두 함께 고민해야 하는 문제이다. 하지만 택배 기사님들의 엘리베이터 사용과 관련한 문제에서는 아파트 입주자들의 불편함은 공감되었지만, 택배 기사님들의 상황은 전혀 고려되지 않은 것이다.

또한, 아파트 입주자들의 불편함을 공감하면서, 그렇다면 이 불편함을 없애기 위한 여러 가지 방안들을 모색할 때, 그래도 일정 부분 어느 정도의 수고로움까지는 우리가 감내할 수 있는가, 우리는 어떠한 마음을 내어볼 수 있는가에 대한 고민은 보이지 않는다. 택배 기사님들의 엘리베이터 사용제한이라는 문제 해결방안을 일방적이고 폭력적이라고 표현하는 이유라고 생각한다. 내 안에, 그리고 우리 모두의 마음속에 요정이 더 많이 살고 있었다면, 어땠을까? 아마도 우리는 우리만의 불편함과 불평에만 귀 기울이는 것이 아니라, 조금 더 힘든 상황들에 충분히 공감하는 모습은 아니었을까? 나의 편리함과 편안함을 위하여 수고해주시는 분들의 노고에 감사하는 마음을 외면하지는 않았을 것이다.

조금이라도 더 빨리 필요한 사람에게 필요한 물건을 배송해주고자 하는 그분들의 배려와 감사함이 우리에게 당연한 것으로 느껴지지는 않았을 것이다. 물론, 요정의 목소리에만 귀 기울여 무조건 감사함만을 느껴야 한다고 강요하는 것은 아니다. 내 안의 도깨비들은 누군가의 불편함을 외면하지 않고, 나 역시도 불편한 것은 개선해갈 수 있도록 무엇이 불편한지 생각할 수 있도록 해준다.

도깨비와 요정의 목소리가 적절하게 혼합되어, 우리 주위의 불편함을 불평만 하는 것이 아니라 올바른 방향으로 변화할 수 있도록 해줄 것이다. 변화의 필요성에 대해 인지할 때는 도깨비의 목소리가, 변화의 방향에 대해서 고민할 때는 요정의 목소리가 조화롭게 들린다면, 우리는 불편함을 해결하려는 방안을 모색할 때 조금 더 다양한 의견을 수렴하고, 누군가의 배려에 대한 감사함을 전제로 한 선택을 고민할 수 있을 것이다.

소비자를 위해 애써주시는 택배 기사님들의 수고에 감사함을 기반으로 하면서도, 아파트 입주자들의 엘리베이터 이용에 대한 불편함을 함께 공감하면서 제안할 해결방안은 어떤 것이 있을까? 이렇게 해결방안을 제안하기 위한 고민의 과정에 많은 이들에 대한 공감이 기준이 되는 것은 매우 중요하다고 생각된다. 개인적인 생각으로는, 생수, 쌀 등과 같이 부피가 크고 무거운 물건들의 배송을 위해서 택배 기사님께서 수고해주시는 부분에는 감사함을 느끼면서, 작고 가벼운 물건들까지도 집 앞까지 배달을 해주시는 수고에 대해서는 기꺼이 마음을 내어볼 수도 있는 문제가 아닐까 싶다. 예를 들어 무인수거함 같은 시스템을 아파트에 도입하여 나의 불편함을 해결하는 방안 마련을 위해 나 역시도 조금은 양보하고 마음을 내어볼 수 있는, 나만을 위한 해결방법이 아닌 모두를 위한 해결방법을 고민해 볼 수 있도록 요정과 도깨비의 협조가 필요하다.

◦ 도깨비가 만든 흉측한 가면

우리는 모두 부모님에게서 태어나 어린 시절을 가족의 품에서 보내며 가족이라는 이름의 관계를 맺고, 학교에 들어가서는 친구라는 이름의 관계, 선배와 후배라는 이름의 새로운 관계를 맺는다. 졸업 후에는 사회생활을 하며 동료, 새로운 선, 후배 관계 그리고 직장 상사와 부하직원과 같은 상하관계의 관계를 형성하기도 한다. 우리가 살아가면서 맺고 끊게 되는 다양한 관계들 속에서 우리는 어떤 마음으로 그들과의 관계를 맺고 있을까?

마음속 요정과 도깨비

가족이라는 이름의 관계 속에서 우리는 참 다양한 감정들을 느끼며, 태어나면서부터 너무나 당연하게 나에게 주어진 이 관계를 통해 오랜 시간 동안 희로애락을 함께 느끼게 된다. 가족이라는 이름에는 나의 처음부터 끝까지 함께 하며 당연함이 포함되고, 그 당연함이라는 표현 뒤에는 그래서 나를 조금 더 이해해줬으면 하는 응석이 따라붙게 된다. 하지만 세상에 당연한 것은 없다. 가족이라는 이름으로 많은 행복을 받기도 하지만, 가족이라는 이름으로 많은 상처를 주기도 한다. 부모님들이 흔히 하는 표현 중에 '열 손가락 깨물어 안 아픈 손가락은 없다'고 할 만큼 부모님들의 자식에 대한 사랑은 마르지 않는 샘물 같기도 하다. 하지만 마르지 않는 샘물 같은 자식에 대한 사랑이라는 이름에는 자녀의 미래에 대한 간섭과 부모의 욕심이 섞여 있기도 하다. 부모와 자식 간에도 시간이 흐를수록 서로에 대한 오해와 불편한 마음이 쌓이면, 마음속의 도깨비가 자라나 무엇보다 끈끈해야 할 가족의 관계마저도 흔들어 놓을 수 있다.

무한한 경쟁의 시대를 살고 있는 현대에 내 자녀의 행복의 기준을 더 나은, 더 높은 곳에 두기 위해 경쟁할 수 있고, 그 과정을 부모가 결정할 수 있다는 생각은 어쩌면 너무나 위험한 생각일지도 모른다. 또한, 나의 행복을 위해 부모님 세대의 희생이 너무나 당연하다고 생각하는 욕심 역시도 너무나 이기적이고 유약한 생각이다. 우리는 서로에게 무엇을 바라고, 서로를 어떠한 마음으로 바라보고 있는가. 내 마음속의 도깨비는 우리가 서로에게 더 바라기만을 하고, 주어진 것에 불평과 불만을 느끼도록 속삭일 것이다. 그 불평과 불만은 눈덩이처럼 불어나 가족에게서 얻어야 할 안정감과 따듯함, 나의 최후의 보루를 잃게 만들게 된다. 가족이라는 울타리에서 보호받지 못하는 우리의 마음의 안정은 결국 다른 문제들로 이어져 사회의 문제로 연결될지도 모른다.

회사생활을 통해 맺는 사회적 관계에서도 우리는 다양한 감정들을 배우게 된다. 학교와 가정의 보호에서 벗어나 한 사람의 성인으로서 사회적 책임을 배워가는 사회초년생의 경우, 사회에서의 첫발을 내딛는 순간은 사회에 나와 직업에 대해 어떤 가치관을 형성하게 될 것인지를 정하게 되는 매우 중요한 시기이다. 사회로 나와 어떤 선배를 만나 직업에 대한 어떠한 가치관을 가지게 되느냐에 따라 우리의 직업에 대한 만족감과 성취감은 바뀌게 될 것이다.

최근 서점에서 인기가 있었던 〈90년생이 온다〉라는 책이 이슈가 되었던 적이 있다. 90년생들이 사회에 진출하면서, 그동안의 관습화되고 고질적이었던 회사 내의 병폐들에 대해서 할 말은 하는 90년대 생들의 변화를 추구하는 모습에 대해 분석한 이 책을 보면서 우리는 '라떼는 말이야~' 하면서 고지식한 발언을 하는 것이 아니라, 그들에 관해 이해하려는 노력이 필요하다. 사회초년생들을 바라보는 선배들의 마음에 그동안 요정을 많이 키워왔다면, 새롭게 많은 것을 배우려는 후배들의 마음을 감사하는 마음으로 바라보게 될 것이다. 하지만 안타깝게도 모든 직장 상사의 마음에 요정이 자라난 것은 아니라는 것이 슬픈 현실이다.

사회생활을 하는 동안 우리들의 마음에는 불평과 불만이 차곡차곡

마음속 요정과 도깨비

쌓여 도깨비가 쑥쑥 자라나서 후배들의 변화에 대한 모습에 '라떼는 말이야~'를 시전하며 그들의 모습에 불평과 불만을 늘어놓게 된다. 아직 많은 것이 서투를 수 있는 후배들의 행동에 조금 더 너그러운 마음과 이해하려는 마음, 그리고 조금이라도 더 직업에 대한 만족감을 심어주고 배우려는 의지를 키워주려는 마음을 가져야 할 선배들이 아직 서투른 모습을 보여주는 후배들의 모습에 다그치고 질타하는 모습만을 보이며 좋은 어른으로서의 모습을 보이지 못한다면, 결국 후배들이 꿈꾸게 되는 미래의 나의 모습은 마음속에 도깨비가 득실거리는 어른의 모습일 것이다. 자녀에게 부모는 어떤 거울이 되어줄 것인가? 사회를 경험하고 많은 것을 배워가고 있는 후배들에게 나는 어떤 어른이 되어줄 것인가? 우리의 얼굴에서 그들은 도깨비가 만들어 놓은 흉측한 어른의 얼굴을 보고 있는 것은 아닐까?

◦ 파랑새는 결국 내 곁에 있었다는 진부하지만 어쩔 수 없는 진리

우리가 살아가는 세상은 모두가 함께 살아가는 세상이다. 나는 누군가의 딸이자 아들이면서 누군가의 동생, 누군가의 형과 누나, 누군가의 친구이자 동료, 누군가의 선배이자 직장 상사, 누군가의 평생의 동반자, 다양한 포지션에서 나의 역할을 하면서 살아가게 된다. 내 역할에 최선을 다하는 것이 곧 모두를 위하는 길은 아니다. 또한, 그것이 곧 나의

행복을 보상하는 것도 아니다. 내 마음속에 감사함이 가득하여 요정들만 북적이는 세상이 된다면 과연 내가 사는 세상은 아름다운 세상이 될까? 그 세상은 나와 나를 둘러싼 모두를 위하는 세상이 될까? 나는 아닐 것이라고 확신할 수 있다. 세상은 아름답게만 바라볼 수 있는 곳이 아니며, 아름다움 필터를 장착한 상태로만 바라봐서도 안 되는 곳이다. 세상에는 무수히 많은 크고 작은 도깨비를 마음에 품은 채로 살아가는 사람들이 있다. 그들의 시선은 크고 작은 세상의 불편함 들을 찾아내고, 바뀌어야 하는 것들을 찾아내고, 세상을 향해 불만의 소리를 내뱉을 것이다. 이 소리를 외면할 수도, 외면해서도 안 된다.

마음속 요정들의 목소리에만 너무 귀 기울여 듣게 되면, 우리 주변에 산재해 있는 문제들을 인식하거나 필요한 변화를 찾아내는 능력이 부족해질 수 있다. 우리 안에 살고있는 도깨비들은 불편함과 문제들을 인식하고 변화에 대한 욕구를 갖게 하는 역할을 하고 있다. 그들의 목소리를 통해 우리는 우리 주변에 불편한 것들을 찾고, 요정의 목소리를 함께 들으면서 나 말고 우리 모두를 위해 불편한 것은 없는지, 나는 누군가를 불편하게 하고 있지는 않은지 나와 우리 모두의 세상을 위한 시야를 넓힐 수 있다. 요정과 도깨비는 우리들의 마음속에 유일할 수는 없다. 한목소리가 너무 커지거나, 사라지지 않도록 그리고 그들의 목소리에 귀 기울였을 때 균형을 유지할 수 있도록 우리 마음속 두 친구에게 적당한 양분을 나누어줄 수 있었으면 한다.

마음속 요정과 도깨비

우리는 누구나 행복을 추구하면 살아간다. 행복의 추구권은 헌법에서도 보장하는 권리일 정도로 인간에게 행복이라는 것은 매우 중요한 지향점이다. 행복한 삶에 대한 기준은 누구나 다르고 만족도 역시도 모두가 다를 수 있다. 하지만 행복한 삶을 추구하기 위해 어떠한 가치 기준을 가지고, 어떤 방식으로의 노력을 해야 하는가. 공공의 선이라는 부분은 크게 다르지 않으리라고 생각한다. 공공의 선이라는 것은 이름만큼 엄청 거창한 것이 아니다. 나와 내 가족, 나의 친구, 동료, 나를 둘러싼 우리 모두. 모두가 추구하는 행복의 가치가 더해져 큰 행복 덩어리가 될 수 있도록 우리 마음속의 요정들과 도깨비들을 달래어 가는 것. 그것이 공공의 선을 향하는 방향이라고 생각한다. 동화 〈파랑새〉에서 파랑새를 찾아 떠나는 남매가 많은 길을 돌고 돌아 집에 돌아왔을 때 그렇게 찾아다녔던 파랑새가 우리 집에 있었듯이, 우리가 추구하는 행복이라는 것은 결국 우리가 마음속에 어떤 요정과 도깨비를 키우고 있는가에 달려있는 것이 아닐까.

감사의 에너지

∘ 일상에서 느끼는 감사함을 지나쳐버리지 말자

어느 평범한 날 아침, 알람 소리에 잠이 깨어 하루를 시작한다. 침대에서 몸을 일으켜 두 발로 바닥을 딛고 일어나 화장실로 가서 거울을 보며 살짝 부은 듯한 얼굴을 이리저리 살피며 칫솔에 치약을 묻히고 양치질을 시작한다. 가볍게 찬물 세수를 마치고 부엌으로 가 오늘의 아침은 된장찌개로 결정하고, 두부와 버섯을 썰어 넣은 구수한 된장찌개에 흰 밥과 함께 엄마가 보내준 열무김치를 곁들여서 가족들과 함께 맛있게 식사를 마친다. 커피 메이커에 커피를 내려서 텀블러에 담아 출근길에 나선다. 차에 올라 출근길 아파트 정문을 나서며 경비 아저씨께서 보내주시는 아침 인사에 가볍게 목례를 하고 회사로 향한다. 출근길 학교 앞을 지나는 횡단보도에서 교통지도 봉사자분의 수신호에 맞추어 한 손을 번쩍 들고 길을 건너는 졸망졸망 아이들이 발걸음을 보며 왠지 모르게 눈길이 아이들의 가방의 들썩임을 쫓아간다. 주차하고 회사로 향하는 길 무심코 올려다본 하늘이 참 파랗기도 하다. 오늘 하루의 시작이 가벼워서 좋다.

마음속 요정과 도깨비

매일 매일 마주하는 일상의 한 단면 속에서 나는 어떤 감정들을 느꼈을까? 별다를 것 없이 시작한 아침이지만, 알람 소리에 잠이 깨고, 내 두 발로 바닥을 딛고 일어나 화장실로 향할 수 있음에서 너무나 당연하게 느껴지는 평범한 움직임이지만, 이것은 당연한 것이 아니다. 내두 귀에 불편함이 없기에 알람 소리를 듣고 일어날 수 있고, 나의 신체가 불편함이 없기에 누군가의 도움이 없이도 스스로 나의 신체를 움직일 수 있음이다. 나의 신체와 정신에 불편함이 없다는 것, 몸과 마음이 건강하다는 것은 당연하게 여길 수도 있겠으나, 결코 당연한 것이 아닌 감사함을 느껴야 하는 사실이다. 나의 의지와 정신만으로는 내 신체의 어려움을 극복할 수 없을 때, 내 신체의 자유로움이 당연한 것이 아닐때, 우리는 누군가에게 도움을 받아야만 하는 상황이 될 때, 마음에 미안함과 불편함이 자리 잡게 될 수도 있다. 작은 미안함과 불편함은 내안에 있는 도깨비들의 양분이 되어 신체의 불편함이 마음의 아픔으로도 이어질 수 있기 때문에, 내가 오늘 하루를 무사히 시작하고, 나의 의지로 신체를 움직일 수 있음에 감사함을 느낀다. 우리는 TV 속 기부단체들의 모금 광고들을 스쳐 지나가듯이 보며, 누군가의 아픔과 힘겨운 삶에 대해 그저 불쌍함만을 느낄지도 모른다. 그 아픔과 힘겨운 삶은 나와는 다른 사람의 이야기라고만 느껴지기 때문일 것이다. 나를 둘러싼 나의 환경들은 결코 나 하나만의 노력의 결과로 얻어지는 것들이 아니다. 부모님과 가족 그리고 나의 노력, 여러 가지가 모여 현재의 나를 이루는 것이다. 그렇기에 그 광고 속의 그들의 삶은 그들이 노력하지 않았기 때문이거나, 그들의 가족의 아픔을 외면해서가 아니다. 주어진 환경이 다르기에 당연함과 보편적인 가치가 다르다는 것, 그것은 결국 무엇을 하고자 할 때 내가 해낼 수 있는 에너지를 나에게 부여하는 정도가 다를지도 모른다. 많은 이들이 평범함을 추구한다고 이야기한다. 이 평범함이라는 단어에는 너무나 많은 감사함을 느껴야 할 조건들이 많이 내포되어 있다. 그렇기에 평범한 일상의 하루를 시작할 수 있는 것, 그 자체는 우리에게 삶의 방향을 긍정적으로 바라볼 수 있도록 하는 힘이 되어준다.

나는 오늘 아침 가족과 아침 식사를 하는 시간 동안 어떤 대화들을 나누었을까? 조용히 묵묵히 식사만 하며, TV 소리에 가족들의 이야기 소리가 묻혀버리지는 않았을까? 가족은 시간이 흐를수록 각자의 시간과 공간이 굳어져 간다. 엄마와 아빠에게 온전히 의존하던 아이는 나이가 먹고 몸과 마음이 성장할수록 친구, 선배, 후배 등과 같이 부모와 함께하지 않는 관계들이 형성되고 차츰 자신만의 시간이 필요하다. 엄마와 아빠 역시도 각자의 일에 집중하는 시간이 필요하며 가정에서의 역할과 사회에서의 역할을 하며 각자의 시간이 존재한다.

서로에 대해 모르는 시간들이 점차 늘어갈수록 한자리에 모여 함께 하는 아침 식사 시간은 매우 중요한 시간일 것이다. 서로의 안부를 묻고, 오늘 하루도 무사히 잘 지내기를 바라며 얼굴을 마주하고 서로의 눈을 바라보며 이야기를 나누는 시간, 비록 짧은 시간이나마 서로에게 각인되는 이 시간은 가족의 울타리를 더 단단하게 만들어주는 감사한 시간이다.

마음속 요정과 도깨비

늦잠이라도 자서 아침 식사를 함께하지 못하고 후다닥 등교하는 아이를 보내고 나면 엄마는 하루 종일 아이가 학교에서 배고픔을 느끼지는 않을지, 지쳐서 학교생활은 제대로 할 수 있을지 걱정과 불안으로 하루를 제대로 보내지 못할지도 모른다. 별다를 것 없이 평온하게 시작한 하루에 가족의 소중함을 느끼며 서로를 향해 늘 지지와 응원을 보낼 수 있음에, 참 감사함을 느끼게 된다. 가족의 지지와 응원, 그리고 혹시라도 사회에서 다치고 상처받고 돌아오더라도 언제나 따뜻하게 안아줄 가족이 있음에 오늘 하루도 내 가족을 위하여 힘차게 일을 할 에너지를 얻는다.

◦ 2002년 월드컵 4강 신화의 기적

2002년 한-일 월드컵의 열기를 기억하는가? 대한민국의 모든 국민은 하나로 뭉쳐 붉은 악마가 되어 함성을 질렀고, 한마음으로 모두가 대한민국의 승리를 향해 응원의 물결을 출렁거렸던 그 날의 기억. 대한민국은 월드컵에서 16강을 목표로 하던 팀이다. 그런 대한민국 축구팀이 축구 강국 이탈리아와 스페인을 꺾고 무려 세계 4위라는 엄청난 결과를 이룬 것은 과연 어떤 힘이었을까. 기적이라고 부를 수 있을 만큼 대한민국 축구팀의 성과는 그야말로 드라마틱한 결과였고, 대한민국 국민들은 모두 하나 되어 우리에게 이런 행복과 벅찬 감동을 전해준 대한민국 국가대표팀과 히딩크 감독님께 감사함을 느꼈던 그 날이었다. 그날의 감동과 태극전사들에 대한 고마움은 지금까지도 우리들의 가슴속에 깊이 새겨져 있다.

대한민국이 첫 골을 넣던 순간, 첫 승리를 거머쥐던 순간, 승리를 넘어 16강에 진출할 때까지도 우리의 마음은 모두 혹시나 하는 마음과 두근거림으로 가득 찼을 뿐, 이런 엄청난 결과가 가능할 것이라는 기대를 한 것은 아니었다. 그런데도 혹시나 하는 마음은 우리 태극전사들에게 간절함으로 전달되었을 것이고, 모든 국민이 하나 되어 만들어낸 승리에 대한 염원은 태극전사들의 마음을 움직였을 것이다. 온 국민이 밖으로 나와 붉은 티셔츠를 입고 한마음 한뜻으로 붉은 악마가 되어 내지르는 함성은 우리 대표팀 선수들에게까지 전달되었을 것이다. 누군가 나를 그리고 우리를 한마음으로 응원해주는 열기는 그 어떤 에너지보다도 강하게 그들에게 전달되었을 것이기에 체력과 실력 그리고 팀워크만으로 4강의 신화가 가능했던 것은 아니다. 국민의 열화와 같은 성원과 외침 그리고 응원에 감사함을 우리 대표팀 선수들은 가슴에 태극마크를 새기듯이 마음속에는 그 감사한 마음을 새겨 넣고 경기에 임했기에 만들어낼 수 있던 신화였다. 감사함이라는 마음은 이렇게 불가능을 가능으로 만들어낼 수 있는 에너지를 가진 마음이다. 그들이 젖 먹던 힘까지 짜내어 최선을 다해 달리고, 부딪치고 다시 일어나 뛸 수 있던 그 초인적인 에너지는 그들의 플레이 하나하나에 감탄하고, 좌절하고, 기뻐 날뛰는 국민의 진심을 알고 있었기 때문에 나오는 힘이었다. 승리에 자만하지 않고 그들의 승리에는 국민의 응원이라는 뜨거운 힘이 뒷

　　　　　　　　　　　　　　마음속 요정과 도깨비

받침되고 있음을 잘 알고 항상 자신들을 응원하느라 목이 다 쉴 정도
로 최선을 다하는 그들의 열정에 보답하고자 하는 마음, 그 마음이 아
마도 태극전사들에게 초인적인 힘이 솟도록 하는 원동력이었을 것이다.

아직도 그때 그 시절을 기억하면 왠지 가슴에서 뜨거운 것이 샘솟듯
울컥하는 감정이 들고는 한다. 우리가 모두 하나 되어 무엇인가를 이루
어 낼 수 있었음에, 그리고 모든 국민이 하나 되어 무엇인가를 염원할
수 있었음에, 좌로도 우로도 갈리지 않고, 위, 아래 나뉠 것 없이 모두
하나 될 수 있었던 그해 여름, 그 뜨거웠던 시간들은 선수들에게도 국
민에게도 감사함이 일깨워준 힘을 느끼게 해준 시간들이었다. 그때 그
시절, 우리 국민은 무엇이든 해낼 수 있는 국민이었다.

기쁨은 어떤 상황에도 기쁠 수 있지만,
슬픔은 아무리 헤아려도 부족하다

혹시 가족을 잃어본 경험, 가까운 내 사람을 잃어본 경험이 있는가? 나이를 먹어가면서 알고 싶지 않아도 저절로 알게 되는 사실들, 알아야만 하는 사실들이 몇 가지 있다. 시간이 흐를수록 새로운 만남보다는, 어느 순간부터는 내 주변의 누군가를 떠나보낼 이별을 준비해야 하는 시간들이 더 많이 찾아오게 된다는 것이다. 이별의 순간은 마음이 준비되었을 때 찾아오지 않는다. 어느 날 불쑥 빌려준 돈을 받으러 온 빚쟁이처럼 그동안 당신이 누린 그 사람과의 행복한 시간들에 대한 이자를 받으러 왔다는 듯이 냉담하게 찾아온다. 나에게 행복한 시간들을 만들어준 그 사람은 나의 가족일 수도, 친구일 수도, 연인일 수도 있다. 우리는 살아온 시간만큼 무수히 많은 관계를 맺고, 무수히 많은 관계의 사람들을 떠나보내게 된다. 물론 내가 먼저 떠나게 될지도 모르는 일이다.

사회초년생 시절, 가깝게 지내지는 않았지만 늘 쾌활하셨던 회사의 다른 부서의 부장님의 갑작스러운 부고 소식에 얼떨결에 참석했던 첫 장례식 이후, 나이가 먹을수록 대학 동기들과 결혼식이 아니면 장례식에서나 일 년에 두어 번 얼굴을 보게 되는 현실에 쓴웃음을 지었던 기억이 있다. 어느 순간부터 나에게 생긴 경조사의 철칙 하나는, 어쩔 수 없는 상황이 생기면 결혼식은 마음과 축의금으로만 축하할 수도 있지

마음속 요정과 도깨비

만, 누군가의 장례식만큼은 특히나 친구 부모님의 장례식과 같이 중요한 경우는 어떤 일이든 만사를 제쳐 두고 반드시 참석하여 온 마음을 다해 위로한다는 것이다. 이렇게 나만의 원칙을 세운 이유는 단순하다.

슬픔은 아무리 누가 헤아리고 위로한다 한들 슬픔은 파도와 같아서 쉬이 멈추지 않는다는 것을 잘 알기 때문이다. 누가 그랬던가, 슬픔은 나누면 반이 되고 기쁨은 나누면 두 배가 된다고. 나는 이 말이 반은 맞고 반은 틀렸다고 생각한다. 기쁨은 누구와 나누던, 기쁨이라는 감정 하나로도 두 배, 세 배가 될 수 있는 충만한 감정이다. 하지만 슬픔은 나눈다고 반이 되는 것은 아니다. 나누어 가질 수는 없는 감정이기에 슬픔은 위로가 필요한 감정이다. 비록 나눌 수는 없지만, 누군가가 나를 위로해주면 그에 대한 감사한 마음이 생겨나고 조금이나마 힘을 낼 수 있다. 그렇기에 슬픔은 위로가 필요하다. 그것이 내가 누군가의 부고 소식에 장례식은 반드시 참석하는 이유이기도 하다. 슬픔을 느낄 때 누군가의 위로로 감사함을 느껴본 사람은 결심하게 된다. 나 또한 반드시 이 사람에게 나와 같은 이 상황이 생긴다면 반드시 참석하여 작은 위로의 힘을 보태리라. 이 마음들이 모이고 모여, 우리라는 울타리에서 누군가 슬픔에 지쳐 낙오하는 일이 없도록 그의 손을 잡아주는 따뜻한 힘이 되어줄 수 있지 않을까?

나는 지금도 어떤 장례식장에 가서도 상주에게 괜찮아? 라는 질문을 하지 않는다. 괜찮을 리가 없다는 것을 잘 알고 있기 때문이다. 괜찮지 않은 이가 괜찮아, 라는 대답을 할 수밖에 없도록 괜찮니? 라고 묻는 것, 그것은 내게 꽤 잔인한 말로 들린다. 물론 누군가는 분명 위로의 한마디를 대신하여 괜찮기를 바라는 마음으로 묻는 말일 수도 있다. 하지만 나는 그렇게 묻고 싶지 않다. 갑작스럽게 찾아온 누군가와의 이별에 잃은 사람, 남겨진 사람은 그렇게 쉽게 괜찮을 수 없는 것을 알기에. 그저 토닥일 뿐이다. 내가 물을 수 있는 것이라고는, "밥은 먹었어?" 이 질문이 전부이다. 밥은 먹어가면서 슬퍼하라는 의미일 수도, 슬퍼함도 시간이 지나가면 배도 고프고, 맛있는 음식 앞에 군침이 돌기도 하는 일상 앞에 조금씩은 옅어지기도 한다는 의미일 수도 있기에 슬픔을 견디는 누군가의 식사 안부를 꼭 묻곤 한다.

내가 겪은 이별들 속에서 가장 감사했던 위로의 말이었다. 굳이 괜찮지 않은 나에게 괜찮다는 대답을 강요하는 것 같지 않았기에, 밥은 먹어가면서 충분히 슬퍼해도 괜찮다는 위로의 말 같았기에 나에게는 참 감사한 위로였다. 그 위로 덕분에 나는 너무 깊은 슬픔의 바다에 빠지지 않고 잘 헤쳐 나와 현재를 살고있는 듯하다.

주변을 잘 둘러보자. 기쁨의 순간들은 기쁜 일 그 하나로도 이미 그의 안에는 행복이 충만할 것이다. 슬픔에 빠져 위로를 원하는 손길조차 내밀지 못하고 있는 이는 없는지, 우리가 먼저 내민 그 손길에 세상은 그는 감사함을 느낄 것이다. 그렇게 쌓인 감사함의 에너지들은 우리들의 단단한 울타리가 되어, 언젠가 나의 슬픔의 순간에도 내가 너무 멀어지지 않도록 단단히 붙들어주는 힘이 될 것이다.

마음속 요정과 도깨비

오늘 학교에서는 친구들과 퇴근길 직장 동료와 차가운 맥주 한잔을
나누며, 가족과 따뜻한 저녁 한 끼를 나누며 신나게 이야기를 나눌 나
의 하루는 어땠을까? 행복한 기억들이 더 많았다면 오늘 있었던 즐거
운 일들을 누군가와 나누고픈 설렘에 수다를 떠는 당신의 얼굴에는 함
박웃음이 가득한 맑음이 있을 것이다. 하지만 하루를 마무리하면서 즐
거운 일들만 가득한 하루는 행운일 정도로 우리의 하루하루는 다양한
사람들과의 관계 속에서 복잡하게 얽힌 사건과 사고의 연속이다. 그런
고달픈 하루를 버틴 우리는 과연 어떤 이야기들로 하루를 마무리하는
가. 혹시, 이해할 수 없는 친구의 행동을 다른 친구에게 전하며 내 편을
들어주기를 바라는 마음으로 친구의 험담을 하고 있지는 않은가? 직장
상사의 어이없는 요구와 과도한 업무량을 가지고 직장 동료와 신나게
회사 욕을 하고 있지는 않은가? 우리는 그런 투덜이의 얼굴로 오늘 하
루를 마무리하고 있지는 않은가?

살다 보면 너무나 화가 나고 이해할 수 없는 일들에 내 옆의 누군가
를 붙들고 하소연을 하며 불평과 불만을 털어놓기도 한다. 그런 불평의

시간이 늘어갈수록 늘 그에 대한 불평만을 늘어놓을 뿐, 어느 날 갑자기 그에 대한 고마움이 더 크게 자리를 잡는 기적은 극히 드물다. 왜일까? 그에 대한 불평과 불만을 이야기할 때마다 내 안에서 그에 대한 불만은 눈덩이처럼 자라나기 때문이다. 그리고 어느 날, 그에 관해 이야기하는 나를 거울로 쳐다보자. 내 앞에 있는 내 친구, 내 동료, 내 가족은 늘 나에게서 누군가에 대한 불만과 짜증만을 듣고 있지는 않을까?

반대로 살다 보면 참 고마운 일들도 많다. 건강하게 오늘 하루도 무사히 잘 마무리할 수 있음에, 누군가와 함께 나누는 따뜻한 저녁 한 끼의 소중함을 느낄 수 있음에, 그 모든 순간에 혼자가 아닌 내 곁의 사람들과 함께임에 감사함을 느낀다. 작은 것들부터 무한히 큰 감사의 마음까지 우리는 불만을 안에 담아두지 못하고 밖으로 뱉어내듯이 감사의 말들도 쉽게 전달하고 있을까? 오늘의 나는 누군가에게 어떤 한마디로 나를 건네고 있을지 돌아보자.

감사와 불만에 대한 저자의 질문 세 가지

1. 나의 사람들에게 나는 투덜이인가요? 맑음이인가요?

2. 입만 열면 불평과 불만, 짜증을 쏟아내는 그는 후련해 보이나요?

3. 결정적 순간, 우리의 곁을 지켜준 그들에게 어떤 말을 남기고 싶은가요?

마음속 요정과 도깨비

3

장애인과
비장애인

세상에서 가장 아름다운 언어

오늘의 영화는 〈언터쳐블: 1%의 우정〉이라는 영화란다. 백만장자인 필립은 사랑하는 사람을 잃고 삶을 포기한 체 무리해서 패러글라이딩하면서 자신을 극단으로 몰아넣어 사고로 불구의 몸이 되어 간병인의 도움 없이는 혼자서 아무것도 할 수 없는 처지야.

그런 필립이 간병인을 구하면서 드리스를 만나게 되지. 드리스는 흑인으로 무일푼에 변변한 직업도 없이 오로지 생활보조금을 받기 위해 이일에 지원한 거야. 드리스는 장애를 가지고 있는 필립의 앞에서 자신의 처지에 대해서도 거리낌 없이 다 털어놓고, 혼자서는 아무것도 할 수 없는 필립을 동정하지도 않으며, 장난을 치며 스스럼없는 태도를 보여줬어.

필립은 솔직함과 자신을 동정하지 않는 태도가 마음에 들었던 것인지, 드리스를 간병인으로 고용하면서 그들의 인연이 시작된단다. 드리스는 자신이 살아온 삶이 힘겹게 지나왔기 때문인지, 전신 불구가 된 필립을 보면서 연민이나 동정을 느끼지 않아. 그저 '조건이 다른' 사람일 뿐으로 대하지. 필립 역시도 드리스의 출신, 배경, 인종, 지나온 삶에 대해 편견 없이 그를 이해하게 되지. 그래서인지 필립은 드리스와 함께 하면서 점차 변해 가는 것을 느껴.

마음속 요정과 도깨비

　이 영화에서 나오는 대사 중에 이런 말이 있어. "그와 함께 있으면 내가 장애인이라는 걸 느끼지 못해." 필립은 그동안 자신에게 쏟아지는 무수히 많은 연민과 동정들에 지쳐있던 것일지도 몰라. 우리 주변에도 충분히 있을 수 있고, 나와 내 가족, 내 친구, 내 동료, 그 누군가의 이야기가 될 수도 있는 이 이야기를 함께 보면서, 우리는 어떤 마음으로 주변을 바라보고 있었는지, 우리의 마음속에는 어떤 질문들이 있었는지 한번 잘 생각해보자.

수어는 왜 필요할까?

◦ 낯선 타인에게 당신을 설명해보다

어느 날 갑자기 아무런 준비도, 계획도 없이 외국의 낯선 도시에 뚝, 떨어지게 된 당신을 상상해보자. 당장 찾아가 의지할 곳도, 숙소도, 가지고 있는 돈도 없을 때, 당신은 어떻게 자신의 현재 상황을 설명하고 누군가에게 도움을 청할 것인가? 시간이 지날수록 날은 어두워지고 배는 고플 것이며, 화장실도 급한 상황이 찾아올 것이다. 그 외국의 언어가 영어라면 다행히도 12년 초중고를 다니며 배운 영어로 간단하게나마 자신의 처지를 설명하고 도움을 요청할 수 있을 것이다. 하지만 불행히도 그 나라의 언어가 전혀 처음 들어보는 언어이고, 이 도시의 모든 표지판과 표시들이 내가 알아볼 수 없는 글자로 되어 있다면 당신은 어떤 감정을 느끼게 될까?

곤경에 빠진 나를 도와줄 누군가를 찾아, 나의 상황을 설명하고 내가 필요한 도움을 요청하는 것이 언어로 표현되지 못한다는 것, 그 누구도 내가 하는 말을 알아듣지 못한다는 것. 이 상황에서 느껴지는 나의 감정

마음속 요정과 도깨비

은 두려움과 공포. 이 두 가지 감정이 아닐까. 온갖 손짓, 발짓을 이용하여 내가 지금 곤란한 상황이라는 사실을 누군가에게 전달하기 위해, 나를 도와줄 수 있는 사람을 찾는 일부터 쉽지 않다. 경찰서는 어디인지, 대한민국의 영사관은 어디인지 어디를 가야 나를 도와줄 사람을 찾을 수 있을지, 내 옆을 지나가는 수많은 사람에게 어떻게 물어야 할 것인가.

그들이 설명한들, 나는 그 말을 어떻게 알아들을 수 있을까. 내가 알아듣지 못하는 그들의 언어는, 그들이 아무리 내게 도움을 주려 한들, 옆에 지나가는 차들의 소리와 무엇이 다르단 말인가. 내가 필요한 것을 정확하게 말할 수 없다는 것, 그들이 하는 말을 내가 이해하지 못한다는 것, 이 상황은 아마도 아직 말을 배우지 못한 아기들의 상황과 무엇이 다르겠는가. 그렇기에 아이들은 원하는 바를 울음으로 표현하고, 낯선 언어 속에서 나를 설명할 수 없는 나 역시 공포감에 울고 싶은 심정일 것이다.

우리는 하루를 보내는 동안, 많은 이야기 속에서 살아간다. 아침에 일어나 "잘 잤어?"라는 말로 가족들과 서로의 안부를 묻고, "오늘 아침은 뭐야?", "늦겠다. 어서 준비해.", "다녀올게." 등등 아침 시간의 그 짧은 시간 동안에도 우리는 많은 이야기를 나누며 하루를 시작한다. 학교에서, 직장에서, 시장에서, 거리에서, 우리는 하루 종일 많은 대화 속에서 배우고, 느끼고, 일을 진행하고, 싸우고, 화해하며 많은 이야기를 만들며 시간을 보낸다. 이 모든 것들은 우리가 같은 언어, 같은 글자, 같은 소통방법 속에 있어서 가능한 것들이다. 물론 같은 언어를 사용하지 않는 관계 속에서도 아주 간단한 의사소통이 가능한 것들도 있다. 보편적으로 많이 사용되는 제스처들을 통해 상대방이 원하는 것을 이해하고 소통할 수는 있지만, 그 소통은 아마도 제스처에 의미를 부여하여 이해하는 추측일 뿐 정확한 의사전달이라고 보기는 어렵다. 내가 나에게 필요한 것들을 설명하고, 상대방의 설명을 알아듣고 상호 간에 행동하는 이 모든 소통은 같은 언어를 이해하고 있기 때문이다.

같은 언어 속에서 서로의 의사를 이해할 수 있는 너무나 당연한 현실 속에서, 만약 어느 날 갑자기 상대방의 언어를 듣지 못하는 상황에 부닥쳐진다고 상상해보자. 절대 그런 일은 있을 수 없다고 생각하는가? "에이~ 설마 나한테 그런 일이 벌어지겠어?"라고 생각하는 것은 너무나도 안이한 생각이다. 인간은 자연재해와 사고 앞에서 참으로 나약한 존재이다. 그렇기에 절대로 있을 수 없는 일은 없다. 남들에게 벌어질 수 있는 사고는 나에게도 충분히 일어날 수 있는 사고이다. 어느 날 갑자기 나에게 찾아온 사고로 당연했던 일상이 더 이상 당연한 것이 아닌 상황으로 변화한다면, 당연하게 주고받던 일상의 대화들이, 사랑하는 가족, 내 사람들과 함께 나누던 즐거운 이야기들이, 더 이상 들리지 않게 된다면 나는 어떤 감정을 느끼게 될 것인가. 아마도 갑자기 낯선 언어의 외국 도시에 떨어진 미아가 느끼는 감정과 크게 다르지 않을 것이다.

공포. 내가 말을 할 수 없다는, 내가 말을 들을 수 없다는 공포 속에서 지금까지 내가 나를 표현하기 위해 사용했던 당연한 표현방식인 '말

마음속 요정과 도깨비

을 한다'는 것이 불가능해진다면, 그리고 그들의 '말을 듣고 이해한다'는 것이 불가능해진다면 이제 나는 무엇으로 나를 표현하고 상대방의 표현을 이해해야 할까. 당연하게 여겨왔던 표현방식의 부재 속에서 나는 어떻게 의사소통을 할 수 있을지 한 번쯤은 생각해보는 것, 그것은 우리 주변에도 있고, 그것이 '나'일 수도 있는, 우리가 모두 겪을 수도 있는 청각장애인의 상황을 이해하는 시작일 수 있다.

◦ 비언어적 의사소통 – 몸짓언어

어느 날, 옆자리의 친구가, 동료가, 또는 내 가족이 눈을 마주치지 않은 채 혼자 내뱉는 작은 한숨을 들었다면, 어떤 생각을 하게 될까? 그의 한숨 속에 어떤 의미가 들어있는지 궁금하지 않은가? 또는 내게 무슨 일이 있어서 잠시 의자에 앉아 생각을 정리하고 있을 때 옆에 다가와 내 손을 토닥거리며 눈을 맞추고 아무 말 없이 웃어주는 친구를 보며 그 친구의 웃음 속에는 어떤 의미가 담겨 있다고 생각할까? 사랑하는 사람들의 표정에 나타나는 작은 변화들을 우리는 얼마나 빨리 알아채고 상대방의 감정 변화를 예측할 수 있는가. 매일 마주하는 가족들의 얼굴에서 우리는 말로는 표현되지 않았지만, 그 안에 담고 있는 수많은 감정에 대해 얼마나 많은 정보를 캐치할 수 있는가.

비언어커뮤니케이션 분야의 세계적인 전문가 폴 에크먼의 〈언마스크 (Unmask), 얼굴 표정 읽는 기술〉이라는 책에 따르면 '놀라움, 두려움, 혐오, 화, 행복, 슬픔'의 6가지 감정을 드러내는 보편적인 표정이 있으며, 이 표정들이 전 세계적으로 보편적으로 적용할 수 있는 감정들이라고 밝힌다. 이 책은 말보다 강한 감정 신호로서의 표정을 강조하면서 다양한 표정 뒤에 숨은 진짜 감정을 알아내는 방법을 제시한다. 흥미로운 주제의 이야기들이 많으니 한 번쯤 읽어보면서 사람의 표정에 대한 생각을 해보면서 거울 속 내 표정에 대해서도 생각해보면 좋을 것 같다.

이 사진을 보면 우리는 이 사진 속 주인공이 어떤 감정을 느끼고 있다고 생각할 수 있을까? 이 사진에 대해 아무 설명을 하지 않아도 우리는 대부분 이 사진 속의 주인공이 즐거움, 행복함 등의 감정을 느끼고 있다고 보편적으로 생각할 수 있다. 이 사진을 보면서 남, 여, 어른, 아이, 한국인이든, 외국인이든 보편적으로 감정을 읽을 수 있듯이 슬픔, 분노, 행복, 놀라움 등 표정만으로도 전달되는 감정들이 분명히 존재한다.

마음속 요정과 도깨비

우리가 굳이 공통적인 언어를 사용하지 않아도, 곁에 있는 누군가를 위해 상대방의 감정을 이해하는 방법은 언어가 아닌 표정과 제스처 등 등 여러 가지 방법이 있다는 것이다. 언어가 통하지 않아도, 효율적 사회관계 유지를 위한 비언어적인 의사소통에는 얼굴표정, 제스처, 뜻이 없는 소리(신음, 한숨, 감탄과 같은), 자세, 의사소통하는 거리, 시선, 접촉, 옷차림, 이미지(유니폼, 아바타, 대리정보 등)의 9가지 유형이 있다고 한다. 우리는 이러한 비언어적인 의사소통 방법들을 통해서도 충분하지는 않겠지만, 상대방의 의사를 이해할 수 있는 정보들이 있음을 알 수 있다. 그렇다면, 우리가 사용하는 보편적인 말, 언어로는 소통의 어려움을 겪을 수 있는 청각장애인이 친구, 가족, 동료, 선후배 등등의 이름으로 우리 곁에 있다면, 굳이 말이 통하지 않는다고 해도 서로를 이해할 수 있기 위한 소통을 할 수 있다는 의미가 될 것이다.

예전에는 손으로 하는 대화를 '수화'라고 불렀다. 그런데 2016년 한국 수화언어법이 제정되면서 국어와 동등한 언어로 표기되어 '수어'라고 부르게 되었다. 이는 수어가 단순한 대화가 아니라 하나의 언어임을 의미하는 것이다. 몸짓으로 입 밖으로는 꺼낼 수 없는 청각장애인의 마음의 말을 전달해주는 것이 수어이다.

청각장애인들끼리만 사용하는 것이 수어일까? 그렇지 않다. 청각 장애를 가진 우리의 친구, 가족, 동료와 우리는 함께 살아가면서 대화를 나누고 서로를 이해하며 함께 이야기를 만들어가는 것이 인생이다. 그렇다면 우리 역시도 그들과 함께 대화할 수 있기 위해 수어를 이해하고자 하는 노력이 필요할 것이다.

하지만 현대의 우리는 우리가 사용하는 국어도 완벽하게 이해하기 어려워서 한국어능력시험이라는 이름으로 국어에 대한 이해를 확인할 뿐만 아니라, 영어, 중국어, 일본어 등등 우리는 국어 이외에도 제2의 언어를 하나쯤 배우는 것을 당연하게 생각하면서 토익, HSK 등등 시험을 치르며 20대를 치열하게 보낸다. 그렇게 배우는 것이 어려운 것이 언어인데, 굳이 너무나 절실하게 필요한 것이 아닌데 수어를 배우는 수고로움을 우리가 겪어야 하는 이유가 무엇일까?

앞서 이야기 한 바와 같이, 장애라는 것, 내가 당연히 가지고 있는 능력을 잃게 된다는 것, 더 나의 보편적인 방법으로 누군가와 소통할 수 없게 된다는 것은 절대 나에게는 일어나지 않을 남의 이야기만은 아니다. 나에게도 분명 일어날 수 있는 일이기에, 우리 주변에 있는 장애를 가진 이들과 소통을 위해 작은 노력을 한다는 것은 그들만을 위한 것이 아니라 우리 모두에게 필요한 노력이다. 마치 내가 직접 정착하여 살 것도 아님에도 영어와 중국어, 일본어 등의 제2의 언어를 습득해 놓듯이 누군가와의 소통을 위해 수어를 이해하려는 노력, 그것이 헛된 시간은 아닐 것이다.

그렇다면 영어를 공부하듯이 우리가 엄청나게 많은 단어들을 외우고, 시간과 돈을 들여서 수어를 공부해야 하는가? 겁부터 먹을 필요는 없다. 상대방의 표정과 제스처 등으로도 보편적인 감정을 읽어낼 수 있

마음속 요정과 도깨비

듯이 수어의 50%는 표정만으로도 전달된다고 한다. 예전에 참 재미있게 봤던 드라마 〈슬기로운 의사생활〉 시즌 1에 보면, 의사 이익준 역할을 맡은 배우가 청각 장애를 가지고 있는 환자의 아들에게 수어로 아빠는 괜찮다고 이야기해 주는 장면이 나오는데, 그 장면이 참 감동적이었다. 장애를 가진 아이에게 청각 장애를 가지고 있지 않은 의사가 수어로 이야기를 해서 감동적이었던 것이 아니라, 수어를 통해 그 아이에게 전달하고자 하는 의사의 진심이, 수어를 사용하는 것이 아닌 내가 봐도 표정을 통해서 진실 되게 전달이 되는 듯하여 참 감동적이던 장면이다. 진심, 상대방을 이해하고자 내가 노력하고 있음을 전달할 수 있는 진심과 노력이 청각 장애를 가진 내 곁의 누군가와 또는, 나와 직접 관계가 없더라도 언젠가 내가 도움을 받거나 도움을 줄 수 있는 누군가에게 전달될 수 있는 정도의 노력으로도 충분할 것이다.

∘ 배움에는 끝이 없다. 남을 이해하는, 나를 이해하기 위한 시간

친구, 가족, 동료 우리의 주변에 청각 장애를 가진 이가 없다면, 그들과 소통하는 법을 생각해본 적이 없다면, 혹시 이런 생각을 해본 적이 없는가? '요즘 방송 보면 청각장애인을 위한 해설 방송이라고 해서 자막도 나오던데, 글로 소통하면 안 되나?', '시각 장애인들은 점자 같은 것으로도 충분히 이야기를 전달할 수 있는 것 아닌가?', '청각과 시각 장

애를 모두 앓고 있는 사람은 소통할 수 없는 것인가?' 등등 우리 주변에 그들이 존재하지 않는다면, 그들과 관계를 형성할 이유가 지금까지 한 번도 없었다면 우리는 너무나도 쉽게 이런 생각을 할 수도 있을 것이다. 본인 역시도 장애를 가지고 있지 않고, 본인이 직접 겪은 일이 아니며, 그 분야의 전문가가 아니기 때문에 지금부터 하고자 하는 이야기가 그들의 이야기를 대변하는 것도, 그들에 대해 잘 알기 때문에 할 수 있는 이야기도 아니다. 다만, 우리가 그들에 대해 아주 조금이라도 이해하기 위해 이런 생각은 같이해볼 수 있지 않을까? 하는 이야기 주제이므로, '아, 그럴 수도 있구나.' 정도로 함께 생각해볼 수 있었으면 한다.

우리가 어떤 이야기를 접하는 방법에는 여러 가지 매체와 방법이 있다. 책을 통해 정보를 얻거나 소설 속의 이야기들에서 상상의 나래를 펼치기도 하고, 영상을 통해서 전달되는 정보를 습득하거나, 드라마, 영화 등을 통해서 전달되는 이야기들에 감정을 이입하여 빠져들기도 하고, 라디오, 음악 등을 통해서 감정이 전달되기도 한다. 즉, 우리는 보고, 듣고, 만지고, 울리는 모든 감각을 동원하여 감정을 이해하고 전달받는 것이다. 소설을 통해 우리가 작가가 전달하고자 하는 감정에 푹 빠져들기도 하듯이 글자를 통해서도 분명 이야기는 전달될 수 있다.

하지만, 그것은 상황전개와 스토리가 모두 전달되기 때문에 공감할 수 있는 감정이다. 일상의 대화들이 대화문으로만 나열되어 전달된다고 한다면, 그 대화 속에 표현된 감정들이 모두 전달될 수 있을까? "아, 행

마음속 요정과 도깨비

복해." 이 대사가 지금 우리가 보고 있듯이 글자로만 보일 때, 이 말은 정말 표현 그대로 행복함을 표현하는 것일까? 이 대사를 입으로 읊는 이의 표정이 만약 슬프다면, 이 대사는 마냥 행복함만을 표현하는 감정은 아닐지도 모른다. 이렇듯 우리가 소통하는 관계 속에는 글로만 표현되기에는 어려운 감정들이 표정과 말투, 행동과 목소리의 높낮이에 포함되어 복합적으로 전달되기 때문에, 청각 장애를 가진 이들에게 글로만 표현하면 되는 것은 아니다.

수어는 청각 장애를 가진 이들 사이에서만 사용되는 소통의 언어가 아니다. 장애를 가지고 있지 않더라도 청각 장애를 가진 누군가와 소통하고자 하는 의지를 가질 때 그들의 소통에 다리가 되어주는 공통 언어이다. 청각 장애를 가진 이가 장애를 갖지 아니한 다른 이들에게 자신을 설명할 수 있는 하나의 언어라는 의미이다. 낯선 세계에 뚝 떨어져 미아가 되었더라도, 나를 설명할 수 있는 그들과 나의 사이에 공통적인 언어가 있다면 두려움이 사라지듯이, 청각 장애를 가진 이들이 세상에서 가지게 될 두려움을 조금이나마 줄여줄 수 있는 것은 우리가 그들과 공통의 언어로, 우리는 그들을, 그들은 우리를 이해할 수 있도록 하는 노력이 아닐까.

앞서 이야기한 것과 같이 표정만으로도 수어의 50%가 전달된다고 한다. 나와 다른 언어를 사용하고 있는 그들을 나는 어떤 표정으로 바라보고 있을까? 나는 그들과 다르다고 생각하고는 있지 않을까? 나는 어떤 마음으로 그들을 이해하고자 하는가? 그들을 이해하고자 하는 마음이 그들을 '위한' 마음이라고 생각하는가? 수없이 많은 질문을 스스로 던지고 대답하면서 거울 속의 내 표정을 유심히 살펴보게 된다.

마음속 요정과 도깨비

동정이 아닌 이해로 다가가는 법

∘ 틀린 것이 아니라, 다른 것이다? 그저 같을 뿐이다

　TV 프로그램에 나오는 장애인을 보며 어린아이가 엄마에게 묻는다. "엄마, 저 친구는 왜 나랑 틀리게 생겼어? 왜 나랑 틀리게 말을 해?" 아이의 물음에 엄마는 이렇게 대답한다. "저 친구는 틀린 것이 아니야. 우리랑 다른 것뿐이야. 저 친구는 몸이 불편해서 우리랑 조금 다르게 보이고, 다르게 이야기하는 것이니까, 몸이 불편한 다른 친구들을 만나면 잘 보살펴 줘야 해." 이 대화 속에서 우리는 맞는 대답과 틀린 대답을 찾아볼 수 있다. 아이가 몸이 불편한 장애인을 만났을 때, 배려하고 도움이 필요하다면 기꺼이 손을 내밀어 도움에 응할 수 있어야 하는 것은 맞는 대답이다. 하지만, 우리 주변에 장애를 가진 이들이 우리와 다르다는 엄마의 대답은, 물론 엄마가 아이에게 이야기하고자 한 그 의미를 모르는 바는 아니지만 틀린 대답이라고 말하고 싶다.

◦ 우리와 다르다. 무엇이 어떻게 다른가?
  다르게 보고 있는 것은 아닌가?

장애를 가진 이들의 이야기를 다룬 수많은 영화와 드라마들 속에서
표현되는 장애인들의 이야기는 매우 극적으로 표현되고는 한다. 우리가
흔히 생각하는 편견 중에 하나로 장애를 가진 사람들은 비장애인들보다
신체적으로 더 힘들고 아픔을 겪었기 때문에 정신적으로도 마음으로도
더 아프고, 그러므로 그들이 보여주는 모든 것을 '이해해줘야' 한다고 생
각하지는 않는가? 그들의 행동에 '마음이 아파서 그래.'라는 프레임을 씌
우지는 않는가? 즉, 우리는 그들을 다르게 보고 있지는 않은가? 많은 사
람이 장애를 가진 이들을 만날 때 얼굴에 안타까움, 불쌍함, 연민의 감
정을 탑재하고 그들을 바라보고는 있지 않은지 생각해보자.

장애를 가진 이들은 비장애인에 비해 같은 행위를 하기 위해 더 많은
에너지와 노력이 필요하게 되는 신체적 어려움을 가지고 있다. 비장애인
에게는 쉽고 당연하고 보편적인 상식들이 그들에게는 그렇게 당연한 것
으로 주어지지는 않듯이, 아주 작은 문턱마저도 그들에게는 힘겨운 계
단이 될 수 있다. 그 사실을 부정하는 것은 아니다. 그렇기에 우리는 조
금 더 시야를 넓혀서 주변을 바라보고, 우리가 불편하지 않다고 해서
우리 모두가 불편하지 않은 것인지 세심하게 살펴보는 노력이 필요하다.
이러한 노력을 하고자 하는 마음과 그래야 한다고 생각하는 상식은 너
무나 감사하고 소중한 마음들이다. 하지만, 그렇게 생각하기 위해 우리

는 어떤 마음으로 그런 생각을 하고 있는가에 대한 보다 근본적인 질문을 할 필요가 있다.

현재를 함께 살아가는 우리들의 주변에는 몸이 아픈 사람도, 마음이 아픈 사람도 있다. 몸이 불편하지만, 마음은 그 누구보다 건강한 사람도, 몸은 건강하지만, 마음이 건강하지 못한 사람도, 몸이 아픈 것이 마음의 아픔으로 이어져 몸과 마음이 모두 아픈 사람도 존재한다. 그가 누구이든, 아픔을 겪고 있는 우리 주변의 사람들에게 우리는 연민과 안타까움을 느끼게 된다. 그 연민으로 인해 우리는 나보다 힘겨운 상황을 견뎌내고 있는 우리의 가족, 친구, 동료들을 조금 더 이해하고 배려하고자 노력하게 된다. 그렇다면 우리는 어떤 생각으로 그들에게 연민과 안쓰러움을 느끼게 되는가?

신체의 어려움을 가지고 있는 이들을 볼 때, 우리는 그들의 마음을 이해하지 않아도 겉으로 드러나는 부분만 보고 그이에게 연민을 느끼고 불쌍한 감정을 느끼게 될지도 모른다. 그래서 그들이 도움을 요청하기도 전에 그들이 원하는 도움인지도 따져보지 않고 먼저 그들을 위한 행동이라고 내가 판단한 행동을 하게 되기도 한다. 또는 반대로, 그들은 어떠한 도움이 필요하지도 않았는데 지레 먼저 편견을 가지고 그들에게 배려해야 한다는 부담감으로 불편한 시각을 형성하고 외면하게 되기도 한다. 이것은 동정을 기반으로 한 연민이라고 생각한다. 동정을 기반으로 한 연민과 그들에 대한 안타까움은 결국 그들을 바라보는 시각에 불편함이라는 옳지 않은 결과를 만들어내기도 한다. 그렇기에 만약, 우리 주변에 신체의 불편함을 가진 이들에 대한 연민의 감정이 동정심을 기반으로 한 감정이라면, 그 감정을 잠시 접어둘 필요가 있다.

반대로 몸은 건강한데 마음의 아픔을 겪고 있는 이들이 있다. 이들은 우리 주변에도, TV를 통해 소개되는 다양한 사연들을 봐도, 그리고 바로 나의 곁에도 충분히 있을 수 있다. 이들은 겉으로 보기에는 살아가는 데 큰 어려움이 없어 보인다. 그렇기에 겉으로 드러나지 않는 마음의 상처와 아픔들에 우리는 큰 관심을 두지 않고 넘어가기도 한다. 또는 상대방의 아픔을 공감하지 못하고 누구나 다 그 정도는 힘들다는 말로 그들의 이야기에 귀 기울이지 않기도 한다. 그들은 누구보다 간절하게 도움을 요청하고 있었을지도 모르는 일이다.

몸이 불편하지만, 마음은 건강한 이들에게는 동정심을 기반으로 한 과한 친절과 도움이 아닌, 그들이 우리와 다르지 않게 이 사회의 일원으로써 함께 건강한 발걸음을 맞추어 갈 수 있기 위해 어떠한 것들이 필요한지 진심으로 그들을 이해하는 노력이 필요하다. 반대로 마음의 아픔을 겪고 있는 이들에게는 오히려 관심과 연민의 감정으로 그들을 따뜻하게 바라봐 줄 시선이 더 필요하다. 우리 주변에 언제 어디에나 있을 수 있고, 그것이 나일 수도, 내 가족의 이야기일 수도 있음을 기억하며, 그들을 바라보는 우리의 시선이 그들이 우리와 다르지 않음을 느낄 수 있도록 열린 마음과 이해하려는 노력을 우리 모두 함께할 수 있기를 희망한다.

　　　　　　　　　　　　　마음속 요정과 도깨비

◦ 억지로 좋은 사람인 척은 하지 말자

'엎드려 절 받기'라는 말이 있다. 상대방의 행동에 진심이 없다면, 또는 그 진심이 내 안에서 우러나온 결과가 아니라, 사회적으로, 상식적으로 그래야만 하기에 나온 결과임이 보이는 진심이라면, 그 진심은 전달하는 사람도, 전달받는 사람도 모두 불편한 진심일 것이다. 진심이라는 이름으로 사람이 살아가면서 맺는 수없이 많은 관계 속에 이러한 상황들은 항상 존재한다.

우리는 함께 살아가는 삶이라는 이름으로 배려라는 것을 미덕으로 강조하곤 한다. 특히 우리와 '다르다'고 생각하는 대상에게는 배려의 미덕을 강요하기도 한다. 하지만 '배려'라는 이름의 감정은, 내가 느껴야 할 감정이 아니라, 상대방이 느껴야 하는 감정인 것이다. 배려하는 이가, 나 스스로 배려를 하고 있음을 강조하는 순간, 그 배려는 의미가 퇴색되어 버린다. 배려를 받는 상대방이 그의 호의를 배려로 느껴야 진정한 배려가 되는 것이다. 장애를 가진 이를 바라보며, 그가 필요로 하는 것이 무엇인지 고민하지 않고 조건 없는 배려를 하는 것. 그것은 장애를 가진 당사자가 필요로 하는 배려는 아닐 것이다.

장애를 가진 이는 처음부터 장애를 가지고 태어났을 수도 있지만, 후천적으로 사고나 예상하지 못한 상황으로 인해 장애를 가지게 되었을 수도 있다. 장애를 가진 이들은 우리가 함께 살아가는 세상의 한 구성원으로서, 당당하게 한 일원으로서의 제 몫을 다하고자 하는 마음들이 있을 것이다. 그런데 우리는 그들의 생각과 마음, 그들의 가치관에 대한 이해가 없이 그들을 그저 배려라는 이름으로 배제하고 있는 것은 아닐지 고민해 볼 필요가 있다. 우리는 가끔 배려라는 단어 뒤에 숨어 '너는 몸이 불편하니까', '너는 힘드니까', '너랑 같이하면 시간이 오래 걸리니까' 등등의 이유로 자신의 몫을 다 해내고자 하는 장애인들의 의지와 노력을 배제해 버리기도 한다. 그들이 느껴야 하는 불편함은 바로 그런 연민과 배려가 만든 선입견과 편견들일 것이다.

우리 모두 스스로 물어보자. 그들을 위한다는 연민의 감정으로 포장한 배려 뒤에, 우리가 모두 함께 가는 삶을 불편하게 여기고 있는 것은 아니었을까? 함께 가는 속도가 느려질까, 더 멀리 가는 길에 불편한 동행이 되지는 않을까, 우려하는 마음들을 배려라는 이름으로 표현하는 것들은 아니었을까. 이 마음들은 결국 우리가 서로를 진정으로 이해하지 못하고, 각자의 울타리 안에서 울타리 밖의 서로를 이해했다고 생각하는 착각에서 벌어지는 마음들일 것이다. 또한, 마음속 울타리를 만든 것 역시 우리 스스로 만든 것이다.

내 곁에 함께 하는 동료, 또는 알지 못하는 관계일지라도, 영화 〈언터처블: 1%의 우정〉 속 드리스와 필립처럼, 서로에게 궁금한 것은 스스럼없이 직접 물어볼 수 있었으면 한다. 다른 이들의 이야기를 통해 전해 들어 알게 되는 '그'는 진짜 '그'일까? 그의 입으로 이야기한 자신이 아니

마음속 요정과 도깨비

라, 그의 배경, 그의 환경, 그의 지난 모습들이 보여주는 그의 이야기는 진짜 그를 설명하지 못한다. 그가 어떠한 생각을 가지고 있고, 그는 어떤 것들을 지향하고 있으며, 그의 가치관은 어떻게 변화해가고 있는지 우리는 궁금해할 필요가 있다. 사람이 성장하며 수백 번도 더 변화하듯이, 장애를 가진 이들 역시 장애를 극복하고 현재를 살아가면서 수없이도 많이 변화하고 자신만의 의지와 신념을 차곡차곡 쌓아가기 마련이다. 그렇기에 그들에게 필요한 배려와 도움은 우리가 생각하는 것처럼 엄청나게 대단한 것이 아닐 수도 있다.

아주 작은 사실부터 상대방에 대한 편견이 시작되고, 편견이라는 사실조차 인식하지 못한 채 일반적인 사실처럼 굳어져 가는 것들이 있다. 장애를 가진 사람들은 배려가 필요할 것이라는 생각, 그들은 당연히 누군가의 도움이 필요할 것이라는 생각, 그들은 우리와 다른 것들을 지향하고 있을 것이라는 생각. 이런 생각들에서 벗어나, 그들에게 진정으로 필요한 것은 어떤 것들인지, 우리의 머릿속에 그들과 우리가 다르다는 생각, 그 하나만이 없어져야 하는 것은 아닐지, 우리 모두 좋은 사람인 척을 거두고 그들을 배려하겠다는 마음도 잠시 접어둔 체 우리 모두를 함께 이해해보자.

◦ 나의 눈높이는 무엇을 향하고 있는가

우리가 흔히 알고 있는 물잔 속의 물에 대한 표현이 있다. 물잔에 물이 반이 차 있을 때, 이 장면을 보고 누군가는 '물이 반밖에 안 남았네.'라고 말하고, 다른 누군가는 '물이 반씩이나 남았네.'라고 표현한다. 모든 일은 생각하기 나름이라는 교훈을 주는 이 이야기 속에서 우리는 다른 생각을 한번 해볼 수 있다. 누군가의 눈에는 반 남겨진 물이 보일 것이고, 누군가의 눈에는 더 채워 넣을 수 있는 나머지 반의 공간이 보일 것이다. 사람은 언제나 눈앞의 광경을 객관적으로 볼 수 있는 것만은 아니다. 보이는 있는 그대로를 볼 줄 아는 것은 편견과 비뚤어짐이 없는 열린 마음일 때 가능한 일이다. 그렇기에 아직은 마음의 깊이를 쌓아가고 있는 우리는 누구나 보고 싶은 대로, 내 생각의 수준에서 현상을 바라보고 판단하게 된다.

우리는 살아가면서 많은 관계를 맺고, 그 안에서 나의 포지션을 정하고, 그 안에서 그들과의 이야기를 만들면서 '나'를 형성해간다. 나를 둘러싼 많은 관계 속에서 만나는 사람들은 나이가 많을 수도, 적을 수도 있으며, 여성일 수도, 남성일 수도 있고, 나보다 직급이 높을 수도, 낮을 수도 있다. 이와 마찬가지로 누군가는 나보다 신체적 조건이 더 발달했기 때문에 몸을 쓰는 일에서 나를 도와줄 수도 있고, 나보다 신체적으로 도움이 필요한 누군가를 위해 내가 기꺼이 나서서 도움을 줄 수도 있다. 모든 관계는 상대적이며, 형성된 관계는 고정불변의 관계가 아

　마음속 요정과 도깨비

니다. 언제든 포지션이 변화할 수 있으며, 인간관계 속에서 우리는 많은 것들을 주고, 받으며 함께 살아가게 된다.

나이가 어린 내가 나보다 나이가 많은 어른을 만나, 나보다 앞서 살아 온 그들의 경험에 도움을 받기도 하고, 어느 순간 나도 나이가 들어감에 따라 나보다 어린 누군가와 관계를 맺고 내가 누군가로부터 도움을 받은 인생의 철학들을 그들에게도 역시 돌려줄 수도 있다. 마찬가지로 신체적 으로 나보다 발달한 능력을 갖춘 누군가와 신체적 능력이 필요한 관련 된 일을 함께할 때, 어떤 부분은 도움을 받고 그 외의 부분을 내가 채워 가면서 함께 만들어가는 일들을 경험했다면, 반대로 나보다 신체적으로 도움이 필요한 누군가와 같은 일을 할 때 나 역시 그와 마찬가지로 그가 채우지 못하는 부분을 내가 채우고, 내가 채우지 못하는 부분을 상대방 이 채워주면서, 우리는 함께 만들어가는 관계도 형성할 수 있게 된다.

∘ 함께 걸어가는 삶이란 어떤 모습일까?

내가 걷는 속도에 혹시 따라오지 못할까 봐 뒤돌아보며 응원해주는 것이 함께하는 공동체의 모습일까? 아니면 나와 속도가 다른 누군가의 뒤에서 함께 밀어주며 같은 속도로 갈 수 있도록 도와주는 것일까? 모 두가 저마다의 속도가 있다. 그리고 어떤 속도가 정답이라고 말할 수 없다는 것은 우리 모두 머릿속으로는 잘 알고 있는 사실이다. 하지만, 아무리 머릿속으로 이해하고 있는 사실이라도 마음속으로 이해하고자 하는 마음이 함께 하지 않는다면, 결국 나의 속도를 따라오지 못하는 누군가를 답답해하고 불편하게 느끼게 될 것이다.

하지만 반대로 생각해보면, 나는 늘 빠르게 남들보다 앞서 나가기만 하는 사람인가? 스스로 질문해 볼 수 있다. 나 역시도 누군가보다 느릴 수도, 누군가보다는 빠를 수도 있다는 사실을 잘 알고 있다. 그렇기에 인생을 함께 걸어가는 나의 사람들과 함께 채워가며 나의 이야기를 만들고 있지 않은가. 내가 채워가고 있는 나의 이야기 속에 무조건 도움이 되는, 나보다 더 많은 것들을 채울 수 있는 사람들로만 관계를 맺고자 하지는 않는가? 혹시 그런 생각을 하고 있다면, 그것은 결국 언젠가 나 역시도 누군가에게 도움이 되는 사람이 아니게 될 때는 버려지는 패가 될 수 있음을 의미한다.

함께 살아간다는 것, 함께 내 인생의 이야기 속에 그림을 채워간다는 것은 결국 우리가 어떤 그림을 함께 그리고 싶은지 서로를 이해하는 노력이 필요하다는 것일지도 모른다. 함께 걸어가는 속도에 정답은 없지만, 우리가 어떤 속도로 함께 걸어갈 때 편안한지, 서로에 관한 관심과 이해로 그 속도를 파악하는 것, 그리고 그 속도에 발맞추기 위해 너에게 나는, 나에게 너는 무엇을 서로 도울 수 있는지 이해하는 노력이 우리 모두에게 필요하다.

마음속 요정과 도깨비

아름다운 사회를 만들기 위하여

◦ 무엇을 위해 함께 해야 하는가?

이제 막 걸음마를 배운 어린아이가 내딛는 아슬아슬한 발걸음을 보며, 우리는 어떤 마음으로 아이의 발걸음을 바라보고 있을까? 힘겹고 아슬아슬하지만, 본인의 의지로 내딛는 그 작은 한 발자국에 응원을 보낼 것이다. 비록 그 아이가 내 아이가 아니더라도, 누구든 아이들의 걸음마 장면을 보게 되면 이러한 모습을 보인다. 아직은 하나부터 열까지 모두 챙겨줘야 하고 이 아이를 위해 어른들은 무수히 많은 것들을 신경 써야 하며, 양보와 배려, 그리고 사랑이라는 감정을 전달하고자 많은 노력을 한다.

작고 어린아이를 위해 그 어떤 누구도 왜 배려해야 하는지를 궁금해하지 않는다. 당연히 보호하고 배려하며, 이 사회의 구성원으로 올바르게 자랄 수 있도록 노력할 뿐이다. 그렇다면 모두가 이렇게 노력하는 이유는 무엇일까? 이는 사회 구성원들의 보호와 사랑, 배려 속에서 자란 이 아이가 성장하여 이 사회의 구성원으로서 제 몫을 해내길 바라기 때문이며 성장한 아이 역시 자신보다 어린아이들을 위해 같은 배려와 사랑을 베푸는 역할을 할 것을 기대하기 때문이다.

우리가 살아가고 있는 사회를 구성하는 무수히 많은 구성원은 각자의 자리에서 각자가 맡은 역할을 해내며 함께 살아가고 있다. 인간은 누구와도 관계를 맺지 않고 혼자 동떨어져서 살아갈 수 있는 존재가 아니기에, 우리는 가족, 친구, 동료, 선후배 등등 여러 가지 이름의 관계를 형성하고, 관계 속에서 나를 형성하면서 살아간다.

부모님의 자녀로 시작해서 시간이 흐르면 나 역시도 누군가의 부모가 되고, 후배는 시간이 흐르면 선배가 되고, 신입직원은 시간이 쌓이면 직장 상사가 된다. 우리는 고정불변의 역할 속에서 살아가는 것이 아니라 시간의 흐름에 따른 자연스러운 역할의 변화 속에 적응하며 살아간다. 처음부터 그렇게 태어난 것은 아니기에 우리는 모두 변화하는 역할들 속에서 하나하나 배워가며 함께 살아가는 법을 터득해 간다.

함께 살아간다는 것의 의미에 대해 우리는 어떻게 배워가고 있을까? 또한, 우리는 나를 바라보며 세상을 배워가고 있을 후배들에게 함께 살아가는 삶에 대해 어떤 모습을 보여주고 있을까? 어린아이를 위해 사회 구성원들이 모두가 한마음으로 보호와 배려를 하는 것이 당연하게 여겨지는 것처럼, 우리 사회는 어떤 가치들을 당연하고 보편적인 상식으로 받아들이고 가르치게 되는가?

마음속 요정과 도깨비

어린아이의 걸음마를 그 누구도 답답하게 생각하지 않고 충분히 응원하고 기다려주는 것은, 그 아이의 속도를 충분히 기다려주고 바라봐 줄 수 있는 마음의 여유가 우리 마음속에 있기 때문일 것이다. 함께 살아가는 공동체 속에 포함된 많은 사람은 각자마다 속도가 있고, 빨리 가는 것만이 정답이 아니기에 우리는 함께 갈 수 있는 속도를 찾기 위해 우리는 서로를 이해하는 노력과 서로를 이해하기 위해 주변을 살필 줄 아는 관찰력이 필요하다.

혼자가 아닌 함께 살아가는 세상 속에서 함께 간다는 것, 우리는 무엇을 향해 함께 걸어가고 있는 것일까. 함께 발맞추어 걸어가고 있는 우리가 함께 추구하고 있는 공공의 선은 어떤 것일까. 우리의 앞선 세대들은 우리를 위해 어떤 미래를 선물해주고자 하였으며, 우리는 우리의 다음 세대들에 어떤 미래의 그림을 선물해주고자 하고 있을까. 우리가 살아가고 있는 이 사회가, 이 현실은 아름다운가? 라는 질문에 대답하기 위해서는 이와 같은 질문들에 대해 진지하게 함께 고민해볼 필요가 있다.

우리가 살아가는 현대 사회에 발생하는 많은 문제와 변화가 요구되는 다양한 현상들에 대해서, 우리는 어떤 방향으로 변화하고자 하는지, 그 변화의 방향은 과연 옳은 것인지, 우리는 모두 함께 고민하고, 미래의 그림을 함께 그려야 할 필요가 있다. 우리가 함께 그려가야 할 미래의 그림은 어마어마하게 큰 캔버스 위에, 조각조각 아주 작은 그림들이 차곡차곡 쌓여서 커다란 전체 그림을 완성하게 될 것이다. 이 그림이 아름다운 명작이 될 것인가, 그저 그런 낙서가 되어버릴 것인가는 이 그림을 함께 그려가고 있는 우리들의 마음속에 각자 어떤 색들을 담아두고 있는지에 따라 달라질 것이다.

◦ 어떻게 함께 해야 하는가

깨끗한 물이 담긴 그릇 속에 검은 잉크를 한 방울 떨어뜨리면, 그 물이 탁해지는 것은 금방이다. 그 탁해진 물을 다시 깨끗하게 만들기 위해서는 한 방울의 잉크보다 어마어마하게 많은 깨끗한 물을 부어야 다시 깨끗해진다.

함께 살아가다 보면 누구나 각자의 생각이 있고, 각자가 옳다고 여기는 가치관 역시도 각자의 생각들만큼이나 다양하게 존재한다. 그렇기에 모두가 같은 생각으로 같은 곳을 향해 간다는 것은 불가능한 일이다. 수많은 사람이 함께하는데 만장일치는 현실적으로 가능하지 않은 일이라는 것이다. 그렇다면 함께 같은 길을 가는 것은 불가능한 일일까?

그렇지 않다. 함께 간다는 것, 모두가 손잡고 서로를 의지하여 함께 걸어가기 위해서는 가는 길의 목적지는 언제든 수정·보완이 가능하도록 하면 된다. 하지만, 이것이 가능하기 위해서는 나와 함께 손잡고 같

마음속 요정과 도깨비

은 길을 걷고 있는 내 곁의 내 사람들의 마음속에 깨끗한 물이 가득하다고 믿는 신뢰가 필요하다. 잠시 누군가의 마음속에 검은 잉크 한 방울이 떨어져 탁해진다면, 함께 손잡고 걷고 있는 우리의 더 많은 깨끗한 마음을 모아 다시 깨끗한 물이 가득 찰 수 있도록 함께 도와가며 걸어가면 될 것이다.

한 방울의 잉크는 금방 깨끗한 물을 부어 다시 되돌릴 수 있지만, 한 방울, 두 방울 계속 떨어지는 검은 색 잉크를 눈치채지 못하고 새까만 물이 되어버릴 때까지 우리가 모두 몰랐다면, 이는 다시 돌이키기에는 쉽지 않고, 훨씬 더 큰 에너지가 필요한 일이 될 것이다. 그렇기에 깨끗한 물이 계속 샘솟을 수 있도록 잘 보살피고, 주변에 검은 물이 떨어지는 곳은 없는지 잘 살펴보기 위해 나를 둘러싼 우리 주변의 사람들이 겉으로 드러나지 않더라도 또는 본인이 도움을 요청하지 않는다 해도 마음의 아픔을 겪고 있는 이는 없을지, 만약 마음의 아픔을 겪고 있는 이가 있다면 우리는 어떻게 그 아픔을 보듬어 줄 수 있을지 늘 살펴보는 노력이 필요하다. 또한, 나는 괜찮은가? 나는 누군가의 마음의 아픔을 보듬어줄 수 있을 만큼 건강한 사람인가? 건강한 사람이 되고자 하는 노력 역시도 필요하다.

아주 더운 여름날 그늘 한 점 없는 뙤약볕을 걷다 지쳐 갈증과 피로에 더는 앞으로 나아가지 못하고 잠시 주저앉게 된다면, 그때 건네어진 얼음물 한잔과 햇빛을 가려준 작은 그늘 하나는 그 어떤 것보다 값진 고마움이 될 것이다. 큰 것이 아니더라도 함께 걷고 있는 이들에게 작은 관심과 작은 배려가 예상한 것보다 훨씬 큰 영향을 미칠 수도 있다. 함께 걷고 있는, 내 손을 잡은 우리 주변을 둘러보자. 그리고 내 손을 잡고 있지 않더라도 우리라는 이름으로 함께 하는 더 큰 울타리를 둘러보자. 우리는 그 울타리 안에서 내가 그 울타리 안에서 보호받고 있음을, 그리고 내가 그 울타리를 지키는데 작게나마 역할을 하고 있음을, 그리고 그 울타리가 우리 모두를 지켜주고 있음을 신뢰할 수 있을 때 우리는 안정감을 느끼고 나와 우리를 위해 충분히 마음을 함께 할 수 있을 것이다.

° 진정으로 함께하고자 하는가

내가 속한 나의 공동체와 내가 살고 있는 우리 사회는 우리에게 무엇을 약속하고 있는가. 우리에게 어떤 미래를 보여주고 있는가. 이 사회의 구성원으로 함께 하는 나에게 어떤 신뢰를 형성해주고 있는가. 이 문제는 개인에게 매우 중요한 가치를 형성해줄 수 있는 질문들이다. 내가 속한 사회가 추구하고 있는 가치를 신뢰하고 나 역시도 그 가치관에 따라 보호받고 있음을 충분히 확인할 수 있을 때 개인은 사회가 추구하는 방향성에 동참하고 힘을 보태고자 하게 된다.

사회를 구성하는 많은 구성원의 각자가 처한 상황에 따라 요구하는

　　　　　　　　　　　　마음속 요정과 도깨비

바가 다르고 격차에 따른 정책들에 대한 평가는 내가 처한 상황에 따라 다를 수밖에 없다. 빈부 격차를 해소하고자 사회가 추구하는 정책들, 장애인을 위한 사회의 정책들, 청년과 중장년의 실업문제를 해결하고자 사회가 추구하는 정책들, 자영업자와 저소득 근로자를 위해 사회가 추구하는 정책들 등등, 사회의 약자들을 위해 사회가 추구하는 정책들에 대한 평가는 내가 어디에 속해있는가, 이 정책을 시행하기 위해 나는 무엇을 희생해야 하는가, 하는 문제들로 연결되어 개인이 사회를 신뢰할 수 있는가의 문제로 연결된다.

이와 같은 문제들을 해결하기 위해 사회가 추구하는 방향이 나와는 무관하다는, 사회가 추구하는 방향이 나의 희생이 필요하다는 생각을 개인이 갖지 않도록, 사회는 개인들이 추구하는 방향을 충분히 수렴하고, 일방적이지 않을 수 있도록, 충분한 노력이 필요하며 모두가 함께할 수 있는 사회의 속도를 조율할 수 있는 능력이 필요하다.

개인은 사회가 추구하는 방향성에 모두 동의할 수는 없다고 하더라도, 내가 추구하고자 하는 방향성과 사회가 추구하는 방향성이 같은 공공의 선을 추구하고 있는가를 판단하고, 우리가 함께 살아가는 사회의 방향성이 옳은 방향을 향해 나아갈 수 있도록 건전한 의견을 개진하고자 하는 노력을 게을리하지 않아야 한다. 우리가 함께 만들어가는 세상이기에, 누군가 대신해줄 것이라는 생각을 접어두고 나부터 우리의 주변에 어떤 변화가 필요한지 늘 고민하고 살펴보는 노력이 필요하다.

우리가 모두 함께 그려서 채워야 할 우리의 미래의 그림은 아주 큰 캔버스에 채워질 것이다. 누군가는 밑 배경을, 누군가는 색채를, 누군가는 기본 골조를, 누군가는 풍경을 그려내기 위해 각자의 위치와 역할이 필요하다. 장애인과 비장애인 모두 각자가 할 수 있는 영역에서 그림을 그려나가다 보면, 우리가 그리고 있는 전체의 그림이 아름다울 수 있도록 함께 연결해나갈 수 있는 곳이 필요하다. 또한, 그 그림이 아름다운 그림이 될 수 있도록 전체를 바라보고 조율할 수 있는 사회의 역할이 필요하다.

우리는 모두 혼자 살아갈 수 없는 존재들이다. 시간이 흐르고 사회가 변화하고, 예상하지 못한 상황들을 겪으면서 사회에서 나의 역할과 자리는 늘 변화하기 마련이다. 그렇기에 지금의 내가 행하는 행동들은 과거의 나와 연결된 미래의 나에게 어떤 나비효과로 나타날지 모르는 일이며, 내가 주위에 밝힌 작은 불씨 하나가 그들의 불씨 하나하나와 모여 언젠가 내가 길을 잃고 헤맬 때 나에게 길을 찾아주는 등불이 되어줄 것이다.

마음속 요정과 도깨비

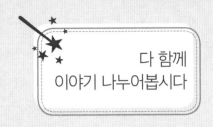

세상에 절대 그런 일은 없어! 라고 장담할 수 있는 일들이 있을까? 한국 영화 〈해운대〉라는 영화를 본 적이 있다. 부산의 해운대를 덮치는 무시무시한 쓰나미의 자연재해 앞에서 너무나도 무력해질 수밖에 없는 인간의 모습을 담은 영화 속 장면들을 보며, 너무나도 두렵게 바라봤던 것은 인도네시아를 덮친 쓰나미나, 중국의 쓰촨성 대지진 등을 현실에서 보며, 영화 속 이야기가 허구만은 아닐 수 있음을 알기 때문이었다. 사고와 자연재해 앞에서 인간은 한없이 작은 존재이다. 그렇기에 나에게는 절대 그런 일은 없어, 라고 단정할 수 있는 일은 없다.

나와 같이, 우리 모두 함께 살아가는 삶 속에는 다양한 사람들이 함께할 수 있을 것이다. 어른과 아이, 여자와 남자, 상사와 부하직원, 학생과 선생님, 부모와 자녀, 그리고 장애인과 비장애인. 우리는 수없이 많은 관계 속에서 서로의 보편적 상식이 다를 수 있는 상황들에 직면한다. 나에게 당연한 것이 상대방에게는 당연한 것이 아닐 수 있다는 너무나 당연한 진리를 이해한다면, 우리는 언제든지 상대방의 입장이 될 수도 있음에 누군가를 이해하려는 노력이 필요하다는 것을 알게 된다.

지금 내 옆을 둘러보자. 내 눈에 무엇이 보이고 얼마만큼 보이느냐 하는 것은 결국 내가 보고자 하는 만큼 보게 되는 것은 아닐까?

길을 걷다 나와 마주치는 수많은 사람은 모두가 각자의 사연과 각자의 이야기가 있다. 그들의 이야기를 모두 이해하려는 오지랖은 필요하지 않더라도, 내게 손 내밀어 도움을 청하는 그 누군가를 바라볼 때, 나의 얼굴에는 어떤 감정을 담아 그를 향할 것인가.

장애인과 비장애인에 대한 저자의 질문 세 가지

1. 길을 걷다 마주친 휠체어를 탄 장애인이 휠체어를 멈춘 체 주위를 두리번거리고 있다. 그를 바라본 당신은 어떤 생각이 제일 먼저 했는가?

2. 일하면서 만나게 된 상대방이 청각 장애를 가지고 있다는 사실을 알게 된 당신은 어떤 방식으로 그와 소통하고자 할 것인가?

3. 만약 당신이 예상하지 못한 장애를 가지게 되었다면, 지금 당신의 주위를 둘러봤을 때, 무엇이 가장 불편할 것 같은가?

마음속 요정과 도깨비

4

게으름과
부지런함

보약을 마실 것인가? 독약을 마실 것인가?

오늘의 책! 한 권은 알랭 드 보통의 〈왜 나는 너를 사랑하는가〉라는 책이란다. 사랑에 빠진 연인들이 한 번쯤은 읽어보면 좋을 이 책은, 남자 주인공의 시점에서 클로이라는 여자 주인공과의 만남, 사랑에 빠지는 과정, 사랑이 식어가는 과정을 그린 사랑의 딜레마에 대한 심리학적인 해석을 담은 소설이란다.

남자 주인공은 비행기에서 우연히 만난 클로이라는 여자와 사랑에 빠지게 되지. 클로이와 사랑에 빠질 때 남자 주인공은 클로이의 말투와 행동 하나하나에서 매력을 느끼고 궁금해하며, 그녀를 다시 만나고 싶은 충동을 느끼게 돼. 비행기에서 만난 짧은 시간 동안에 남자 주인공이 클로이에게 매력을 느낀 이유는 아마도, 클로이의 말투와 행동이 남자 주인공이 매력을 느끼기에 충분했기 때문일 거야.

그렇지만 연인이 되어 같은 공간에서 함께 하게 된 두 사람은 사소한 것들로도 서로의 진심을 어긋나게 표현하면서 싸움이 반복되고 서로에 대한 감정이 사그라지게 돼. 이 변화 역시도 두 사람 사이 말투의 변화를 통해 우리는 충분히 느낄 수가 있게 된단다.

마음속 요정과 도깨비

사랑해서 함께 하기로 한 두 사람 사이에서 사랑하기 때문에 누구보다 더 배려하고 따뜻한 말 한마디를 건네었어야 할 텐데, 그렇지 못한 두 남녀가 서로를 향해 내뱉는 표현들을 보면 참 안타깝기도 해.

　우리가 사랑하는 사람들은 누가 있을까? 가족, 친구들, 연인, 동료들 등등 참 많은 사람과의 관계 속에서 우리는 사랑하는 사람들에게 말로 상처를 입히기도 하고, 상대방의 말 덕분에 행복해지기도 하지. 우리는 주변의 내 사람들에게 상처를 입히는 말을 내뱉는 사람일까? 주변을 따뜻하게 만들어주는 말을 내뱉는 사람일까?

　나도 모르게 늘 내뱉는 나의 말들이 나와 나를 둘러싼 모두에게 독약 같은 결과를 만들어낼지, 보약 같은 결과를 만들어낼지, 한 번 생각해 보자.

인생을 결정짓는 습관

◦ 지금 그 한마디에 바늘을 담을 것인가, 연고를 담을 것인가

우리의 스쳐 지나가는 일상을 수채화처럼 아름다운 기억들로 만들어 주는 형용사들이 있다. 그중에서도 '도란도란'이라는 표현을 참 좋아한다. 사랑하는 가족들과 따뜻한 저녁 식사 자리에 둘러앉아 오늘 하루의 일과를 나누며 도란도란 웃음꽃을 피우고, 학교에서 옆자리 짝꿍과 어제 만나고 오늘 만난 사이에도 그 짧은 시간 동안 쌓인 수다거리들을 도란도란 풀어낸다. 직장 동료들과 퇴근 후 시원한 맥주 한잔으로 오늘 하루의 고단함을 털어 버리며 도란도란 즐거운 수다 타임을 즐기기도 한다.

사랑하는 가족, 나와 늘 함께 해주는 친구들, 그리고 나를 둘러싼 내 사람들과 도란도란 나누는 대화는 힘든 일도 다 털어낼 수 있을 만큼 힘이 되어 주기도 하고, 즐거운 일들은 더 행복할 수 있도록 배가될 수 있도록 하는 시간이 되어준다. 그래서 내 사람들과 즐겁게 도란도란 나누는 대화를 참 좋아한다. 우리가 함께 나눈 대화들 속에서 어떤 이야기들을 나누었고, 나는 이 대화들 속에서 어떤 위로와 감동을

마음속 요정과 도깨비

느꼈었던가.

하지만 하루 동안 많은 사람과 나눈 대화들 속에 위로와 감동이 되는 대화들만 있는 것은 아니다. 우리는 함께 살아가는 관계 속에서 아주 작은 말 한마디로 지금까지의 힘듦을 다 잊을 만큼 위로를 받기도 하지만, 별것 아니라고 생각하는 말 한마디로 그 어떤 것보다 큰 상처를 받기도 한다. 말은 마음속을 단단하게 만들어주는 영양제가 되거나 상처를 보듬어주는 연고가 되어주기도 하지만, 그 어떤 칼보다도 날카로운 상처를 만드는 비수가 되기도 한다.

어떤 말들이 우리를 위로하고, 어떤 말들이 우리를 상처 입히게 될까? 사람들은 살아가면서 일부러 누군가에게 상처를 주고자 하는 경우는 많지 않다. 우리도 모르는 사이에 누군가에게 작은 생채기를 내기도 하고, 이 작은 생채기들이 쌓이고 반복되어 큰 상처로 가슴에 남기도 한다. 우리도 알지 못하는 동안 나를 둘러싼 많은 사람과 나누는 대화 속에서 내가 내뱉은 말들이 누군가의 위로가 될지, 누군가를 상처 입히는 날카로운 송곳이 될지 모르는 많은 말들을 하게 된다는 것, 그 사실은 내가 수없이 많이 나누게 되는 대화들의 가치에 대해 한 번쯤 진지하게 고민해볼 필요가 있음을 알려준다.

우리가 살아가면서 우리 주변의 사람들과 나누는 대화들 속에서 혹시 내가 가장 많이 사용하는 표현들은 어떤 것들이 있을지 생각해본 적이 있는가? 또는 유난히 내가 누군가와 대화를 나눌 때 편안함을 느낀다고 생각해본 적이 있는가? 이런 생각을 아직 해본 적이 없다면, 먼저 내가 고민이 있거나, 누군가에게 내 이야기를 나누고 싶을 때 유독 많이 찾게 되는 사람이 누구인지 한번 떠올려 보자. 머릿속에 떠오른 사람과 가장 최근에 나눈 대화를 기억해보자. 어떤 이야기들을 나누었는지, 그 이야기를 나누는 동안 나는 어떤 기분이었는지 함께 기억해보자.

지금 내가 떠올린 그 사람과의 대화는 즐거운 기억 또는 따뜻한 느낌의 기억이다. 어떤 이야기들을 나누었는지 잘 기억나지는 않지만 분명한 것은 대화를 나누기 이전의 기분보다, 그 사람과 대화를 나누고 난 후의 나는 더 유쾌한 기분이 된 것은 확실했다. 내게는 그런 사람들이 있다. 내게는 무척이나 심각한 고민거리들이 생겼을 때 꼭 찾게 되는 그런 사람, 기분이 왠지 싱숭생숭할 때 꼭 만나서 함께 수다를 떨고 싶은 사람. 내가 지금 떠올린 사람들은 그런 사람들이다.

나에게 이런 기분을 선물하는 즐거운 대화를 만들어내는 이 사람들이 가지는 특징은 무엇일까? 내가 생각하는 이들의 공통점은 말투, 대화의 습관, 그리고 표정이다. 나에게 어떤 고민거리가 생겨서 이들과 대화를 통해 나의 고민거리를 나눈다고 생각했을 때, 이들은 어떤 말투와 어떤 표정으로 내 이야기를 들어줄 것인가에 대한 예상이 가능하다는 점은 나에게 이들과의 대화를 기대하는 이유가 되어준다. 나의 고민에 관해 이야기할 때 이들은 첫째, 상대방의 이야기를 경청할 줄 아는 습

　　　　　　　　　　　　　　　마음속 요정과 도깨비

관이 있다. 경청하는 습관은 단순히 개인 간의 사소한 대화에서만 중요한 것이 아니라, 내가 어떤 일을 하든지 결과에 큰 영향을 미치는 아주 중요한 습관이다. 대화를 나누는 두 사람 사이에서 상대방이 나의 이야기를 경청해준다는 것은 나의 이야기에 대해 그가 이야기하는 내용에는 진심이라는 것이 담겨 있을 것이라는 신뢰를 형성하며, 이 신뢰는 대화를 이어갈 수 있는 아주 중요한 조건이다.

둘째, 나에게 즐거운 대화를 선물하는 이들의 말투에는 '공감과 이해'라는 공통점이 있다. 가끔 어떤 이들과 대화를 하고 난 후 유독 불쾌해지는 경우가 있다. 딱히 틀린 말을 하는 것은 아니지만 유독 그들과 대화를 하고 난 후에는 묘하게 불편함이 있거나, 생각할수록 화가 나기도 한다.

이런 사람들과의 대화 속에서 어떤 점들이 불쾌했을까를 생각해보면, 이 역시도 그들의 말투 때문인 경우가 가끔 있다. 유독 내가 불편함을 느꼈던 그들의 말투를 몇 가지 생각해보면, "네가 잘 몰라서 그래.", "내가 다 겪어봤는데, 별것도 아닌 거로 유난 떨지 마.", "너는 꼭 그러더라, 넌 그게 문제야.", "다른 사람들도 다 힘들어, 너만 그런 거 아니야." 등등의 말투들이다.

물론 나이가 많든 적든, 세상을 다 살아본 것이 아니니 아직 잘 모르는 것들도 많고, 남들도 다 겪는 어려움이 있을 것이라는 사실은 나도 잘 알고 있다. 내가 겪고 있는 문제가 남들에게만 이유가 있다고 생각하는 철부지도 아니다. 나에게도 고쳐야 할 점이 있다는 것쯤 나는 모르겠는가?

하지만, 세상의 모든 문제와 고민이 그렇듯, 지금 나에게 닥친 어려움과 문제들은 '나에게 닥친' 내 문제이기 때문에 나에게는 남들이 생각하는 것보다 훨씬 고민이 되고 어려운 문제인 것이다. 팔이 부러진 사람 앞에서 더 아프다고 할 수는 없겠지만, 지금 당장 내 손끝에 베인 작은 상처 하나가 나에게는 충분히 아프고 쓰라릴 수 있다. 이런 나의 상황을 전혀 공감하거나 이해할 생각이 없는 말투와 그들이 습관적으로 사용하는 저런 표현들은 딱히 틀린 말이 아님에도 나의 기분을 불쾌하게 만드는 요인이 되며, 작은 바늘이 되어 내 마음을 콕콕 찌르며 작은 생채기들을 만들게 된다.

분명히 나를 위한 조언과 충고임에도 불쾌하게 느껴지는 그 말들은 결국 내 그릇에 담기지 않고 그저 흘러넘쳐 가기 마련이다. 이들과 반대로 같은 내용을 담고 있더라도 내 안에 차곡차곡 쌓아놓고 싶은 양식과 같은 말들을 하는 이들의 말투와 습관은 '공감과 이해'를 통한 충고와 조언이다. 불편한 대화에 자주 등장하던 표현을 이들은 어떻게 다르게 표현할까? 만약 부장님과 프로젝트 과정에 대한 조율과정에서 트러블이 발생했을 때 그 상황에 대한 나의 고민을 이야기하는 상황에서 누군가 이런 조언을 해준다면 우리 기분은 어떨까? "네가 잘 몰라서 그래, 너보다 오래 일한 부장님이 더 잘 아시겠지."라고 이야기하는 것과, "네가 열심히 준비한 프로젝트인데 부장님께서 다른 방향을 요구하셔서 다시 작업해야 하려니 속상하겠다. 부장님도 네 프로젝트가 더 성공할 수 있게 도와주고 싶으신 것은 아닐까?"라고 이야기하는 것 중, 어떤 이야기가 받아들이기 편할까. 대부분은 전자의 이야기에는 발끈하

　　　　　　　　　　　　　　마음속 요정과 도깨비

는 반응을 보일지도 모른다. 내가 어떤 부분이 고민일지 공감에서 시작하는 조언은 내가 미처 생각해보지 못한 부분에 대해 다시 생각해볼 기회가 되기도 한다. 결국, 같은 내용을 담고 있더라도 나에 대한 이해와 공감을 전제로 한 조언과 말투를 보여주는 이와의 대화는 나에게 만들어진 생채기들에 연고가 발라주고 토닥토닥 아픔을 별것 아닌 것으로 만들어주는 따뜻한 마음이 되어준다.

　다른 사람의 말투와 습관들을 떠올려 보며, 나는 누군가에게 어떤 말들을 자주 사용하고 있는지 생각해보자. 나는 내 사람들과의 즐거운 대화에서 충분히 경청하는 습관을 지니고 있는가? 내가 내뱉는 나의 말들에는 혹시 바늘이 담겨 있지는 않을까? 나는 누군가에게 있는 마음의 상처에 연고를 발라주는 따뜻한 말들을 건넬 줄 아는 사람인가? 나는 어떤 말들을 습관처럼 하고 있는지, 다른 사람들과의 대화를 떠올리며 나의 말하는 습관들에 대해 우리 모두 한 번쯤 생각해보며 도란도란 즐거운 대화들을 통해 많은 이들이 따뜻함을 느끼기를 바란다.

◦ 좋은 습관에 대해 나를 먼저 설득하라

　아침에 알람 소리에 눈을 떠 제일 먼저 하는 자신의 행동은 무엇인가? 밤새 꿈의 세계에서 지친 나를 회복시키느라 열심히 일한 내 몸을 위해 물 한잔으로 시작하는 하루의 유익함은 우리가 모두 알고 있는 사실이다. 우리 몸의 6~70%를 이루고 있는 물은 우리 몸의 혈액을 깨끗이 정화하고 몸 곳곳에 수분을 공급하고 노폐물을 배출시키며 신체활동에 지대한 영향을 미친다.

그렇기에 물을 주기적으로 마셔서 몸에 수분을 공급하는 일은 건강한 몸을 위해 할 수 있는 아주 손쉬운 습관이다. 하지만 바쁜 일상을 살아가는 우리에게 너무나 좋은 습관이라고 하지만, 바쁜 아침 시간에는 그 작은 습관 하나마저도 지키기 쉽지 않은 것이 사실이다. 또한, 하루 종일 바쁜 일상에 쫓기다 보면, 잠시 멈춰 서서 따뜻한 차 한 잔 마시는 여유조차 나를 위해 일부러 만들기 어려워 한참 목이 마른 상태가 되어서야 겨우 물 한 잔을 마시게 되기도 한다.

나를 위해 물 한 잔 따라서 마시는데 걸리는 시간이 몇 분씩이나 걸리는 것도 아니고, 겨우 몇 초일 뿐이지만 이렇게 작은 행동마저도 매일 같은 시간에 의식적으로 나를 위해 움직이기 위해서는 이 행동을 습관으로 만드는 것이 필요하다. 만약 매일 같은 시간에 해야만 하는 이 행동이 나의 목숨과도 연결될 만큼 너무나 중요한 일이라면 어떨까? 우리는 아마도 시간마다 알람을 설정해서라도 이 행동을 반드시 하려고 노력할 것이다. 주기적으로 물을 마시는 이 작은 습관 하나는 별것이 아닐 것 같지만, 이 습관이 나의 건강을 지키는 데 너무나 중요한 습관이 되리라는 것은 너무나 당연한 사실이지만, 우리가 이 사실을 너무 가볍게 생각하기 때문에 내 몸에 너무나 필요한 행동임에도 불구하고 습관

　　　　　　　　　　　　　　　마음속 요정과 도깨비

으로 만들지 못하고 있는 것일지도 모른다.

　필요하다는 사실을 인식하는 것. 결국, 우리는 나를 위해 필요하다고 생각하는 것들을 습관으로 만들고자 노력이라는 것을 하게 된다. 나의 건강을 위해 필요한 하루 6잔의 물을 마시는 습관, 내가 하는 모든 일에 좋은 결과를 만드는 데 필요한 누군가의 이야기를 경청하는 습관, 그리고 나와 나를 둘러싼 많은 사람과의 대화에 긍정적인 영향을 위해 필요한 '공감과 이해'를 기반으로 한 고운 말투와 습관. 이렇게 나에게 필요하다고 생각하는 습관들을 만들기 위해 우리는 노력이라는 것을 하게 된다.

　타인이 아무리 나를 위해 좋은 행동이라도 강조한들, 정작 나에게 정말 필요하다고 깨닫지 못하는 한 우리는 그 행동을 습관화하려고 노력하지 않는다. 그동안 해오지 않았던 일을 나의 습관으로 만든다는 것은 정말 어려운 일이다. 아무리 나에게 필요한 일이라고 인식한다고 해도, 인간은 어느 날 갑자기 한순간에 변하기가 쉽지 않은 존재이기에, 당연하게 해야 하는 습관으로 만드는 것은 많은 노력이 필요하다.

　세상에는 수많은 사람이 있고, 많은 이들의 성공스토리가 존재한다. 이들의 성공스토리에는 그들만의 신념과 습관들이 존재한다. 미국의 심리학자 앤더스 에릭슨이 발표한 논문에서 사용된 '1만 시간의 법칙'이라는 표현이 많이 사용되었던 적이 있다. 어떤 분야의 전문가가 되기 위해서는 최소한 1만 시간 정도의 훈련이 필요하다는 이 법칙은 매일 3시간씩 훈련하면 10년의 세월이 걸리는 1만 시간 동안 무엇인가를 위해 노력하면 그 분야의 전문가가 될 수 있다는 것이다. 즉 성공을 위해서는 무엇인가 꾸준하게 매일 행동하는 습관이 필요하다는 것을 의미하며, 좋은 습관이 매일 반복되면 언젠가는 성공하는 습관으로 연결될 수 있다는 것이기도 하다.

◦ 낙숫물이 바위를 뚫는다

장마철이 되면 뉴스를 통해 많은 비로 인한 수해 장면들을 보게 될 때가 있다. 갑자기 많은 양의 비를 쏟아붓고 가는 게릴라성 호우도 이런 물난리를 일으키기도 하지만 끈질기게 오랫동안 한 지역에 내리는 비는 산사태와 싱크홀 등 예측하지 못한 다양한 사고를 일으키기도 한다. 갑작스럽게 퍼부은 비보다 오랫동안 꾸준하게 내린 비가 다른 환경적 요인들까지 변화시켜서 예측하지 못한 결과들로 나타나게 되는 것이다.

한 가지 행동이 꾸준하게 이루어진다는 것, 그것이 나에게 습관이 되어 오랜 시간 동안 행해진다는 것은, 그 행동의 결과만이 나에게 나타나는 것은 아닐 수도 있다. '선한 영향력'이라는 표현이 있다. 한 사람의 선하고 좋은 행동과 표현, 습관, 그리고 그의 가치관들이 주변 사람들을 감화시켜서 그의 선한 영향이 그들의 선한 영향력이 되어 전파되어 가는 것이다. 그렇듯 좋은 행동과 가치관이 나에게 습관이 된다는 것은

마음속 요정과 도깨비

오랜 시간 동안 나에게 쌓여 나와 나를 둘러싼 많은 사람에게도 영향을 미치게 될 것이다.

내가 누군가의 이야기를 경청해주고 늘 공감과 이해의 말투로 진심을 다해 누군가와 소통하려고 하는 노력과 습관은, 나를 통해 위로를 받은 누군가가 또 다른 누군가에게 위로가 되어주며 좋은 습관이 전파되어 나가고, 그것이 우리의 문화가 되어 우리 공동체 사회에 따뜻한 온기를 더하게 될 것이다.

또한, 매일 아침 물을 마시는 습관, 매일의 바쁜 일상 속에서도 하루 10분 잠시 하던 일을 멈추고 스트레칭을 하는 습관, 매일 저녁 책을 읽는 습관 등 나를 통해 알게 된 좋은 습관은 나와 친구, 동료, 선후배 등에게 필요성을 일깨워주고 그들에게도 건강한 습관이 전파되어, 혼자가 아니라 함께 행동하는 우리들의 습관이 함께 만들어질 수도 있을 것이다.

한 방울씩 떨어지는 작은 물방울이 매일 같은 곳에 떨어졌을 때, 별것 아닌 물방울이 바위를 뚫고 큰 바위를 쪼개듯이, 좋은 습관과 선한 영향력이 모이고 모여서 어떤 예측하지 못한 결과들을 만들어낼지는 아무도 알 수 없다. 하지만 확실한 것은, 어떤 일에 대한 몇 번의 시도는 실패할 수도, 성공할 수도 있지만, 그 시도가 수없이 반복되어 습관처럼 꾸준하게 행해진다면, 그 성공 가능성은 점차 배가 되어 언젠가는 반드시 이루어질 수 있다는 것이다. 무엇을 이루고자 하는가, 인생을 바꾸고자 하는가? 그렇다면 작은 것 하나부터 실천하고 반복하여 습관으로 만들어보자.

# 좋아하는 일, 해야 하는 일

◦ 맛있는 음식은 입에 달고, 몸에 좋은 음식은 입에 쓰다

건강한 삶을 살아가고 싶은 인간의 욕구는 누구나 같을 것이다. 질병과 신체 장애 없이 건강한 신체와 건강한 정신을 가지고 오랫동안 살아가고자 하는 것, 그것은 모든 인간이 가지고 있는 무병장수에 대한 꿈일 것이다. 이러한 무병장수의 목표를 위해 우리는 많은 노력하며 살아간다. 몸에 좋은 성분들을 찾아서 먹고, 운동을 통해 근력을 키우며, 몸에 좋지 않은 것들을 피하려고 환경에 대한 지식을 쌓기도 한다.

하지만 세상의 속도가 빨라질수록 더욱더 편리함과 빠른 속도를 지향하기 위해 음식 문화는 패스트푸드 및 배달과 간편 조리식 문화가 발달하여 앱 하나만 열면 모든 종류의 음식들을 간편하게 접할 수 있고, 바쁜 일상들 속에서 건강한 재료와 조리 방법보다는 간편함과 신속성을 보장하는 음식들을 더 선호하게 되기도 한다. 운동의 필요성에 대해서 모르는 이는 없지만, 일상에 축적되는 피로 속에서 지금 당장 휴식이라는 달콤한 선택 앞에서 운동은 뒷순위로 밀리기 일쑤이다. 이런 현

상은 현대 사회의 빠른 속도에 휩쓸려 살아가는 우리들의 보편적인 모습일지도 모른다. 이런 간편하고 신속한 음식 문화 속에서 내 몸에 대한 일말의 양심의 가책을 느끼는 경우 우리는 각종 비타민과 TV 속의 건강프로그램들에서 집중 조명하는 건강식품들에 관심을 가지고 챙겨 먹는 것으로 내 몸에 대한 위로로 삼고 있지는 않은지 우리 모두 우리의 생활을 되돌아보자.

흔히 사용하는 표현 중에 '몸에 좋은 것들은 입에 쓰고, 몸에 안 좋은 것들은 입에 달다.'라는 말이 있다. 우리가 좋아하고 즐겨 먹는 맛있는 음식들이 모두 내 몸에 좋은 성분들로 가득 채워져 있다면 참 좋으련만, 현실은 슬프게도 그렇지 않다. 열량은 높지만, 영양가는 낮은 패스트푸드나 인스턴트 음식들을 통칭하여 정크푸드라고 한다. 이런 정크푸드는 우리의 바쁜 일상 속에서 가볍고 빠르게 준비되어 빠른 포만감과 편리한 식사, 그리고 맛있는 식사를 제공해주지만, 우리 몸에 필요한 다양한 영양소들을 모두 채워주지는 못하기 때문에, 입에 달다고 느껴지는 음식들이 몸에는 안 좋다는 예를 보여주는 것이다. 반대로, 몸에 필요한 영양소들을 채우기 위해 우리가 섭취해야 할 다양한 채소와 과일, 그리고 영양소를 위해 덜 정제한 곡류 등등 몸에 좋은 음식들은 정크푸드에 길든 입맛에는 건강하지만, 맛을 보장하지는 않는 음식들로 느껴지기도 한다.

사람이 살아가는데 가장 중요한 음식도 이렇듯 몸에 좋은 것은 입에 쓰기 마련인데, 건강한 삶을 위해 우리가 해야만 하는 다른 것들은 어떨까. 건강한 삶을 목표로 하기 위해 인간에게는 운동이 필요하다는 것은 우리가 모두 알고 있는 사실이다. TV 프로그램에 나오는 근육이 멋들어지고 한 줌 허리의 날씬한 몸을 위해서가 아니더라도, 우리 몸에 찾아오는 다양한 질병들을 예방하고 만성 피로에서 벗어나 활기찬 일상을 되찾기 위해서라도 운동은 우리에게 너무나 필요하다.

하지만 음식 문화의 변화만큼이나, 바쁜 일상들 속에서 일부러 시간을 내어 하루 한두 시간의 운동을 하는 것, 그것은 생각만큼 쉬운 일은 아니다. 많은 사람이 새해가 되면 제일 먼저 계획하는 것이, 금주, 금연, 그리고 운동일 것이다. 하지만 가장 먼저 작심삼일의 유혹에 무릎 꿇게 되는 것이 운동이 아닐까. 건강한 삶을 위해 필수적으로 가져야 할 습관인 운동하는 습관은 어떻게 해야 가질 수 있을까? 또 빠르고 간편한 식사에 길든 우리는 어떻게 해야 건강한 재료와 건강한 요리 과정을 거친 음식 문화를 습관화할 수 있을까? 현대인들이 모두 가지고 있는 이 궁금증을 해결하여 건강한 삶을 살아가기 위해 우리 모두 한 번쯤은 생각해 볼 필요가 있는 문제이다. 건강한 삶을 위해 수없이 싸워야만 하는 귀차니즘과 안락한 휴식의 유혹, 그리고 스마트폰과 TV의 유혹에서 벗어나 운동을 하기 위해 움직이는 일, 손가락만으로도 간편하게 앱을 통해 배달할 수 있는 수없이 많은 정크푸드의 유혹에서 벗어나 건강한 식재료를 직접 고르고 건강한 방식으로 요리하여 건강한 식습관을 갖기 위해 노력하는 것, 이것들을 내 몸에 습관화하는 것이 결국 건강한 삶을 위해 내가 행동할 수 있는 작은 시작일 것이다.

마음속 요정과 도깨비

∘ 좋아하는 것들로 나를 채우기 위해서는 반드시 해야만 하는 일들이
  있다

  학교에서 하교하여 집에 돌아왔거나, 퇴근 후 집에 돌아온 후 맞이하게 되는 저녁 시간을 우리는 무엇을 하면서 채우고 있을까? 학업과 일에 치여 하루하루를 버텨내고, 그저 일만 하며 보내는 자신의 하루에 대해 생각해본 적이 있는가? 해야 할 일들이 산더미 같이 쌓여 있고 바쁜 일상 속에 그 일들을 해치우다 보면 길게 느껴지는 하루이지만, 지나고 나서 보면 언제 시간이 이렇게 지나가 버렸는지 모르게 남는 것 없이 시간만 훌쩍 지나가 버린 듯이 허무하게 느껴진 적은 없는가?

  십 대의 시간은 10km로 흘러가고 20대의 시간은 20km, 70대의 시간은 70km로, 나이가 먹어갈수록 시간의 속도는 더 빠르게 흘러가게 된다는 말을 들어본 적이 있을 것이다. 나이가 먹어갈수록, 시간이 흘러갈수록 나에게 주어지는 상대적인 시간의 속도는 점차 빠르게 나를 지나쳐 흘러가게 될 텐데, 우리는 어떤 것들로 우리의 시간들을 채워가고 있을까. 그저 하루하루를 별것 아닌 일상들로, 늘 비슷비슷한 하루하루에 특별히 기억나지 않는 어제와 늘 그렇듯 그저 그렇게 보냈겠지, 라고 기억하게 될 지난 시간들로 우리의 반짝이는 시간들을 허무하게 보내버리지 않기를 바란다. 우리의 어제는 함께 하여 더 즐거운 사랑하는 사람들과 두고두고 추억하게 될 많은 이야기로 채워지고, 나의 오늘은 나를 위한 깊은 고민과 건강한 생활습관으로 하루하루가 쌓여서 즐거운 추억이

될 그런 날들로 채워지기 위해 우리는 어떤 것들을 해야만 할까?

먼저, 처음부터 거창한 목표를 세우고 작심삼일의 쓰라린 패배를 경험하지 않도록, 나는 무엇을 좋아하는가를 생각해보자. 아주 작고 사소한 것이어도 좋다. 나는 어떤 것들을 하며 즐거움을 느끼는지, 어떤 것들에서 만족감을 느끼는지, 그리고 어떤 것들이 나로 하여금 살아가는 가치를 느끼게 하는지 자신의 즐거움 리스트를 작성해보자. 그리고 난 후, 나를 행복하게 하는 이 즐거운 일들이 나에게 할 수 없는 일들이 된다면 나는 어떤 감정을 느끼게 될 것인가를 생각해보자. 작든, 크든 관계없이 살아가면서 나에게 즐거움을 주는 일들이 무엇인지 알고 난 후, 그 일들을 할 수 없게 된다고 생각하게 된다면 우리는 좌절감과 우울감을 느끼게 될 것이다. 몰랐다면 모를까, 이미 어떤 즐거움을 알고 난 후에는 그 즐거움의 빈자리는 더욱 크게 느껴질 수밖에 없다. 그렇다면 왜 굳이 즐거운 일들을 찾아내고, 이 즐거운 일들을 못 하게 되는 상황을 생각해야 하는가?

그것은, 내가 주체적으로 만들어가는 나의 인생이 어떤 것들로 즐겁게 변화하는지, 어떤 것들이 나를 행복하게 하는지조차 생각해보지 않고 살아가는 것은 그저 그런 하루로 보내버리게 되는 것이기 때문이다. 무엇이 나를 행복하게, 즐겁게 만드는지 정확하게 알고 그것들의 소중함을 느끼며 살아가는 것. 내가 만들어가는 나의 인생을 위해 그 정도의 고민은 해야 하는 일인 것이다. 그렇다면 이 즐거운 일들을 못 하게 되는 상황을 왜 생각해봐야 하는가. 그것은 세상에 절대 일어나지 않는 일은 없기 때문이다. 사람은 언제, 어떻게 갑작스러운 일들을 마주치게 될지 모르는 일이다. 내가 알게 모르게 내 몸에 쌓아온 크고 작은 습관들이 뭉쳐서 언제 어떤 일들로 나에게 일어날지는 아무도 알 수 없으므로, 어느 날 더는 내가 즐거운 일들을 할 수 없는 순간이 찾아올 수도 있다. 그러므로 이런 생각들을 통해 내가 좋아하고 즐겁게 하는 일들의 소중함을 더 크게 느낄 수 있게 된다.

내가 좋아하는 일, 내가 즐겁게 할 수 있는 일, 나를 행복하게 만드는 일들을 오랫동안 한결같이 즐기기 위해서는 어떤 것들이 필요할까? 모든 일이 그렇겠지만, 내가 좋아하는 일을 계속할 수 있기 위해서도 당연히 건강한 몸이 필요하다. 건강한 몸과 건강한 정신, 그리고 건강한 나의 삶을 영위할 수 있도록 하는 안정적인 일과 삶이 있어야 좋아하는 일들을 즐겁게 할 수 있다. 그럼 건강한 삶을 위해 필요한, 내가 해야만 하는 일들은 무엇일까?

뭔가 엄청 거창한 무엇을 해야만 나의 건강한 삶이 만들어지는 것은 아닐 것이다. 앞서 이야기한 하루 몇 잔의 물을 꾸준히 마시는 습관, 건강한 재료로 건강한 방법으로 만들어진 음식을 먹으려고 노력하는 습관, 하루 30분 짧은 시간이라도 꾸준하게 내 몸을 움직여 운동하려는 습관과 같이 별것이 아니라고 생각한다면 별것 아닌 노력으로도 만들 수 있는 작지만 건강한 습관들이 내 몸에 쌓여서 그 효과들이 배가 되어 내 몸에 건강으로 나타날 것이다. 좋아하는 일, 행복한 나의 삶, 나를 즐겁게 하는 모든 일을 위해 내 몸에 작지만 건강한 습관을 만드는 것,

이것이 바로 우리가 자신을 위해 반드시 '해야만 하는 일'인 것이다.

〈어떻게 살 것인가〉

유명한 정치가이자 작가인 유시민 작가님이 쓰신 책 제목이다. 이 책을 읽은 이유는 여러 가지가 있겠지만, 제목 때문이었던 부분도 있다. 짧게 함축되어 있지만, 행복한 나의 미래를 위해 나는 어떻게 살 것인가? 라는 질문으로 나에게 다가온 책이다. 나에게 행복한 삶에 대한 명확한 기준이 있는가? 어떻게 사는 것이 나를 행복하게 하는가? 더불어서 행복한 삶을 위해 나는 누구와 어떻게 무엇을 위해 살아가야 하는가? 이런 질문들을 나 스스로 던질 기회가 되어준 책이다. 학교에 다니는 동안은 학생이라는 신분에 맞다고 요구되는 일들을 하며 살아왔고, 사회에 나와서는 주어진 일들을 열심히 하면서 살아왔지만, 더는 누구도 나에게 무엇이 옳은지 그른지, 어떻게 살아가는 것이 맞는지, 무엇을 추구하고 어떤 가치관을 형성하면서 살아가야 하는지 알려주는 어른이 없어졌다. 어른이 된다는 것은 더는 나에게 정답을 알려주는 어른이 없어지는 일 같다고 생각했다.

넘쳐나는 정보의 홍수와 빠르게 변화해가는 사회의 가치관, 그리고 이 사회를 함께 살아가는 구성원들의 인식 변화 속에서 무엇이 옳은 정보인지, 어떤 가치관을 형성해야 하는지 스스로 고민하고 선택하고, 책임질 수밖에 없는 어른이 된다는 것, 그것은 나 스스로 나는 무엇을 원하는지, 어떻게 살아가고자 하는지 끊임없이 묻고 대답하며 나를 확인해야 하는 일이다. 그렇다면 더는 누군가 정답을 알려주지 않는 상황에서 나는 무엇을 통해 옳고 그름을 판단하고 어떤 가치관을 형성하며 살아가고자 하는지 배우고 알 수 있게 되는가. 그 방법은 스스로 찾아야만 할 것이다.

세상에 정답은 없으므로 어떤 것들을 통해 나를 채우고 형성할 것인가에 대한 정답 역시도 스스로 찾아야만 하는 것이다. 하지만, 나보다 먼저 세상을 경험하고 다양하게 경험한 선배들의 이야기는 내가 길을 찾는 데 도움이 되어주기도 할 것이기 때문에 그들의 이야기를 나침반 삼아 망망대해에서 한줄기 등대의 빛을 찾을 수도 있지 않을까. 나에게 선배들의 선 경험에 관한 이야기를 접할 수 있는 매체는 '책'이었다. 하루에 짧은 시간이라도 정해놓고 책을 읽는 습관을 만든 이유는 책을 통해 얻게 되는 그들의 이야기에서 나를 찾게 되고, 나의 과거와 나의 현재, 그리고 나의 미래를 그려볼 수 있는 보약 같은 시간들이었기 때문이다.

어떤 책을 통해 얻게 되는 정보와 사실들이 모두 완벽한 것은 아니다. 하지만 책을 읽고 내 안에 차곡차곡 축적하는 시간들을 통해 어떤 책이 좋은 책인지, 어떤 책은 비판해볼 수도 있는지 스스로 판단할 수 있는 능력도 기를 수 있게 된다. 책을 읽는 습관을 통해 나에게 스스로 사유하고, 세상을 바라보는 시각을 키울 수 있는 능력을 조금씩 채워갈 수 있었기 때문에, 나에게 하루 중 책을 읽으며 마무리하는 시간은 나에게 보약을 마시는 시간과도 같았다. 하루의 마무리를 내가 무엇을 하면서 보냈는지도 모를 만큼 나를 침전하게 만드는 독약을 마시며 보낼 것인지, 나에게 살아가야 할 이유를 찾을 수 있도록 보약을 마시며 보낼 것인지는 자신의 선택이다.

감사의 습관을 나에게 선물하기

◦ 농부의 마음으로 세상을 바라보자

초등학교 시절, 대부분 양파와 미나리같이 뿌리를 물에 담가두면 새로 줄기와 잎이 자라나서 또 하나의 개체가 되어 자라는 과정을 관찰하며 식물을 키운 적이 있을 것이다. 그때 선생님께서는 그 과정을 알려주시며, 식물들도 마음이 있다며 긍정적이고 아름다운 말, 감사하는 말과 음악을 들려주면 식물이 더 쑥쑥 자란다고 가르쳐 주셨다. 혹시 선생님의 말씀을 따라 식물들에게 매일 고운 말과 긍정적이고 아름다운 말을 들려준 적이 있는가? 그렇게 해본 적이 있는 사람은 지금부터 이야기하고자 하는 이 내용을 이미 알고 있을 것이다.

미국의 템플뷰엘대학교에서 식물학자이자 청소년 문제 전문가인 도로시가 2년 동안 음악이 식물의 성장에 미치는 영향에 관해 연구한 결과에 따르면, 어떤 식물에게 하루에 3시간씩 시끄럽고 파괴적인 음악을 들려주었을 때, 한 달 만에 옥수수의 줄기가 휘어지고, 석 달 만에 호박잎에 깊은 주름이 생겼다고 한다. 반대로 하루에 3시간씩 클래식과 아름다운 음

　　　　　　　　　　　　　마음속 요정과 도깨비

악을 들려주었을 때는 식물들이 건강한 모습으로 자라났다고 한다. 마치 우리가 어린 시절 물, 컵에 담긴 양파에게 긍정적인 말과 감사함을 표현하는 말들을 매일 해주었을 때 더 잘 자라나는 것을 관찰했듯이 말이다.

세상에서 가장 부지런해야 하는 직업을 꼽으라면 농부가 아닐까 싶다. 매일 매일 논과 밭에 나가서, 오늘 날씨를 살피고 겨우 하루 만에도 하루가 다르게 커가는 작물들을 살피고 혹시나 잡초와 해충에 피해를 입지는 않을까 한 올 한 올 살피는 것이 농부의 일과일 것이다. 또한, 자식을 바라보는 눈빛으로 매일 매일 작물들을 바라보며 작물들이 건강하게 자라기를 기원하고, 많은 비와 바람에 작물이 상하지 않고, 적절할 때 비를 내려주는 자연에 감사하며, 태풍과 수해가 몰아쳐도 굳건히 이겨내고 잘 자라주는 작물들에게 감사하는 마음으로 농부의 하루하루는 채워져 갈 것이다. 아주 작은 곤충의 움직임부터 대자연의 섭리까지 모든 것에 감사함으로 채워지는 농부의 마음 덕분에 농부가 키우는 작물들은 병충해와 수해들을 이겨내고 들녘에 황금빛 물결을 일렁거리며, 반짝이는 과실을 맺어낼 수 있게 된다.

세상을 살아가면서 농부가 작물을 일구어내듯, 우리도 우리가 살아가면서 만들어내는 많은 결과가 있을 것이다. 학창시절 친구들과의 관계 속에서는 우정이라는 이름으로 함께 만들어내는 아름다운 추억들이 있을 것이고, 사회에 나가 직업을 가지고 내 일을 해나감에서는 자아실현과 성공적인 업무 수행 능력을 습득하고자 노력할 것이며, 가족들과 행복이라는 이름의 아름다운 일상들을 일구어나갈 것이다. 살아가면서 나를 행복하게 만들어주는 추억과 이야기들은 결국 내가 만들어가는 것이기에, 나와 내 가족, 나의 친구들, 나의 동료들, 그리고 나와 함께 우리 사회를 구성하고 있는 우리 공동체의 구성원들에게 농부가 자연과 작물들에게 감사하는 마음을 가지듯이 나 역시도 감사하는 마음을 가진다면, 우리가 함께 만들어낼 이야기들은 더욱 쑥쑥 자라나서 행복한 추억을 만들어낼 것이다.

◦ 너와 나의 연결 고리

하루하루 바쁘게 살아가는 일상 속에서 잠시 멈춰 서서 주변을 둘러보자. 나는 어떤 이들과 함께 이 세상을 살아가고 있을까. 건강한 내 두 발로 서서 한걸음, 한 걸음 앞으로 나아갈 수 있음이, 혹시라도 내가 돌부리에 걸려 넘어져 잠시 한숨 고르고 있다면 언제든지 내게 손 내밀어 일으켜줄 수 있는 내 가족과 친구들이 나를 바라봐 주고 있음이, 함께 걸어가야 할 공공의 선을 향하여 늘 내가 길을 잃거나 지치지 않도록 서로를 의지하여 함께 걸어갈 수 있는 동료들과 선후배들이 있음이 우리에게는 느껴지는가?

캄캄한 암흑 속에서 내 옆에 그 어떤 불빛 하나 보이지 않고, 내 곁에

마음속 요정과 도깨비

누가 있는지 전혀 보이지 않는다면, 너무나 공포스러울 것이다. 하지만 여전히 암흑 속에 있더라도 내 바로 옆에 내가 의지할 수 있는 가족과 친구들, 그리고 동료들의 목소리가 들리고, 나와 그들이 손을 잡고 함께 앞으로 걸어갈 수 있다면, 비록 아무것도 보이지 않는 암흑 속에서도 서로의 손에 의지하여 앞으로 천천히 조심스럽게 걸어나갈 수 있을 것이다. 나 혼자 암흑 속에서 방향을 잃고 어디로 가야 할지, 내 앞에 무엇이 있을지 모른다는 공포를 내 옆에 함께 손잡고 걸어갈 이들이 있다는 사실이 희망으로 바꾸어 줄 것이다. 이 얼마나 감사한 일인가.

너와 내가 맞잡은 손 하나로, 서로에게 의지가 되고 응원이 되며, 든든한 방어막이 되어줄 수 있음에 우리는 감사함을 느끼며 살아가게 된다. 겨우 맞잡은 손 하나로도 감사할 일이 생기는데, 함께 살아가는 우리의 세상 속에서는 얼마나 더 감사할 일들이 많을까? 눈을 감고 귀를 닫으면 아무것도 보이지 않고, 아무것도 들리지 않는다. 나를 둘러싼 나의 환경들과 내가 하루를 보내며 마주치는 수많은 사람, 그리고 무사히 보낼 수 있던 나의 하루의 시간, 이 모든 것들을 보지 않고 들으려 하지 않는다면 그저 그런 지나가는 일상들 속의 한 장면들이 될 뿐이다. 두 눈을 크게 뜨고, 두 귀를 활짝 열고 나의 하루를 자세히 살펴보자. 인간은 혼자 살아갈 수 없듯이, 나 역시도 혼자 살아갈 수 없다. 나의 하루 속에는 수없이 많은 사람과 지나치며 그들 모두가 각자의 자리에서 최선을 다하며 살아가고 있기에 우리가 함께 살아가고 있는 이 세상은 톱니바퀴처럼 함께 맞물려 잘 돌아가고 있다. 그들의 노고와 나와 나를 둘러싼 많은 이들의 노력에 우리는 감사하는 마음을 가질 수 있다. 우리가 모두 각자 동떨어진 작은 파편들이 아니라, 서로서로 연결된 너와 나의 연결 고리들로 우리가 함께 세상을 살아갈 수 있음이 감사하지 아니한가.

◦ 감사합니다. 고맙습니다. 덕분입니다

가까운 사이일수록 더 하기 어려운 말들이 있다. 쑥스러워서, 어떻게 말을 해야 할지 몰라서, 늘 얼굴을 바라보면서도 그런 말을 해본 적이 없어서, 등등 많은 핑계를 대며 늘 나의 곁에 있어 준 가까운 사람들에게는 더 하지 않는 말들. '고맙습니다', '감사합니다', '덕분이에요', '사랑합니다'와 같은 말들이다. 어쩌다 밥 한 끼를 사주는 선배에게는 "너무 고맙습니다. 잘 먹었어요."와 같은 인사를 참 쉽게 할 수 있다. 그러나 매일 아침 나보다 훨씬 이른 시간에 일어나 힘겹게 눈을 뜨고 자식을 위해 따뜻한 아침상을 차려주시는 부모님께는 매일 아침 "감사합니다. 잘 먹었습니다."와 같은 살가운 인사를 하고 있는가? 바쁜 일과 속에서 가벼운 업무라도 덜어내서 나를 도와준 동료에게는 "고마워, 이 은혜 꼭 갚을게."와 같이 감사인사를 하면서, 항상 내가 지치고 힘들 때 내 곁을 지켜주고 응원해주는 내 가족과 친구들에게 "고맙습니다. 감사합니다."라는 말을 늘 건네고 있는가?

혹시라도 쑥스럽고 말을 안 해도 충분히 내 마음을 알고 있을 거로 생각하며 나에게 가장 가까운 이들에게는 오히려 그런 말들을 따뜻하게 건네고 있지 못하다면, 그 마음의 한구석에는 이들은 언제나 나의 곁에 있을 것이라는 자신이 있는 것은 아닌가 생각해보자. 매일같이 차려주시는 부모님의 따뜻한 아침 식사에 오늘 꼭 감사함을 표현하지 않더라도, 내일도 분명 표현할 기회가 있겠지, 내 곁의 친구와 가족들에게 지금 당장 감사함을 표현하지 못해도, 언젠가 분명 이야기할 기회가 있을 것이라는 생각이 있을지도 모른다. 그 생각은 아주 큰 착각이라고 말해주고 싶다. 앞에서 늘 이야기한 것과 같이 인간은 참 자연 앞에서, 그리고 세상의 소용돌이 앞에서 나약한 존재이다. 늘 나의 곁에 이어주는 나의 사람들이 어느 날 갑자기 사라져버린다면, 내가 건네지 못한 그들에 대한 감사함과 고마움은 결코 전달될 수 없는 마음이 되어버릴 것이다. 내가 아무리 그들에게 고마운 마음이 태산처럼 커다랗게 쌓여 있다고 한들, 전달되지 못한 마음은 그저 미련으로 남아버릴 뿐이다. 지금, 내 곁의 내 사람들의 눈을 바라보고, 직접 내 목소리로 전달할 수 있을 때, 몇 번을 이야기해도 지겹지 않을 그 말을 건네어보자. "고맙습니다. 감사합니다. 사랑합니다. 모두가 그대들 덕분입니다."

말은 습관이다. 예쁘고 아름답게, 긍정적이고 따뜻하게 이야기할 수 있는 것은 쉽게 이루어지는 것이 아니다. 내가 전하고자 하는 나의 마음을 상대방에게 어떻게 전달하고자 하는가? 스스로 고민하고, 내 안에서 충분히 정제하여 상대방에게 전달하는 말 습관은 꾸준히 노력하면 만들어낼 수 있는 습관이 된다. 왜 굳이 말을 긍정적이고 따뜻하게 전달해야 하는가? 내가 사랑하는 내 사람들에게 우리는 감사함을 느끼기 때문이다. 내 곁에서 나의 삶을 아름다운 추억으로 채워주고 있는 나의 사람들에게 전하고자 하는 나의 마음이 아름답지 않은 말들로 훼손되지 않도록, 긍정적이고 따뜻한 말들로 전달할 수 있도록 우리 모두 서로에게 마음을 전하는 말들이 아름다울 수 있도록 습관을 만들어보도록 하자.

마음속 요정과 도깨비

　당신의 가족, 친구, 동료들이 이야기하는 당신은 어떤 사람인가? 당신의 곁에 누군가 필요할 때, 오늘 하루 있었던 힘겨움들을 누군가에게 털어놓고 싶을 때, 당신의 곁에는 누가 있는가? 또는 누군가 힘겨움을 함께 이야기하면서 털어내고 싶을 때, 당신은 그 사람에게 필요한 존재인가?

　이 세 가지 질문에 답변하는 당신은 스스로 어떤 사람이 되고 싶은가? 내 사람들이 이야기하는 내 모습이 다정다감하고 따뜻하며, 언제나 의지가 되는 사람이기를 바라는가? 내 곁의 사람들이 누군가 필요할 때 나를 찾아와 나와 이야기 나누는 것으로도 하루의 힘겨움을 훌훌 털어 버릴 수 있기를 바라는가? 내가 너무나 힘겨울 때, 나를 위해 기꺼이 시간을 내어 나와 이야기를 나누어줄 사람들이 많기를 바라는가? 즉, 좋은 사람이 되고 싶은가.

　우리는 살아가면서 좋은 사람이 되고자 노력하면서 살아간다. 좋은 사람이 되고자 노력하는 모습이 곧 건강한 삶의 모습이라는 것도 잘 알고 있다. 또한, 노력 없이 그저 주어지는 것도 아니며, 한순간의 행동으로 만들어지는 결과도 아님을 잘 알고 있다. 그렇기에 우리는 좋은 사람, 좋은 어른, 좋은 동료가 되기 위해 나에게 좋은 습관들을 형성하고자 노력한다.

무엇인가를 위해 노력한다는 것, 그리고 그것이 나의 몸에 습관이 될 정도로 반복해서 노력한다는 것은 무척 어려운 일이며, 오랜 시간과 노력이 필요한 일이다. 하지만 그런데도 우리가 그 노력을 기꺼이 하는 이유는 아마도, 그 노력이 나에게 보약 같은 시간들로 언젠가 더 큰 결과들로 나타날 것이라는 믿음이 있기 때문일 것이다. 그렇기에 우리는 매년 새해가 되면, 금연, 금주, 운동과 같은 새해 목표를 세우며 우리 몸에 보약 같은 시간을 선물하고자 다짐하며 독약이 될 습관들은 떨쳐내려고 노력하는 것이 아닐까.

질문 세 가지

1. 내가 가장 고치고 싶은 나의 말 습관은 무엇인가?

2. 내가 나에게 칭찬해주고 싶은 좋은 습관은 어떤 것이 있을까?

3. 지난 일주일 동안, 감사했던 기억을 세 가지 이상 떠올릴 수 있는가?

마음속 요정과 도깨비

5

아이와 어른

아이이자 청춘이자 어른인 나이

타임머신을 통해 시간여행의 에피소드들을
다룬 SF 영화인 〈Back To The Future〉는 주인
공 마티가 이웃에 사는 괴짜 발명가 브라운 박사가
발명한 타임머신을 타고 과거와 미래로 가면서 겪는 다
양한 에피소드들을 그린 영화이다. 어린 시절에 본 이 영화는 자동차
를 통해 시간여행을 할 수 있다는 상상력과 과거로 돌아간 주인공이 과
거의 사건들을 변화시킬 때마다 현재에 영향을 미치고 현재를 바꿀 수
있다는 상상력이 재밌게 느껴지는 영화였다.

괴짜 발명가인 브라운 박사님과 좋아하는 것이 많은 청춘인 마티가
짝을 이루어 과거와 미래를 넘나들며 많은 에피소드를 만들어냈던 이
영화를 30대에 다시 찾아봤을 때, 이 영화 속에서 브라운 박사님이 해
주는 별것 아닌 듯 보이는 대사들이 왠지 생각할 거리를 던져주었다.

"마음만 먹으면 뭐든지 할 수 있어."

"어떤 미래를 정할지는 하느님이 하는 것이 아니라 너희들이 만드는
것이란다."

마음속 요정과 도깨비

과거의 시간과 미래의 시간, 그리고 현재를 넘나들면서 과거의 사건들이 현재를 변화시키고, 현재가 미래를 변화시킬 수 있다는 사실을 보면서, 브라운 박사님의 대사 속에서 결국 어떤 미래를 정할지는 현재의 내가 만들어가는 것이며, 지금의 나는 아직도 마음만 먹으면 뭐든지 할 기회가 충분한 나이라는 생각을 하게 되었다.

　많은 것을 알고 있는 듯하지만, 아직도 흔들리는 불완전한 나이이자, 누군가에게는 아직도 청춘, 누군가에게는 성숙한 어른으로 보일 수 있는 30대 후반, 나의 현재는 어떤 시간들을 거치면서 만들어졌고, 나의 현재는 어떤 나의 미래를 위한 시간들을 만들어가게 될까.

30대 후반, 어디에 와 있나?

○ 나는 어떤 어른이 되었나요?

어린 시절 본 감명 깊게 본 영화가 있다. 구스 산 반트 감독의 맷 데이먼과 로빈 윌리암스가 주연으로 나온 〈굿 윌 헌팅〉이라는 영화이다. 이 영화 속에서 맷 데이먼이 맡은 윌 헌팅이라는 인물은 천재적인 두뇌를 가지고 있지만 문제아이다. 이 문제아의 천재성을 발견하고 심리 치료를 통해 윌 헌팅의 상처받고 닫힌 마음을 열어가는 과정을 그린 이 영화가 기억에 유독 남는 것은 이 영화의 한국 포스터에 있던 "그의 생애 처음으로 인생의 등대를 만난다."라는 문구 때문이었다. 이 영화에서 윌 헌팅의 닫힌 마음을 열고 자신의 인생을 살아가도록 삶의 등대가 되어주는 인물은 물론 로빈 윌리암스가 맡은 역할만은 아니었다. 그의 재능을 처음 발견한 램보 교수, 그의 곁에서 그를 항상 응원하는 친구 처키, 그의 주변에 있던 그런 인물들 덕분에 윌 헌팅의 인생이 바뀌었다고 해도 과언이 아니다. 망망대해 속에서 한 줄기 빛으로 가야 할 길을 찾도록 도와주는 등대와 같은 어른, 내가 이 영화를 보면서 느낀 감동은 아마도 그런 어른들에 대한 감동이었던 것 같다.

마음속 요정과 도깨비

어린 시절 막연하게 멋있는 어른이라고 생각했던 여러 영화 속의 인물들을 떠올려 본다. 영화 〈죽은 시인의 사회〉의 존 키팅 선생님, 영화 〈도가니〉에서 공유 배우가 맡은 강인호 역할과 같이, 내가 생각한 좋은 어른, 멋있는 어른은 무엇인가를 변화시킬 수 있는 에너지가 있는 사람들이었다. 슈퍼맨이나 〈다크나이트〉의 배트맨처럼 세상을 구하는 히어로 같은 사람들이 아니더라도 현실 속에서 옳고 그름이 무엇인가를 알고, 옳지 않은 것을 외면하는 것이 아니라 변화시킬 수 있는 에너지를 가진 어른들, 그런 어른들이 좋은 어른이라는 생각을 했던 것 같다. 그 시절 재밌게 봤던 그 영화들 속의 내가 좋은 어른이라고 생각했던 인물들이 그때는 마치 한참 멀리 있는 일인 듯 느껴졌었지만, 지금 생각해보면 엄청 나이가 많다고 생각했던 그들이 불과 4~50대이다. 30대 후반을 지나고 있는 나는 이제 곧 그들의 그때의 나이가 될 것이다. 즉! 나는 내가 멋진 어른이라고 생각했던 그들처럼 어른이 되었다는 의미이다.

좋은 어른, 멋진 어른, 인생의 등대 같은 어른을 꿈꿔 왔던 나는 지금, 어떤 어른이 되어 왔을까? 나는 어른이 되긴 한 것일까? 10대 때의 우리 대부분은, 그리고 나는 학업이라는 목표를 가지고 어른들의 보호 속에서 학창시절을 보냈고, 스무 살이 되어 대학생이 되었을 때는 좋은 회사에 취업이라는 목표를 가지고 좋은 성적, 어학 점수, 봉사시간, 스펙 쌓기 등으로 이십 대의 초중반을 지나왔다. 취업한 이후에는 마치 정해진 퀘스트를 해결해 나가듯이 결혼과 출산, 육아 등등의 목표들을 이루어 나가며 시간을 보내왔다. 스무 살이 되어 어른이 되었다고 말하면서도 나는 어떤 어른이 되고자 하는지, 나는 진정 어른이 된 것인지 진지하게 생각해 본 적은 없었던 것 같다. 그렇게 나는 어떤 방향을 향해 가고 있는지 생각해보지 못한 채 시간이 흘러 왔던 것 같다.

30대 후반의 지금, 나의 나이는 나를 바라보는 부모님 세대의 어른들이 바라볼 때는 아직도 변화의 가능성이 무궁무진하다고 느낄 만큼 젊은 청춘의 나이이고, 아직은 어린 10대와 20대의 친구들이 바라볼 때는 자신들이 목표로 하는 현재의 목표를 다 이룬 듯이 보이는 한참 어른 같은 나이이다. 그럼 정작 나와 같은 30대를 거쳐 가고 있는 우리들의 현재는 어떤 시간으로 채워져 가고 있다고 느끼고 있을까?

나는 아직도 내가 어른이 되었다는 것을 실감하지 못하는 순간들이 있다. 누군가 나의 나이를 물었을 때, 문득 내 나이를 바로 대답하지 못하기도 한다. 내 아이의 나이는 정확하게 몇 살이요, 라고 대답을 하면서도 나의 나이의 축적에 대해서는 무감각해진 것처럼 느껴지기도 한다. 현실을 살아간다는 이유로 나의 현재를 실감하고 있지는 못한 것이 아닐까 싶은 순간들이다. 이런 맥락 속에서 결국 나는 나의 현재의 순간, 순간들의 무게를 온전히 느끼지 못하고, 나는 어떤 어른이 되어 왔는지, 나는 정말 어른이 되었는지 생각해볼 여유가 없었던 듯도 하다. 그렇기에, 40대를 앞둔 현재의 시점에서 나의 인생의 1/3 정도 달려온 과거를 돌아보고, 앞으로 내가 달려갈 방향을 확인하며, 나는 어떤 어른으로 살아갈 것인지를 생각해볼 수 있는 시간은, 목마른지도 모른 체 한참을 걸어온 나의 인생에 시원한 물 한 모금이 되어줄 기회일 것이다.

나는 괜찮은 어른이 되었나요?

길을 걷다 돌부리에 걸려 넘어진 어린아이를 보면 생각할 겨를 없이 바로 손을 내밀어, 일으켜주고 괜찮다고 토닥여줄 수 있고, 나의 위로가 아이에게 괜찮다는 믿음을 줄 수 있는 그런 듬직한 어른이 되고 싶었다. 영화 〈굿 윌 헌팅〉의 로빈 윌리암스의 명대사인 "그건 너의 잘못이 아니야."가 나오는 장면을 보며 가슴이 뭉클했듯이 누군가 나의 아이, 나의 후배, 내 가족들이 힘겨워할 때 따뜻한 한마디를 건네어 위로가 되어줄 수 있는 신뢰할 수 있는 어른이 되고 싶었다.

학창 시절에는 학생의 신분이기에 학교와 선생님, 그리고 부모님의 보호 속에서 옳고 그름에 관한 판단도, 무엇을 해야 할지, 어떻게 해야 할지에 대한 판단도 내가 스스로 정하는 부분보다는 어른들이 알려주는 옳은 답에 대한 신뢰를 가졌었다. 스무 살이 되어 어른이 되었다고는 하지만 아직은 무엇이 옳고 그른 것인지 스스로 판단할 수도 책임질 수도 없었기에 여전히 나는 나보다 연장자인 어른들의 의견과 생각들을 신뢰하고 따르기도 했다. 아직 스스로 무엇을 판단하기에는 경험도, 지식도 부족했던 것이라는 핑계를 대지만 자신이 없었던 것이기도 하다. 무엇이 옳은가, 어떤 방식을 선택하는 것이 맞는가, 어떤 모습이 좋은 어른의 모습인가, 나는 앞으로 어떤 어른이 되어 갈 것인가, 진지하게 나에 대해 생각해볼 시간도, 여유도 가장 충분했던 스무 살 초반에는 그 누구도 좋은 어른이 되기 위해 어떤 고민들을 해야 하는지는 가르쳐주지 않았던 것 같다. 오히려 나를 보호해주던 모든 소속에서 졸업하고, 직장에 취업하여 정말 내가 선택하는 모든 것들에 대해 책임을 져야 하는 순간이 되어서야 어른이 되었음을 실감했고, 어른이 되었기 때문에 이전과는 다른 선택의 기준이 필요하다는 것들을 알게 되었다.

바쁘게 살아가는 일상 속에서 수없이 부딪치게 되는 선택의 순간들을 마주한다. 아주 작은 선택부터 많은 것들을 변화시킬 수 있는 선택까지, 학창시절 지식으로 배운 윤리와 도덕의 기준만으로는 선택할 수 없는 가치 판단의 순간들까지도 수없이 마주하게 된다. 그럴 때마다 나는 무엇을 위해 이 선택을 해야만 하는가, 나는 어떤 가치관을 가지고 매 순간의 선택들을 하고 있는가, 나는 누군가에게 나의 선택들에 대해 떳떳하게 이유를 말할 수 있는가, 모든 선택의 순간들에 마주하게 되는 고민들이다. 물론 모든 사람이 이런 고민을 하고, 자신의 가치관에 대해 고민을 해야 한다고 강조하는 것은 아니다. 누군가는 관습적으로 행해온 대로 선택을 하기도 하고, 누군가는 다수가 옳다고 생각하는 것이 옳은 것으로 판단하고 선택을 하기도 한다. 또는 다수가 불편함을 느끼지 않는 방향으로 선택하기도 하고 손해보다 이득이 큰 선택을 하기도 한다. 우리는 누구나 선택하면서 자신들만의 기준과 가치관을 따르고 있기 마련이다. 하지만 자신만의 기준과 가치관을 형성하기 위해 어떤 고민의 결과로 이런 가치관이 만들어졌는지 충분히 생각해보는 것, 자신에 대하여 자신이 어떤 가치관을 가진 어른인지 충분히 고민해보는 것이 좋은 어른이 되기 위한 준비 과정이라고 생각한다.

시간은 흘러서 넘칠 정도로 많았지만, 마음은 늘 무엇인가에 쫓기듯이 불안감에 흔들거렸던 이십 대, 누군가 그런 고민을 해야 한다고 가르쳐 주지 않았음을 핑계 댈 수 있던 그 시간을 지나 이제는 스스로가 그런 고민을 해야 한다고 깨달을 수 있는 30대 중후반의 지금을 그냥 또 흘러가듯이 흘려보내 버린다면 나는 내가 어린 시절 꿈꾸던 그런 좋은 어른이 될 기회를 손에서 놓아버린 체 그저 그런 어른으로 나이 들어갈 것이다.

나는 어떤 어른이 되었나? 나는 괜찮은 어른이 되어 왔는가? 인생의 1/3 정도를 달려온 지금, 앞으로 내가 좋은 어른이 되어 어떤 길을 걸어가고자 하는가를 제대로 알기 위해서는 이 질문들을 통해 내가 달려온 지난 시간들을 되돌아볼 필요가 있다. 현재의 나를 설명해주는 것은 내가 지나온 나의 과거와 나의 지난 시간들이다. 이 시간들 속에서 매 순간 내가 택한 나의 선택들과 선택의 기준과 가치관들은 내가 어떤 어른이었는지를 명확하게 설명해준다. 영화 〈굿 윌 헌팅〉 속 명대사를 인용하면,

> 네가 얼마나 힘들게 살았고, 네가 무엇을 느끼고, 어떤 애인지 올리버 트위스트만 읽어보면 다 알 수 있을까? 그게 널 다 설명할 수 있어? 우선 너 스스로에 대해 말해야 돼. 자신이 누군지 말이야.

이 대사 속에서 로빈 윌리암스는 맷 데이먼에게 자신이 누군지, 나 스스로에 대해 말해야 한다고 가르쳐 준다. 나의 지난 시간들 속에서 나는 어떤 선택을 해왔고, 그것이 어떤 가치관 속에서 선택한 결과들인지 나 스스로에 대해 나를 돌아보고 평가해보는 시간이 필요하다. 그 선택들은 때론 부끄러운 선택이었을 수도, 떳떳하고 정당한 선택이었을 수도, 누군가를 위해 한 선택들이었을 수도 있다. 선택의 기준이 무엇이었든, 나의 선택들에 대한 평가와 돌아보기를 통해 무엇이 옳은지 그른지 스스로 생각할 수 있는 것, 그리고 그런 과정을 스스로 선택하고 잘못된 선택에 대해서는 반성을, 옳은 선택에 대해서는 차곡차곡 내 안에 쌓여 좋은 밑거름이 되어주도록 하는 시간을 가짐으로써 나는 오늘도 좋은 어른이 되기 위한 한 걸음을 내디디고 있다.

나는 나의 아이에게 어떤 어른의 모습으로 남겨질 것인가?

우리는 나이가 먹어감에 따라 많은 관계 속에 포함되어 세상을 살아가게 된다. 부모님의 딸과 아들로 태어나 누군가의 자녀로, 누군가의 형, 누나, 언니, 동생으로 살아가며 나이가 들어가면서 더 많은 사람과 만나고 더 넓은 세상을 경험하면서 누군가의 선배, 후배, 직장 동료, 친구 등등 다양한 호칭으로 불리며 사회적 위치를 형성하게 된다. 더 많은 이름으로 불리고, 나의 사회적 위치가 복잡하게 얽힐수록 나는 살아가면서 더욱 다양한 선택의 갈림길에 서게 되고, 내가 고려해야 할 기준과 변수는 더욱 많아지고 복잡해진다.

청각장애인 학교에서 실제 일어났던 사건을 담은 영화 〈도가니〉에서, 이 학교에 새로 부임한 교사인 어른 강인호는 절대 일어나지 않아야 할 사건들을 목격하고 피해자인 아이들을 보호하고, 가해자인 그릇된 어른들을 처벌하고자 노력한다. 이런 부류의 영화들을 보며 우리는 누구

나 강인호의 행동이 당연하고, 잘못된 현실을 바로잡는 것이 정의하고 이야기할 수 있을 것이다. 이 영화를 보던 당시의 나도 그 아이들의 아픔과 현실에 공감하면서 잘못된 어른들의 행동에만 분노하고 현실에 분노했던 기억이 있다. 하지만 지금 생각해보면, 한 아이의 아버지인 강인호의 행동은 우리가 생각하는 것 이상으로 어려운 선택이고 용기 있는 행동이었음을 느끼게 된다.

우리는 모두 세상을 살아가면서 수없이 많은 부조리한 상황들 속에서 선택해야만 하는 상황에 놓이기도 한다. 머리로는 옳은 선택이 어떤 것인지, 어떤 것이 비겁한 선택인지 모르는 것이 아니다. 알고 있음에도 언제나 옳은 선택만을 할 수 없는 것은 내가 혼자 살아가는 세상이 아니기 때문이다. 나는 누군가의 자식이자, 누군가의 친구이고, 동료이며, 배우자이고 내 자녀의 엄마이기도 하다. 나를 둘러싼 관계들 속에서 언제나 옳은 선택만을 할 수가 없는 것은 나의 선택으로 인한 결과들에 대해 나를 포함하는 내 사람들에게 나를 어떻게 설명해야 하는지도 생각해야 하기 때문이다. 나의 행동은 정당한 선택이었는지, 나의 선택은 내가 옳다고 생각하는 가치관에 적합한 행동이었는지, 나의 부모님의 자식으로서, 나의 아이의 엄마로서, 내 후배들에게 선배로서, 동료로서, 친구로서 나의 행동은 부끄럽지 않은 선택이었는지 생각해야 한다.

어려운 결정의 순간에 마주했을 때, 어떤 것이 옳은 선택인지 분명히 알지만, 차마 그 선택을 행동으로 옮길 자신이 없을 때, 우리는 어떤 선

마음속 요정과 도깨비

택을 하게 되는가? 혹시 외면하지는 않을까? 또는 나 자신을 스스로 설득하면서 적당한 타협을 고민하게 되지는 않을까? 나 또한 언제나 옳은 선택을 하는 어른은 아니다. 하지만, 아직은 어리다는 핑계를 댈 정도로 어린 20대가 아니고, 더는 변화를 추구할 만큼의 에너지가 없다는 말로 핑계를 댈 정도로 나이가 많지도 않은 30대의 나는 나의 선택이 옳지 않을 수 있더라도, 최소한 부끄럽지 않은 선택을 하고자 노력한다.

지나가는 시간에 몸을 맡긴 체 그저 흘러와 어른이 되어버린 듯 아직은 온전한 어른으로서 나를 인식하지 못할 때, 우리는 흔히 '어른이'라고 이야기하곤 한다. 아직은 아이처럼 온전히 책임지는 것이 두렵지만, 어느새 어른의 나이가 되어버린 '어른이'들은 스스로에 대해 마주하는 시간을 아직 가져보지 못했기 때문에 조금 더딘 것인지도 모른다. 무엇이 옳고 그른 것인지, 어떤 것이 정당한 절차인지, 무엇을 향해 걸어가야 하는지 아직 생각해본 적이 없더라도, 우리는 시간이 흘러감에 따라 부끄러움이라는 감정을 느낄 수 있게 된다. 나의 아이에게, 나의 동료들과 친구들 선, 후배들에게, 그리고 나의 가족들에게 나의 선택에 대해 떳떳하게 설명할 수 없다면, 우리는 부끄러움을 느끼고 있다는 것이다. 이 부끄러움을 아는 것, 그것이 우리가 어른이 되어 가고 있음이기도 하다. 나의 아이에게 엄마가 선택한 행동이 부끄럽지 않고자 노력하는 삶, 내 아이가 겪어야 할 미래의 시간들을 위해 현재의 내가 조금 더 변화하고자 노력하고, 사회의 부조리들을 조금이라도 더 고치고자 하는 우리의 현재는 우리가 좋은 어른으로서 성장하고 있음을 말해준다.

백 투 더 퓨처

∘ 당신의 지난 시간은 어떤 빛깔인가요?

만화나 영화 속 장면 중, 생의 마지막 순간을 앞둔 주인공이 자신이 살아온 지난 시간들을 파노라마처럼 회상하는 장면들을 가끔 보게 된다. 회색빛이거나 세피아 빛으로 회상되는 그 장면들 속에는 과연 어떤 내용이 담겨 있을까? 우리는 지나간 기억 중 좋은 기억들을 추억이라고 부르고, 나쁜 기억들은 악몽처럼 기억한다. 지나간 추억들의 색은 그 기억들 속에 담긴 우리의 그때 당시의 감정이 더해져서 아름다운 수채화 같은 색으로 기억되기도 하고, 어두운색으로 기억되기도 한다. 친구들과 뛰어놀며 문방구 앞에서 사 먹던 불량식품 하나에도 하루가 너무나 행복할 수 있었던 지난 어린 시절을 떠올리면, 솜사탕처럼 달콤한 색으로 그 시절의 풍경들이 물들어 추억할 수 있게 된다. 비 오는 여름날 친구와 한 우산을 나누어 쓰고 우리만의 비밀 이야기를 누가 들을세라 속닥거리며 나누던 이야기들이 무슨 내용인지는 기억나지 않지만, 그날의 기억들은 시원하게 내리던 비 냄새와 같이 하늘색으로 물들어 추억이 되곤 한다.

마음속 요정과 도깨비

나이가 한 살, 두 살 먹어갈수록 함께 하는 사람들이 늘어날수록, 나에게 소중한 관계들이 늘어갈수록 추억은 늘어가고, 지나간 시간들은 소중한 기억으로 나에게 차곡차곡 쌓여서 나를 만들어간다. 학창 시절 어른들께서 지금이 좋은 시간이라며 많은 것들을 경험해보고 기억할 수 있는 추억들을 많이 만들어야 한다고 조언해주실 때는 공감하기 어려웠다. 그때의 우리에게는 지금의 시간이 영원할 것 같았고, 지금 내 곁에 있는 가족과 친구들이 영원히 함께할 수 있다고 생각했기 때문이다. 지금 내 곁에 있는 사람들의 소중함을 몰랐기 때문이 아니라, 지금의 이 시간들이 영원할 줄 알았기에, 지금 나에게 더 중요한 일들을 먼저 선택하더라도 언제든 다시 그 자리에 가면 기다리고 있을 것이라는 어린 생각을 했던 것도 같다. 아직은 어렸기에 언젠가 지금을 기억할 때 어떤 추억들이 소중하게 기억될지 알지 못했기 때문이다. 이미 그 시간을 먼저 겪고 지나온 어른들이 자신의 지난 시간들 속의 자신에게 해주는 것처럼 우리에게 해주셨던 말씀처럼, 만약 그 시간들이 얼마나 소중한 기억으로 추억이 되어 나에게 남겨질지 알았더라면, 우리는 그때의 그 시간들을 어떻게 만들어갔을까?

인간은 알면서도 가끔은 실수를 하고, 나중에 후회할 것을 알면서도 미련한 선택을 하기도 한다. 그렇기에 언제나 우리는 지나간 시간들을 회상할 때 언제나 행복한 기억만 남아있는 것이 아니라, 웃고, 울고, 행복하고, 즐겁고, 때론 너무나 부끄럽기도 한 많은 기억을 만들며 살아간다. 지금은 분명 맞다고, 이렇게 해야 나중에 후회하지 않을 것이라고 확신하는 선택들도 나중에 그 선택을 되돌아봤을 때, 그 선택이 그때도 옳은 선택이라고 장담할 수 없는 것은 시간이 흐를수록 나에게 쌓여온 기억들로 우리는 성장하고, 어른이 되어가기 때문이다. 스무 살의 시간 속에서 옳다고 생각하는 기준과 삼십 대, 사십 대를 지나가면서 더욱더 성숙한 어른이 되었을 때 옳은 기준은 변할 수 있다. 그렇기에, 지나간 기억들이 아름다운 추억이기를 기대하면서 만든 시간들도 결국은 시간이 흐른 후 되돌아보면, 어떤 기억으로 남겨질지는 아무도 모르는 것이다. 다만, 그런데도 그렇게 하나, 하나 쌓아온 나의 시간들 속에 기억들이 나를 만들고, 그 기억들에서 보고 배운 나의 기준과 가치관들이 결국 나를 만들 것이기에, 지나온 시간들의 빛깔은 지금 나라는 사람을 보여주는 색깔이 되어갈 것이다.

하얀 도화지에 여러 색깔의 기억들을 담아서 그려낸 나의 시간들 속에는 예쁜 색의 아름다운 기억들도, 따뜻한 색의 기억들도, 때론 차가운 색의 힘든 기억들도 그려질 것이다. 내가 그려온 나의 지난 시간들이 모여 하나의 그림으로 지금의 나를 보여주듯이, 지난 기억들 속에서 형성된 나의 인성과 삶의 기준, 가치관은 결국 지금의 내가 어떤 어른인지를 보여주는 결과물이 된다. 우리는 어떤 시간들을 지나왔을까? 우리의 지난 시간들은 어떤 색으로 채워져 왔을까? 자신의 지난 시간들을 생각해보는 시간은 내가 지금 어떤 어른인지, 현재를 살펴보기 위해 꼭 필요한 시간들이다.

。인생의 지우개를 준다면, 무엇을 지우고 싶은가요?

사람들은 누구나 한 번쯤 과거로 돌아간다면? 이라는 생각을 해보게 된다. 아직도 개발되지는 않았지만, 누구나 어린 시절 과학자가 되어 타임머신을 만들어보고 싶다는 생각을 해봤을 만큼, 사람들은 누구나 시간을 거슬러 과거로 돌아가 바꾸고 싶은 기억이 하나쯤은 있기 마련이다. 또는 과거로 돌아가 꼭 전하고픈 한 마디쯤은 누구나 있을지도 모른다.

만약 나에게 과거로 돌아가서 나의 과거에서 지우고 싶은 부분을 지우고 내 추억 속의 한 장면을 수정할 수 있는 지우개를 준다면, 나는 아버지가 돌아가시기 두 달 전으로 돌아가고 싶다. 누구나가 그렇겠지만, 나의 곁에 소중한 사람이 갑자기 떠날지도 모른다는 사실을 알지만, 정작 누군가와의 이별을 미리 준비하고 맞이하는 경우는 거의 없다. 특히 가까운 관계일수록 더욱 이별을 준비하기는 어렵고, 소중한 가족일수록 언제나 그렇게 나의 곁에서 함께 할 것이라고 생각하고 싶어진다.

그렇기에 소중한 이들과의 이별은 언제나 갑작스럽고, 준비되지 못한 이별은 늘 아쉬움과 미련이 가득한 기억으로 남기 마련이다. 아버지의 갑작스러운 이별에 집에서 급하게 준비한 임종 사진이 아니라, 나의 아버지께서 당신의 마지막을 함께 하기 위해 멋진 옷도 한 벌 맞추어 드리고, 곱게 이발도 해드린 후 함께 사진관에 손잡고 모시고 가서 아버지의 마지막 모습을 사진으로 남겨드리고 싶다. 그리고 병원에서 맞이하는 마지막이 아니라, 아버지 당신께서 직접 선택하신 곳에서 마지막 시간을 가족들과 함께할 수 있도록 집으로 모셔 와서 가족들 한 명, 한 명과 눈을 맞추고 서로에게 해주고 싶은 말들을 나누고 가슴에 새기며 아버지를 떠나 보내드릴 수 있었으면 하는 마음이 있다. 지나간 일들에 많은 미련을 가지는 사람은 아니지만, 아버지와의 마지막 인사는 늘 나의 가슴 속에 아쉬움이자, 아버지에 대한 죄송함으로 남아있는 부분이다.

인생의 지나온 시간들 속에서 우리가 지우고자 하는 부분, 고치고 싶은 부분들은 아마도 아쉬움과 미련을 남겼던 기억들일 것이다. 인생을 살아오면서 쌓여온 아주 작은 것부터 큰 기억들까지 수없이 많은 기억들이 있고, 그 모든 기억들은 아쉽기도 하고 행복하기도 하고 우리를 울고, 웃게 만드는 여러 가지 감정의 기억들이다. 많은 기억 중 유독 아쉬움을 남기는 기억들, 꼭 과거로 돌아가서 고치고 싶은 기억들은 아마도 가까운 사람들과의 기억일수록, 나에게 소중한 사람들과의 기억일수록 그런 아쉬움을 남기게 된다. 시간이 흐를수록, 나이를 먹어갈수록 누군가와의 새로운 만남과 새로운 관계는 점차 줄어들고, 어느 순간부터 누군가를 떠나보내고, 누군가와의 이별이 하나둘씩 늘어나기 시작할 때, 우리는 어른이 되어간다. 미처 알지 못했던 이별이 시간이 흘러도 아쉬움으로 남을 것이라는 사실을 우리는 어른이 되어가면서 배우게 된다. 그렇기에 어른이 되면서 배운 과거의 기억들로부터 배운 경험으로 우리는 현재의 시간이 얼마나 소중한지 알아가게 되는 것 같다.

마음속 요정과 도깨비

◦ 인생의 한 부분을 그려 넣을 수 있다면, 무엇을 그리고 싶은가요?

　과거의 시간들에서 지우고 싶은 기억들은, 또는 고치고 싶은 시간들은 대부분 아쉬움과 미안함, 그리고 부끄러움으로 남는 기억들이 대부분일 것이다. 반대로, 시간을 거슬러 과거로 돌아가 내 인생의 그 시간 속에 꼭 그려 넣고 싶은 그림들이 있을까? 만약, 타임머신을 타고 돌아가 그때 그 시간 속에서 꼭 했더라면, 하는 일들은 무엇이 있을까?

　이런 상상들을 할 때, 지금 내가 몇 살인지에 따라 사람들은 여러 가지 다른 대답들을 하게 될 것이다. 7~80대 어르신들께 이런 질문을 한다면, 아마도 예상컨대 건강에 대한 아쉬움을 말씀하실 것 같다. 늘 영원할 것 같던 청춘과 건강이 이미 영원하지 않음을 아는 어르신들께서는 아직 나의 몸과 정신이 건강할 때, 이 건강함이 오래 유지될 수 있도록 너무 일에만 몰두하지 말고, 몸과 정신의 건강도 챙겨가면서 살았으면, 하는 아쉬움을 말씀하신다. 5~60대 부모님 세대의 어른들에게 이런 질문을 한다면, 부모님 대다수는 아마도, 금방 내 품을 떠날 어린 자식들과의 시간이 영원하지 않음을 아시기에, 자녀들과 조금 더 자주, 더 즐겁게 행복한 기억들을 많이 만들었으면, 하는 아쉬움을 말씀하실 것이다. 3~40대는 어떤 대답들을 하게 될까? 30대 후반을 지나고 있는 나에게는 현재의 바쁜 일상들에 지쳐 잠시 쉼을 가질 때, 추억할 많은 기억과 함께 추억하며 술 한 잔 함께 나눌 수 있는 옛 친구들을 더 많이, 더 가까이 만들어 둘 것을, 하는 아쉬움이 있다. 대학생활을 보내며 그때는 매일같이 같은 주제로도 몇 날 며칠을 이야기할 수 있던 친구들이 있었고, 하루가 멀다 하고 함께 모여서 머리를 맞대고 서로의 미래에 대해 많은 이야기를 나누며 꿈을 꾸던 시간들이 있었다. 나이가 먹어가면서 각자의 일상이 생겨나고, 일과 가정을 우선시하면서 예전처럼 모여 앉아 술 한 잔 기울이는 것도 어려워진 시간들 속에서 지난 시간을 함께 추억하며 회상할 수 있는 나의 시간을 함께 기억하는 내 사람들이 하나둘씩 멀어져가는 것을 그저 지켜본 것, 그것이 가장 큰 아쉬움으로 남는다. 그때로 돌아가 조금 더 자주, 조금 더 살갑게 서로에게 안부를 묻고 서로에게 관심을 가지고, 함께 나눌 추억들을 조금 더 오래, 많이 쌓는다면, 지금 내 곁에는 지금보다 더 많은 사람과 회상할 추억들이 쌓여 있을 것이다.

결국, 사람들은 시간이 지나고 나서 보니, 지금의 나에게 무엇이 소중한가를 깨달아야 아쉬움도 남는 것 같다. 젊은 시절 더 건강한 습관을 지녔더라면 현재의 시간이 더 오래 건강했을 것을 알게 된 어르신들은 지난 시간에서 건강함을 원하게 되고, 자녀들이 너무나 금방 자신들의 품을 떠나 성인이 되어 자신들의 삶을 개척해나갈 것임을 알게 된 부모님 세대는 자식들과의 시간이 너무나 소중했음을 알게 되고, 우리는 모두 결국 지금의 내가 되어 그때의 소중함을 깨달아야만 그 가치를 더욱 크게 깨닫게 되는 것 같다.

많은 사람에게 이런 질문을 했을 때, 가장 많이 나오는 대답은 어떤

마음속 요정과 도깨비

것들이 있을까? 나는 아마도 가족에 관한 이야기가 많을 것이라고 생각한다. 누구나 그러하듯 가장 가깝고, 가장 우리에게 영원히 그 자리에 언제나 있어 줄 것 같은 믿음을 주는 존재, 나의 어떤 모습도 모두 품어줄 것 같은 내 가족의 소중함을 곁에 있을 때는 잘 알지 못한다. 늘 그 자리에 있을 것처럼, 우리는 언제든 나의 소중한 가족이 떠날 수도 있음을 알지 못하기 때문이다.

인간의 시간은 유한하다. 모두에게 공평하게 유한한 시간이 주어졌고, 누구에게도 무한한 시간이 주어지지는 않는다. 그렇기에 우리는 살아가면서 언젠가는 누군가를 잃고, 슬퍼하고 아파하는 시간을 겪을 수밖에 없다. 이미 잃고 난 후에는 절대 시간을 되돌릴 수 없음을 우리는 잘 알고 있다. 알고 있으면서도 언제나 인간은 후회할 기억들을 만들어내듯이, 우리는 가장 가깝고 소중한 내 가족에게 남들보다 더 자주 상처를 주거나 후회할 행동들을 하기도 한다.

그럴 때 한 번쯤, 먼 훗날 내가 시간을 되돌려 지금의 이 순간을 지우고 싶은 순간으로 기억하게 되지는 않을지, 지금 내 시간들을 다른 색으로 고치고 싶어질 만큼 부끄러운 기억으로 남게 되지는 않을지 생각해보는 기회를 가져보자. 지나가 버린 30년 전의 기억은 현재는 절대 지울 수도, 고칠 수도 없지만, 지금 내가 놓친 것은, 지금 내가 행동한 후회 할지도 모를 기억은, 바로 지금 되돌릴 수 있다.

우리는 현재를 살아가는 존재

◦ 과거는 바꿀 수 없지만, 현재는 미래를 바꿀 수 있는 당신의 시간이다

현대의 기술로도 아직 타임머신을 개발하지 못했듯이, 이미 지나간 과거의 시간은 후회와 미련이 남아도 결코 바꿀 수 없는 과거의 일이다. 과거의 시간을 아무리 되돌아본다고 해도, 바뀌지 않을 과거의 일들은 현재의 나에게는 반성과 깨달음, 그리고 행복한 추억이 다시 현재에 힘을 낼 수 있는 원동력이 되어줄 뿐이다. 그런데도 과거의 시간들을 되돌아봐야 하는 이유는 앞서 말한 바와 같이 행복한 추억들로 앞으로 살아나가면서 채워가야 할 기억들을 더욱 따뜻하고 행복한 기억들로 채우고 싶어지도록 이끌어줄 것이며, 과거의 일들에 대한 아쉬움과 미련, 그리고 후회를 통해 앞으로 살아나가면서 내가 어떤 인간이 되어야 하는가에 대한 마음가짐을 다독일 기회가 되어주기 때문이다.

그렇기에 '현재의 나'는 '과거의 나'가 지금까지 살아온 결과이며, 그 시간들 속에서 만들어진 나만의 가치관과 기준, 그리고 과거의 내가 결정한 삶의 방향에 따라 걷고 있는 길 위에 현재의 나는 서 있는 것이

마음속 요정과 도깨비

다. 내가 현재 걷고 있는 길은, 복잡한 미로 같았던, 과거의 내가 걸었던 길들 중에서 막히면 돌아가고, 넘어지면 잠시 쉬면서 멀리 내다보기도 하며, 나다운 길이라 여긴 방향을 따라 걸어가는 중이다. 걸어가 보지 않았다면 그 길 끝에 무엇이 있을지, 이 길 역시도 옳은 길이라 여길 수 있을지 확신하지 못한 체 여전히 방황할지도 모르는 대지 위에서, 과거의 내가 겪어본 경험과 느껴본 감정과 생각의 결과로 지금 걷고 있는 이 길이 옳은 길이라 믿으며 걷고 있는 것이리라.

과거의 내가 경험한 세계는 현재의 나에게 가보지 못한 길에 대한 미련을 줄여주고, 과거의 내가 부딪쳐서 깨지고 아파하며 경험한 삶의 가치들은 현재의 내가 더는 아파하지 않으며 더욱 쉽게 선택할 수 있는 데이터가 되어주듯이, 미래의 나를 위한 경험과 감정들은 현재의 내가 만들어줄 수밖에 없을 것이다. 현재의 나는 타임머신이 개발되지 않는 한 과거의 나를 바꿀 수 없지만, 타임머신의 기술 없이도 미래의 나의 모습은 바꿀 수 있다. 현재의 나의 나이가 이십 대라면, 나는 이미 삶의 기반을 공고히 한 4~50대보다, 이미 변화의 가치가 무색해지는 6~70대의 어르신들보다 훨씬 더 많은 것을 바꿀 수 있고, 명확히 할 수 있을 것이다. 혹시, 지금 이 글을 읽고 있는 독자의 나이가 나와 같은 30대의 후반을 지나고 있다면, 이미 나는 직장을 구했고, 직업을 가지고 있으며, 누군가는 가정을 이미 꾸리고, 무엇인가를 바꾸기에는 늦었다고 생각하고 있다면, 반대로 질문을 하고 싶다. 바꿀 수 없다고 해서 지금 현재에 그대로 안주할 것인가? 어떤 결과가 나올지는 모르지만, '바꿀 수 있다'와, '바뀔 수 없다' 중에서 바꿀 수 있는 확률이 더 적다고 해서 현재를 그저 흘러가는 데로 방관할 것인가?

물론, 20대의 변화 가능성이 충분한 청춘들에 비해 우리는 이미 변화의 한 가운데를 지나쳐왔고, 미래를 변화시키기 위해서는 현재까지 굳어져 온 현재의 나를 변화시키기 위한 에너지가 더 많이 필요할 것이다. 하지만, 과거의 시간들 속에서 '왜 나는 미래를 위해 더 노력하지 않았는가.'라는 아쉬움을 가지고 있다면, 미래의 시간에 우리는 현재를 회상하며, '왜 그때라도 더 노력하지 않았을까.'라는 후회를 하지 않을 수 있을까?

30대 후반, 누군가에게는 어른이자, 누군가에게는 아직도 무엇인가를 변화시킬 수 있는 에너지가 있는 청춘이며, 누군가에게는 아름다운 나이로 보일 수 있는 나이이다. 지나온 시간들 속에서 모든 것을 경험해보지는 못했지만, 적지 않은 경험들을 하며 후회와 미련이라는 것을 경험해봤고, 그런 아쉬움을 원동력 삼아 다른 모습의 나를 찾을만한 에너지는 충만하며, 무작정 덤비지 아니하고 세상의 이치와 사람들 간의 관계를 조율할 수 있을 만한 삶의 이치도 점차 배워가고 있는 나이라고 생각한다. 그렇기에 무작정 변화에만 몰두하는 것이 아니라, 내 안의 무엇을 지켜야 하는가, 내 안에서 무엇은 변화시켜야 하는가를 판단할 수 있을 만큼의 지혜는 가진 나이며, 그런데도 아직도 배워야 할 것이 무궁무진한 그야말로 우리는 완전하지는 않은 존재라고 할 수 있다. 내 안에서 절대 변하지 않아야 할 가치와 나를 위해 변화시키고자 하는 모

마음속 요정과 도깨비

습을 판단할 수 있는 지금, 어린 시절 영화 속에서 보던 멋진 어른으로 철들어가기 위한 한 걸음이 필요할지도 모른다. 과거는 바꿀 수 없지만, 미래의 나를 멋진 어른으로 만드는 것은 결국, 현재의 나에게 주어진 과제이다.

◦ 때문입니다. 덕분입니다

시간이 쌓여갈수록, 나이가 먹어갈수록, 나를 둘러싼 인간관계는 더 넓어지고 복잡해지기 마련이다. 인간관계가 더는 단순하지 않고, 복잡해진다는 것은 나의 행동과 말에 의한 결과가 여러 가지 변수에 의해 의미가 변하거나 예측하지 못한 결과들로 이어질 수 있다는 것을 의미한다. 나의 말과 행동이 내가 의도한 것이 아닌 다른 결과들로 이어질 때 우리는 왜 이렇게 다른 결과로 나타나는지에 대해 나의 말과 행동을 돌이켜 생각해보기보다는 나와 관계된 다른 사람들의 탓을 하거나 그들의 때문이라고 생각하고 위안을 삼기도 한다. 혹시 지나온 시간들 속에서 나의 말과 행동을 누군가 오해하고 잘못 전달하여 억울하다고 생각한 적이 있는가? 내가 한 말이나 행동을 되돌아보기 이전에 남의 탓을 하며 내가 잘못한 것이 아니라는 위안으로 삼는 행위를 한 적은 없는가? 나는 그런 적이 없다고 자신 있게 말할 수는 없을 것 같다. 우리는 누구나 무엇인가 예측하지 못한 상황들로 흘러갈 때 남 탓을 하는 쉬운 방법으로 문제를 해결하기도 한다. 이러한 '~ 때문에'로 문제를 회피하여 당장 곤란한 순간은 모면했다 해도, 시간이 많이 흐른 후 이 상황을 다시 돌이켜 생각해 봤을 때, 우리는 어떤 생각을 하게 될까? 혹시, 부끄러운 감정을 느끼게 되지는 않을까?

돌이켜 생각해보면 아직은 어렸다고, 어렸기 때문에 많은 실수와 상처들이 많았다고 생각할 수 있던 시절, 그런 부끄러운 기억은 누구나 가지고 있을 것이다. 어른스럽게 내 잘못이나 나의 행동을 직시하지 않고, 다른 사람 때문으로 돌려 내 마음의 불편함을 덜어냈던 경험, 이런 경험을 부끄러운 기억으로 회상할 수 있는 현재의 우리는, 더는 어리지 않고, 어려서 그렇다는 말로 용서받을 수 있는 나이도 아니다. 그리고 그런 행동을 부끄러움으로 기억할 것이라는 사실을 이미 알고 있는 나이가 되었다. 어렸기 때문에, 언젠가 이 행동들을 부끄럽게 기억할 것

마음속 요정과 도깨비

이라는 사실을 몰랐기 때문에 저질렀던, 어린 날들의 그 시간들 덕분에 우리는 현재를 살아가는 어른으로서, 더는 부끄러운 행동을 하지 않을 기회를 얻게 된다. 누군가를 탓하지 않고, 누군가에게 나의 잘못을 떠넘기지 않고, 스스로 나의 행동과 말을 되돌아볼 수 있는 능력과 기회를 가진 현재의 우리는, 이 기회를 또다시 외면하지 않아야 할 것이다.

　가족들과의 관계, 직장에서의 얽히고설킨 관계들, 그리고 세상을 살아가면서 만나게 되는 수많은 사람과의 관계 속에서 우리는 더 수없이 많은 사람을 만나게 된다. 아직 나보다 어리다고 해서, 내가 어린 시절 저질렀던 실수를 그들이 꼭 저지를 것이라고 할 수 없고, 나보다 더 오랜 시간을 경험한 어른이라고 해서 더는 흔들리지 않을 것이라, 나와 같은 실수를 그는 더는 저지르지 않을 것이라 이야기할 수도 없다. 나이의 적고 많음에 관계없이, 지금까지 살아오면서 어떤 경험들을 통해 어떤 교훈을 얻고, 자신의 행동을 되돌아볼 수 있었는가. 이 사실이 우리의 현재의 모습을 보여주게 된다. 지나온 시간 동안 자신의 행동에서 부끄러움을 느낄 수 있었던 이는 과거의 시간들 덕분에 현재는 한 단계 더 성숙한 어른이 되었을 것이고, 지나온 시간들 속에서 자신의 행동을 남 탓으로 돌리며 자신을 방어하기에 급급했던 사람은 그 시간들 때문에 현재도 여전히 성숙하지 못한 어른으로 성장하고 있을 것이다.

　현재의 내 모습을 객관적으로 들여다보자. 나는 "~ 때문에"라는 말로 나를 위한 자기방어를 하는 사람인가? "~덕분에"라는 말로 과거를 발판 삼아 한 단계 더 성숙해지고자 하는 어른인가?

◦ 현재는 The present. 당신에게 주어진 선물입니다

　함께 해서 행복한 관계들이 있다. 혼자일 때보다 함께 해서 더 즐겁고, 함께 하기에 더 멀리 갈 수 있다고 느끼는 관계들이 있다. 내 가족, 내 친구, 내 동료, 내가 사랑하는 나의 사람들이 바로 함께하기에 행복한 사람들이다. 내 곁에서 나와 함께 길을 걷는 나의 사람들과 우리는 어떤 이야기들을 나누면서 살아가고 있을까. 어쩌다 오랜만에 만난 사람들과 시간을 보내면서는 너무나 쉽게 할 수 있는 이야기가 있다. 아주 작은 것에도 '고맙다.', '미안하다.'와 같은 말들을 우리는 가볍게 할 수 있다. 하지만 늘 함께 시간을 보내고 언제나 내 곁에 있는 가까운 관계의 사람들에게는, 남들에게는 쉽게 하는 이 말들이 왠지 하기 어려운 것이 사실이다. 지금 하지 못해도, 언제나 할 기회가 있을 거라고 생각하는 것이다. 늘 함께였기에, 늘 내 곁에 있다고 생각하기에, 이 시간들이 영원할 것이라고 착각하기에, 우리는 곁에 있는 사람들에게 오히려 진심을 전달하지 못할 때가 있다.

　시간이 흐르고, 나이가 먹어가면서 내 곁의 소중한 사람들과 하나둘씩 이별을 경험하면서, 이별 후 가장 아쉬움과 후회로 남는 부분이 어

떤 것일까를 생각해보면, 왜 그때 더 잘해주지 못했을까, 왜 그때 더 따뜻한 말을 건네지 못했을까, 왜 그때 앞으로 남은 시간이 더 많을 거라고 착각했을까, 하는 후회들이다. 함께 있을 때 소중한 사람일수록 더 아끼고 배려해주고, 사랑해주지 못했던 아쉬움, 내 곁의 소중한 사람들에게 '미안하다.', '사랑한다.', '고맙다.'라고 도 많이 말해주지 못했던 아쉬움, 우리에게는 주어진 시간이 한정적이기에, 지금의 함께 하는 시간들이 영원하지 못할 텐데, 함께 하는 동안 더 많은 추억을 남기지 못한 아쉬움 등이 이별을 겪고 나면 가장 큰 아쉬움으로 남게 된다.

'현재'를 영어로 'The present'라고 표현한다. 이 단어는 현재라는 의미 외에 선물이라는 의미를 함께 갖는다는 것을 우리는 모두 알고 있다. 왜 그런지는 많은 책에서 다양한 의미를 부여하고 있다. 나에게 소중한 나의 사람들이 아직 우리 곁에 있는 지금, 먼 훗날 이별 후에 '그때 그 말을 꼭 해주었더라면~' 하며 후회와 미련을 남기게 될 그 말들을 직접 그들에게 전달할 기회, 그것이 현재가 우리에게 주는 선물이 아닐까 생각한다. 우리 모두에게 주어진 인생의 시간은 영원한 것이 아닌 한정적인 시간이라는 것은 누구나 알고 있지만, 그렇기에 언젠가는 우리 모두 이별을 맞이하고 지나간 시간들과 사람들을 그리워할 것이라는 사실을 인지하지 못하고 살아간다. 늘 이별은 갑작스럽고, 언제나 우리는 갑작스러운 이별 앞에 아쉬움과 후회를 겪으면서 살아간다. 어떤 노력과 최선을 다한다고 해도 모든 이별에는 아쉬움과 후회는 남을 수밖에 없다. 하지만 그런 아쉬움과 후회보다 선명하게 떠올릴 수 있는 행복한 추억들이 더 많다면, 지나간 시간들을 떠올릴 때 눈물보다는 미소를 띠며 회상할 수 있지 않을까? 시간이 흐른 후 현재를 떠올릴 때, 우리는 어떤 감정으로 지금 이 순간을 떠올리고 싶은가? 지금 이 순간 우리가 만들어가는 행복한 추억들로 먼 훗날 지금을 회상하며 따뜻한 빛깔로 현재를 물들여갈 수 있기를 바란다.

마음속 요정과 도깨비

어린 시절 히어로 영화를 보며 세계를 구하고, 악당을 물리치는 정의로운 히어로가 멋진 어른이라고 생각했던 적이 있다. 청소년기를 거치면서 멋진 어른은 다른 모습으로 변해 갔다. 영화 〈굿 윌 헌팅〉 속의 로빈 윌리암스가 보여준 진심으로 누군가를 이해해주고 응원해줄 수 있는 어른의 모습이나, 영화 〈도가니〉 속의 공유가 보여준, 불의와 비겁함을 그냥 지나치는 것이 아니라 잘못된 것은 잘못된 것이라고 말하고 변화시키고자 덤빌 수 있는 정의가 멋진 어른의 모습이 되어 갔다.

멋진 어른, 좋은 어른을 꿈꾸던 나는 현재 어떤 어른으로 철들어가고 있을까? 나는 아직도 많은 것들이 어렵고, 많은 것들이 낯설기도 하고, 어떤 것들이 옳고 그른 것인가를 끊임없이 고민하고 방황하기도 한다. 이런 고민과 방황들이 끝나갈 때쯤엔 나는 이미 지금보다 훨씬 더 어른이 되어 있을 것이다. 어떤 어른으로 늙어가고 싶은가? 그저 나이가 먹어감에 따라 어른이 되는 것이 아니듯, 내 아이에게, 내 후배들에게, 내가 지나온 길을 뒤에서 걷고 있는 청춘들에게 나는 어떤 모습의 어른으로 비칠 것인가.

세상에는 다양한 사람들이 있고, 그들의 생각과 그들의 가치관은 더욱 다양하고, 그에 따른 삶의 옳고 그름의 기준 역시도 여러 갈래의 방향이 있다. 어떤 방향이 절대적으로 옳은 방향이라고 이야기할 수는 없지만, 우리는 절대 변하지 않아야 할 가치와 그릇된 기준에 관해서는 판단할 수 있을 만큼의 지혜는 얻은 나이이다. 그릇된 것을 알고도 침묵할 만큼 비겁하지 않을 것, 변하지 않아야 할 가치들을 지켜갈 수 있을 것, 우리는 과연 이 기준들을 어떻게 바라보고 있을까?

질문 세 가지

1. 어린 시절 가장 즐거웠던 추억은 누구와의 어떤 기억인가?

2. 타임머신을 타고 과거로 돌아간다면, 당신은 어떤 시간으로 돌아가서 어떤 것들을 변화시키고 싶은가?

3. 당신이 생각하는 멋진 어른의 기준은 무엇인가? 당신은 그런 모습이 되기 위해 어떤 노력을 하고 있는가?

마음속 요정과 도깨비

6

날씨와 기분

우중충 비 오는 날, 화창하게 볕 드는 날

비가 오는 날 꼭 생각하게 되는 아주 오래된 고전 영화 중 뮤지컬 영화 한 편이 있다. 이 영화의 OST 중에서 지금까지도 사람들이 사랑하는 곡이자, 누구나 이 노래를 듣고 나면 계속 콧노래와 휘파람으로 이 노래의 후렴구를 흥얼거리게 되는 곡, 바로 〈사랑은 비를 타고〉라는 영화

의 주제곡인 'Singing in the rain'이다. 등장인물인 돈이 빗속에서 우산을 쓰고 춤을 추며 이 노래를 부르는 장면은 이 영화를 보지 못한 사람이라도 어디선가 한 번쯤은 마주친 장면일 것이다.

비 오는 날 창밖을 바라보며 이 노래를 흥얼거리다 보면 나도 모르게 이 영화의 등장인물들처럼 발로 탭댄스를 출 것처럼 왠지 모르게 들썩거리게 되고, 영화 속의 한 장면처럼 저 빗속으로 뛰어 들어가 어린 시절 우비를 입고 신나게 물웅덩이로 뛰어들던 때처럼 신나게 놀고 싶은

마음속 요정과 도깨비

생각이 들면서 슬쩍 웃음 짓곤 한다.

　비 오는 날을 햇빛이 반짝거리는 날보다 좋아한다고 말하기는 어렵지만, 나에게 비 오는 날은 그래도 다른 날들에는 하지 않을 법한 즐거운 상상들을 하게 만드는 이상한 즐거움이 있는 날씨이다. 햇빛 반짝거리는 맑은 날과는 또 다른 매력이 있는 비 오는 날, 우리는 어떤 생각들로 하루를 보내고, 어떤 기분으로 우리의 일상을 채워가고 있을까?

기분을 정하는 날씨, 날씨를 정하는 기분

○ 하루 종일 비가 오는 우기를 살고 있는 사람들은 우울하다?

우리나라는 봄, 여름, 가을, 겨울의 4계절이 뚜렷하다는 것이, 우리나라에 살아가면서 느낄 수 있게 해주는 큰 행복거리라고 생각한다. 언제까지 추울 것인지 궁금해하며 따뜻한 붕어빵과 어묵을 파는 포장마차의 추억을 만들어가다 보면, 어느새 나도 모르게 옷차림은 얇아지고, 바람에 꽃내음이 실려 올 때쯤 봄이 왔음을 느끼며, 벚꽃이 만개하는 그 짧은 시간 동안 많은 사진과 추억을 만들며, 짧지만 따스한 봄바람에 마음이 왈랑거림을 느낀다. 하지만 야속하게도 봄은 우리를 스쳐가듯이 짧기만 하고 햇빛이 조금씩 따가워지는 것을 느끼다 보면, 어느새 반소매 차림으로 변해 있으며, 조금만 걸어도 이마에 땀방울이 솟을 때쯤 벌써 여름이 훌쩍 다가온 것을 느낀다. 밤에도 한낮의 열기가 남아 더위에 잠 못 이루는 열대야를 시원한 수박과 차가운 냉면으로 햇빛이 작열하는 이 계절을 버텨내다 보면, 어느새 아침, 저녁으로 선선한 바람이 불어오며 눈이 시릴 만큼 새파랗게 울창하던 나뭇잎들이 하나둘씩 빨갛게 물들어 가을이 훌쩍 우리 곁에 다가옴을 느끼게 된다. 여

마음속 요정과 도깨비

전히 한낮의 따가운 햇볕이 들판의 벼들을 황금빛으로 물들이는 광경에 여름이 저 멀리 달아났음을 느끼기도 전에, 추수를 앞둔 들판에 아침 서리가 맺히고 아침 출근길 잎에서 하얀 입김을 내뿜게 될 때쯤 마음속으로 첫눈이 언제쯤 오려나, 생각하며 하늘을 바라보다 보면, 하루가 다르게 짧아지는 낮이 아쉽고, 매일 매일 조금씩 빨리 찾아오는 밤이 유난히 길게 느껴지는 겨울을 맞이하게 된다.

꽃들이 만개하고 새 생명이 꿈틀대는 것을 느낄 수 있는 봄, 작열하는 햇살 아래 시원한 아이스크림 한 입 베어 물면 머리가 찡~ 해지는 아찔함을 느낄 수 있는 여름, 시원한 바람에 왠지 책 한 권 읽고 싶어지는 가을, 하얗게 물들어 가는 세상을 바라보며 따뜻한 호빵 한 입 베어 물며 함께 대화 나누기 좋은 겨울. 어떤 계절을 좋아하는지 사람마다 각자 다르지만, 우리는 모두 계절의 변화마다 기다려지는 것들이 있고, 변화하는 자연을 바라보며 설렘을 느끼기도 한다. 이 설렘과 기다림이 우리나라의 4계절이 주는 자연의 선물이면서, 계절의 변화에 따라 가벼워지거나 두꺼워지는 옷차림만큼이나 다양한 감정 변화들을 겪게 되는 이유가 되기도 한다.

4계절의 변화에는 늘 설렘과 기다림만이 있는 것은 아니다. 한낮에는 반소매 차림으로도 충분할 만큼 이제 슬슬 더워지려나, 싶어질 때쯤 아직은 그리 덥지도, 꽃샘추위의 걱정도 멀리 보내버린 초여름의 짧은 사치는, 북단의 오호츠크해 기단과 남단의 북태평양 기단이 만나 우리나라에 뿌려대는 지루하고도 길게 느껴지는 장맛비를 시작으로 꿉꿉하고

습한 장마시즌으로 마무리하게 된다. 대부분의 사람은 비 오는 날씨를 크게 좋아하지는 않는 것 같다. 물론, 시원하게 퍼붓는 비를 보며 생각에 잠기거나 비 오는 창밖을 멍하니 바라보는 것을 좋아하는 사람들도 있을 것 같지만, 그래도 역시 대부분의 사람은 비 오는 날보다는 햇빛이 반짝거리는 날씨를 더 선호하는 것 같다. 나는 햇빛이 반짝이는 날에 따뜻한 창가에서 말린 보송보송한 수건 내음만 맡아도 기분이 왠지 좋아짐을 느낀다. 반대로 오늘도, 내일도 이어지는 비에 습도가 높아지고 끈적임이 느껴지는 날씨에는 왠지 모르게 불쾌지수가 높아지는 것을 느끼기도 한다. 나뿐만 아니라 많은 사람이 비슷한 생각을 할지도 모르겠지만 결국 인간은 알게 모르게 날씨의 영향을 받는 것이다.

4계절이 뚜렷한 우리나라에 살면서도, 약 2~3주 정도 되는 짧지만, 너무나 길게 느껴지는 장마 기간에도 기분이 쉽게 다운되고, 불쾌지수가 높아지는데, 다른 계절을 살고 있는 나라의 사람들은 어떨까? 해외여행을 준비하다 보면, 여행지 날씨에 대한 걱정으로 그 지역 날씨에 대한 정보를 샅샅이 찾아보고, 여행 블로그를 통해 실제 그 지역을 여행한 사람들의 날씨 후기를 참고하기도 하며 날씨를 신경 쓰게 된다. 특히나 여행이 아니라 일과 관련해서 해외에 나가게 될 때는 더욱 날씨에 민감하게 되는데, 어쩔 수 없이 그 지역의 우기와 겹치면 걱정을 하게 되기도 한다.

우리나라에서 비행기로 겨우 3시간 30분이면 도착하는 홍콩과 마카오지역을 2017년 늦여름에 연수차 방문한 적이 있다. 우리나라의 여름에는 홍콩지역은 우기였기에 그 시기에 홍콩지역의 사람들은 왠지 날씨의 영향을 받아 쾌활하지는 않을 것 같은 편견을 가지게 했었다. 물론, 실제 여행을 가서 만나게 된 홍콩 사람들은 지리적으로는 너무나 가까운 나라임에도 우리와 전혀 다른 문화를 가졌기 때문에 국민성이 다를 뿐 생각보다 쾌활하기도 했고, 젠틀하고 깔끔한 성격에 나의 편견을 사라지게 하여주었다. 다행히 여행지에서의 날씨 운이 좋은 내가 홍콩을 여행하는 동안 날씨가 좋았기 때문일지도 모르겠지만, 여행지 날씨로 그 나라 사람들에 대한 편견을 가졌던 것이 내가 우물 안 개구리였음을 느끼게 된 계기가 되기도 했다.

　우기의 홍콩여행을 통해 내가 깨달은 사실은, 햇볕이 따사롭다고 늘 기분이 즐거웠던 것도 아니고, 비가 오는 날씨에는 늘 기분이 다운되었던 것도 아니라는 사실이다. 내 머릿속이 복잡하고 마음이 영 불안정할 때는 반짝이는 햇빛조차도 성가시고, 나만 빼고 다 들떠 있는 듯한 복작거림이 화가 나기도 했다. 반면 시원하게 쏟아붓는 비를 바라보며, 빗방울이 두드리는 창문의 소리를 들으며 솔솔 쏟아지는 잠을 느끼다 보면 어느새 머릿속이 차분해져서 개운함을 느끼기도 했다. 결국, 나의 기분에 날씨가 영향을 미친다고 생각했지만, 반대로 나의 그 날의 기분과 감정 상태가 그 날씨를 바라보는 내 생각을 결정하는 것이라고 생각하게 되었다. 작렬하는 한여름의 햇빛을 바라보며 누군가는 뜨거워진 아스팔트의 열기와 찌는 듯한 더위로 인한 불쾌지수를 떠올릴 수도 있고, 누군가는 그 햇빛 아래에서 속이 빨갛게 익어가는 수박을 떠올릴 수도 있다. 즉, 날씨가 나의 기분에 영향을 미치는 것이 아니라, 그 날씨를 통해 내가 무엇을 생각하고 내 기분이 어떠한가에 따라 날씨가 다르게 보이기도 하는 것이다.

6_ 날씨와 기분

。 기우제를 지내는 그들의 마음에는 간절함이 있었다

우리나라는 예로부터 농업을 기본으로 삼아왔으며, 농사에는 적정한 비와 날씨가 중요한 요소이다. 하지만 인간의 염원처럼 늘 적정한 양의 비와 햇빛이 조절되는 것은 아니었기에, 조선시대 이전부터도 비가 오지 않는 가뭄이 오랫동안 지속하면 왕실과 민간 모두가 한마음으로 비를 기원하며 기우제를 지냈다고 한다. 왕은 반찬 가짓수를 줄이고 자신의 부덕으로 하늘이 비를 내리지 않는다고 하여, 죄 없이 억울하게 형벌을 받는 이가 없도록 하고, 가난한 백성들을 구제하며 무덤이 파헤쳐져 밖으로 드러난 해골을 묻어 주는 등 민심을 헤아리는 일에 더욱 힘을 쓰기도 하고, 직접 하늘에 제사를 지내며 간절한 마음으로 비를 기다리는 기우제를 지냈다. 지금과 같이 수로시설이나 물을 저장하는 시설이 발달하지 않았던 그 시절에는 그야말로 날씨 변화에 따라 삶의 근본이 흔들릴 수 있을 정도로 영향을 받을 수밖에 없었을 것이다.

그렇지만 날씨의 변화에 따라 큰 영향을 받는 농사를 짓는 농민들은 그저 뜻대로 되어 주지 않는 날씨를 원망하고 애태우기만 하는 것이 아니라, 그런데도 자신들이 할 수 있는 다양한 방법으로 비를 기다리며 삶의 터전인 땅에서 자라나는 작물들을 보살피며 진심으로 하늘에 비를 기원하였다. 비가 내리지 않아 속이 타는 마음을 가지고 있다 보면 화가 나기도 하고, 하늘을 원망할 수도 있었을 것이며, 주위의 이웃들과도 쉽게 불화가 일어나기도 했을 수 있는데, 우리의 선조들은 오히려 어려운 이웃은

마음속 요정과 도깨비

없는지, 억울한 일을 당하는 이들은 없는지, 주변을 살피며 자신들의 행동이 하늘을 감동시켜서 비를 내려주기를 바라는 마음으로 행동한 것이라고 생각한다. 날씨에 큰 영향을 받을 수밖에 없는 농민들이 자신들의 행동과 간절한 마음으로 날씨를 변화시킬 수 있다고 믿은 것이리라.

그렇게 간절한 마음으로 기다리던 비가 하늘에서 내리는 순간, 농민들에게는 삶의 터전에 내려주는 생명수에 무엇보다도 가슴이 벅차올랐을 것이다. 언제든 내릴 수 있고, 장마 기간에는 너무 많이 내려 마음을 졸이게도 하는 그 비가 오랜 가뭄 끝에 만난 순간에는 그 무엇보다도 반갑고 감사했을 것이다. 오랜 기다림 끝에 내려주는 이 감사한 비는 농민들과 아이, 어른 할 것 없이 모든 이들을 한마음으로 모아주었을 것이며, 모두의 마음에 풍요로운 마음을 선물했을 것이다. 또한, 자신들의 간절한 마음과 모두 하나 되어 선한 영향력으로 하늘을 감동시켜 하늘이 비를 내려준 것이라 믿었던 그들의 마음에는, 인간의 마음과 바람이 하늘의 일인 날씨도 변하게 만들 수 있다는 믿음이 있었을 것이다.

◦ 구름 뒤 가려진 해를 기다리는 일

해가 며칠째 쨍쨍하게 비추는 맑은 날들이 계속되는 때에는, 햇빛이 얼마나 따사로운지, 그 뽀송뽀송함이 얼마나 감사한지 잘 모르기도 한다. 따뜻한 봄날에 공원 벤치에 앉아 따뜻한 커피 한잔을 손에 들고 눈을 감은 채 하늘로 얼굴을 향한 채 그 따뜻함을 느끼고 있다고 상상해 보자. 눈을 감았음에도 한낮의 태양은 눈꺼풀 위로 붉은 열감의 잔상을 남기며 왠지 나른해지게 만들어준다. 햇살을 온몸으로 느끼면서 휴식을 취하다 보면, 눈꺼풀의 열감이 사라지고 눈을 뜨지 않았음에도 잠시 어둑해지는 것을 몸으로 느낄 수 있는 순간이 있다. 구름에 해가 가려졌음을 눈을 뜨지 않아도 느낄 수 있다. 지나가는 구름에 잠시 해가 가려졌음에도 햇볕의 따스함은 금세 사라져버린다. 분명 저 구름 뒤에 있는 해는 그대로일 텐데, 해를 가린 구름으로 인해 내가 즐기고 있던 봄날의 따스함이 가려져 버린 것이다.

물론 구름은 시간이 지나면 흘러지나가 구름에 가려졌던 해는 다시 나타나 나에게 봄날의 한낮을 다시 선사할 것이다. 하루 동안에도 이 짧은 찰나의 변화들은 수없이 많이 스쳐 지나간다. 작은 뭉게구름으로도 해는 가려지기도 하고 금세 다시 나타나기도 하며, 큰 구름에 가려지더라도 결국 구름은 흘러 지나가게 되고 해는 언젠가는 다시 나타나기 마련이다. 왜냐하면, 구름은 바람이 부는 방향으로 흘러가게 되고, 태양은 언제나 그 자리에 있기 때문이다. 우리는 모두 태양은 언제나 그 자리에 있음을 알고 있다. 잠시 구름에 가리어 우리 눈에 보이지 않더라도 저 구름 뒤에는 태양이 있고, 시간이 지나가면 반드시 우리 눈에 태양이 다시 보이리라는 것을 잘 알고 있다. 그런데도 비를 잔뜩 머금은 먹구름을 만나면, 우리는 비에 젖고 추위에 떨게 되면, 햇빛이 쨍

마음속 요정과 도깨비

쨍한 다른 곳의 날씨를 부러워하며 비 오는 날 투덜거리며 하루를 보내기도 한다. 이 비를 머금은 먹구름은 언젠가 지금 내가 있는 이곳을 지나 다른 곳으로 이동하면, 내가 있는 곳은 햇빛이 쨍쨍하고, 다른 곳에 비가 오게 될지도 모르는데 말이다.

결국, 날씨는 세상을 살아가는 우리의 일상과도 닮아 있는 듯하다. 삶을 살아가다 보면 언젠가는 햇빛이 쨍쨍한 맑은 날씨처럼 행복이 가득한 일상들을 마주하기도 하고, 어떤 날은 비가 억수같이 퍼부어 우산을 써도 별수 없이 옷이 잔뜩 젖게 되는 날씨처럼 고난이 몰아치는 시간들을 마주하기도 한다. 구름 한 점 없는 쾌청한 날씨처럼 아무 일 없이 평온하게 지나가며 감사한 날들도 있고, 눈이 부시게 강렬한 햇살이 가득한 날씨처럼 우리 마음에도 긍정에너지가 가득 차는 그런 날들도 있다. 예측할 수 없는 날씨의 변화만큼이나 우리의 삶도 다양한 일들의 연속인 나날들이다. 또한, 아무리 구름이 몰려오고 며칠째 비를 뿌리는 나날들이 계속된다고 해도, 결국 그 구름의 뒤에 분명히 있는 태양은 이 구름이 지나가면 반드시 그 모습을 드러내고 우리는 따뜻하게 감싸줄 것이듯, 우리들의 삶에서도 힘겨운 일들이 나에게 몰아친다고 해도, 결국 언젠가는 다 지나가고 태양처럼 빛나는 시간들이 우리를 기다리고 있을 것이다. 그 시간이 우리에게 다가올 수 있도록 하는 것은 결국 우리들의 건강한 마음과 희망찬 미래에 대한 믿음이며, 우리 인생의 날씨를 정하는 것은 나 자신의 긍정적인 마음가짐일 것이다.

궂은 날, 내리는 비, 무엇을 할까?

◦ 인생의 날씨 속에서 장마가 찾아온다면…

매년 초여름 한 번씩 찾아오는 길고 긴 장마 기간이 되면, 비를 잔뜩 머금은 먹구름에 해가 가려져 한낮에도 어둑어둑한 날들이 지속되고, 우산을 쓰고 걸어도 젖어 축축해진 신발과 바짓단에 기분이 축축 처지기도 한다. 수건으로 물기를 닦아 보지만 장마 기간에는 수건마저도 뽀송뽀송하게 마르지 않고, 눅눅하게 느껴지는 기분이 들기도 한다. 며칠째 이어지는 비와 어둑어둑한 날들에 기분을 업 시키는 것이 억지로는 잘되지 않는 것이 사실이다. 이런 기분은 나만 그러한 것이 아니라 대부분의 사람이 장마가 시작되면 불쾌지수가 높아지기 때문에 맑은 날보다 더 사람들 사이에 부딪히거나 불편한 상황들이 만들어지기도 한다. 날씨에 우리들의 기분이 정해지기도 하지만, 이런 날일수록 나의 기분이 날씨가 될 수 있다면, 함께 살아가는 사람들과 조금은 더 유쾌하고 즐거운 시간들을 만들어 볼 수 있지 않을까.

어린 시절 장마가 시작되고 빗물이 고여 웅덩이를 만들 정도로 비가

마음속 요정과 도깨비

많이 오면, 친구들과 노란 우비를 입고 노란 장화를 신으며 신나게 뛰어나가 물웅덩이를 첨벙거리며 건너며 신나게 놀았던 기억이 있다. 비에 젖을까 입은 우비가 결국 아무 소용이 없을 정도로, 노란 장화 안에 물이 가득 찰 정도로 물웅덩이마다 첨벙거리다 보면 우비 속에 입은 옷들이 흠뻑 젖을 만큼 이보다 더 재미있을 수 없게 신나게 놀았던 기억이다. 그 시절의 비가 오는 날은 나에게는 신나게 친구들과 물장난을 하며 놀 수 있던 즐거운 시간들이었고, 비 오는 날은 나에게 신남, 즐거움, 행복함을 떠오르게 하는 날씨가 되었다.

하지만 언젠가부터 나는 어른이 되었고, 장마가 시작되면 출퇴근길의 그 축축함이 싫어지고, 하루 종일 습도가 높은 눅눅함과 사람들의 불쾌지수가 높아지는 예민함에 일기예보 속 비 소식이 더는 반갑지만은 않은 나이가 되었다. 아무리 비가 많이 와도 이 장대비를 뚫고 출근을 해야만 하고, 비에 젖은 그 축축함을 말릴 새도 없이 하루의 일과를 시작하고 업무에 집중해야 한다. 쏟아지는 폭우 속에서 퇴근길은 또 얼마나 복잡할지 벌써 걱정이 되는 마음에 그런 날은 유독 일에 집중하기 어렵기도 하고, 기분이 축 처져서 자꾸만 창밖을 바라보게 되기도 한다. 그럴 때 다른 사람들은 어떤 방식으로 기분을 업 시키거나 파이팅을 되찾을까?

사람마다 이런 날의 컨디션을 회복하는 자신들만의 방법과 행동들이 있을 것이다. 나는 비가 많이 오는 날 창밖을 바라보며 따뜻한 카모마일 차 한잔을 하는 여유를 좋아한다. 잠시 하던 일을 멈추고 머리를 식힐 겸 따뜻한 차 한잔을 머그컵에 가득 따라 창가로 가서 비 내리는 창밖을 바라보며, 어린 시절 물웅덩이마다 그냥 지나치지 못하고 뛰어들던 그 추억들을 회상하며, 비 오는 날을 설레하던 그때의 기분을 생각하곤 한다. 창가에서 마시는 따뜻한 차 한잔과 즐거운 추억으로 잠시 기분 전환을 하는 타이밍에 성공했다면, 이제는 일에 집중하기 위해 평소보다는 조금 더 밝은 노래를 살짝 틀어놓고 업무에 집중하고자 노력하기도 한다. 이럴 때는 한 번 들으면 계속 콧노래를 흥얼거리게 되는 노래인 〈Singing in the rain〉이나, 가수 김현식의 〈비처럼 음악처럼〉을 들으며 기분을 전환하기도 한다. 퇴근해서 집에 도착해서는 사람들의 다양한 이야기를 들을 수 있는 좋아하는 라디오 채널을 들으며 시간을 보내기도 하고, 창가를 때리는 빗소리를 들으며 좋아하는 책 속에 푹 빠져서 시간을 보내기도 하며 그 시간들을 통해 비 오는 날을 여전히 좋아하는 어른이 되려고 노력한다.

우리가 살아가고 있는 삶의 시간들 속에서도 날씨처럼 언제나 맑고 쾌청한 날들만이 계속되지 않고 지루하고 긴 장마가 찾아오는 것처럼 내가 어떻게 하기 어려운 일들로 마음이 복잡해지는 날들이 몰려오는 시기가 있다. 언제까지 이런 시간들을 견뎌야 하는지 앞이 보이지 않을 만큼 쏟아붓는 비처럼 힘든 시간들이 몰아칠 때가 있다. 인생의 변화무쌍한 날씨 속에서 만난 장마 같은 시간을 마주할 때 우리는 어떻게 그 시간을 견뎌야 하는가?

비 오는 날 억수같이 퍼붓는 비를 피할 수 없듯이 인생의 날씨 속에서 만난 장마 같은 시간들 역시도 우리는 피할 수는 없다. 순탄하기만 한 인

마음속 요정과 도깨비

생도 있겠으나, 그렇지 못한 것 역시도 인생이기에 우리가 마주한 그 시간을 우리는 어떻게든 견뎌내야 한다. 먹구름 잔뜩 낀 하늘에 구름 뒤에는 반드시 태양이 숨어 있듯이, 우리가 살아가면서 만난 인생의 숙제들 뒤에는 반드시 태양처럼 반짝이는 시간들이 숨어 있다는 믿음이 있다면, 우리는 이 시간들을 슬기롭게 잘 헤쳐나갈 수 있을 것이다. 긴 장마 기간에도 그 시간들을 견뎌 내고 즐거운 기억과 좋아하는 것들로 비 오는 날을 즐거움으로 변화시킬 수 있듯이, 우리가 살아가면서 마주한 힘겨운 숙제들이 계속되는 힘든 시간들이 계속된다고 해도, 우리의 마음이 쾌청하도록 할 수 있다면 우리는 이 시간들을 잘 버텨나갈 수 있을 것이다.

◦ 비 내린 후의 공기는 그 어느 때보다 상쾌하다

내가 어린 시절에만 해도 우리나라의 하늘은 하늘색이었다. 하지만 어떤 광고에서 표현했듯이 요즘의 하늘의 색은 과장을 조금 보태어, 아이들이 하늘을 황사 먼지가 덮인 뿌연 갈색으로 그릴만큼 황사 먼지에 이어 미세먼지, 초미세먼지 등이 우리나라를 괴롭히고 있고, 그 공기 속에서 우리의 일상은 이미 마스크 없이는 힘든 상황이 되었다. 인간이 살아가는 데 너무나 필요한 깨끗한 공기는 우리 인간들이 스스로 저지른 환경오염 때문에 점차 희소해지고, 공기 중에 미세먼지 때문에 따뜻한 봄날 창문을 활짝 열어 놓을 수도 없고, 따뜻한 햇볕에 자연 건조한

뽀송뽀송한 수건에 얼굴을 부비는 것이 꺼려질 만큼 우리를 둘러싸고 있는 공기를 믿을 수 없게 되어버린 지금이다. 아침에 일어나 창밖을 통해 저 멀리 보이는 산을 바라보면서 어떤 날은 산이 너무나 선명히 보이고, 어떤 날은 미세먼지 때문에 산이 잘 보이지 않기도 하며, 우리는 어느새 이 뿌연 하늘을 익숙해하며 살아가고 있다.

이런 뿌연 하늘과 매캐한 공기 속에서 어느 날 한바탕 소나기라도 쏟아져 내린 직후, 마스크를 내리고 공기를 들이마셔 본 기억이 있는가? 우리의 코는 이미 매연과 미세먼지가 가득한 매캐한 공기를 익숙해져 가고 있는데, 이 먼지와 매연들을 싹 씻어내 주듯이 한바탕 쏟아진 소나기에 모두 씻겨 내려가 버렸을 때의 상쾌한 공기를 후욱 들이마셔 봤다면, 느껴봤을 것이다. 깨끗한 공기가 얼마나 상쾌하고 우리의 폐까지도 시원하게 해주는지. 분명 우리는 깨끗한 공기가 당연히 우리를 둘러싸고 있고, 깨끗한 공기를 마시는 것이 당연했으며, 너무나 당연해서 깨끗한 공기의 소중함을 모르고 살던 시절도 있었다. 내가 지금껏 살아온 세월이 엄청나게 한 세기를 걸칠 만큼 오래된 것도 아님에도 불과 이십년 남짓한 시간 동안 우리가 살아가고 있는 환경은 깨끗한 공기를 마시며 살아가기 위해서는 공기청정기에 의존하고, 깨끗한 공기를 위해 사용하는 공기청정기의 소모품들이 또 쓰레기를 발생시키며 환경오염을 일으키는 악순환을 겪고 있는 모습으로 변화하였다.

이렇게 여전히 환경오염의 심각성을 인지하지 못하고 자신들의 깨끗

마음속 요정과 도깨비

한 환경을 위해 지구에 쓰레기를 계속 생산해내고 있는 인간들과는 달리 자연은 스스로 자정하고자 하는 능력을 갖추고 있다. 아주 천천히, 그러나 분명히 생명력을 회복하기 위한 움직임으로 자연은 인간이 헤쳐 놓은 상처들을 아물게 하며 스스로 치유하고자 노력하고 있다. 뿌옇게 변한 공기와 사막화로 인한 황사 먼지 등을 한 번에 씻어내 주듯 많은 비를 왈칵 쏟아내는 하늘을 보며 감사함을 느끼기도 한다. 또는 오랫동안 꾸준하게 내리는 비를 볼 때는 우리가 살아가고 있는 환경에 묵은 때가 참 많이도 끼어 있어서 하늘이 씻어내 주려고 이렇게 많은 비를 내려주나 보구나, 하고 생각할 때도 있다. 그렇기에 많은 비를 쏟아내며, 공기 중의 먼지들이 모두 빗물에 씻겨 내려간 비 오는 직후의 공기는 상쾌한 기분과 공기가 달게 느껴질 만큼의 깨끗함으로 느껴지기도 한다. 이런 생각들을 하며 비 오는 광경을 바라보다 보면, 어느새 비가 그친 후의 공기를 들이마시고 싶어지는 두근거림을 느낄 때도 있다.

한바탕 씻어 내려가는 비는 많이 오든, 적게 오든, 길게 오든 언젠가는 멈추고, 비구름 뒤에 숨겨졌던 해는 다시 모습을 드러내고 축축해진 대지를 다시 뽀송뽀송하게 말려줄 것이고, 비 갠 뒤의 공기는 따뜻한 햇볕과 만나 반짝거리는 무지개와 함께 우리에게 선물처럼 다가올 것이다. 비가 오지 않았더라면 비 갠 뒤의 이 상쾌한 공기의 소중함을 우리는 미처 알지 못할 것이다. 우리의 인생도 그러하다. 그저 해가 비치는 쨍쨍한 하늘만 계속된다면, 건조한 공기와 가뭄으로 이어지듯이 변화를 경험하지 못하는 인생은 무미건조하게 재미없을 수도 있다. 가끔 역수같이 쏟아지는 비를 만나기도 하고, 며칠째 지루하게 계속되는 장맛비를 만나보기도 해야 이 비도 언젠가는 끝이 나고, 비 갠 뒤의 공기는 그 어느 때보다도 달고 상쾌한 것도 느껴볼 수 있을 것이다.

◦ 피할 수 없으면 즐겨라!

우리가 살아가면서 만나게 될 인생의 날씨는 지금까지 이야기한 것과 같이, 우리가 살아가면서 겪게 되는 날씨처럼 따스한 봄날 같은 날씨도 있고, 한겨울의 매서운 한파 같은 날씨도 있고, 비가 오는 날씨, 건조하고 쨍쨍한 날씨, 한여름의 열대야 같은 날씨처럼 다양한 날씨들이 나타나게 될 것이다. 늘 좋기만 한 것도 아니고, 늘 나쁘기만 한 것도 아니며, 늘 행복하기만 한 것이 아니며, 늘 우울하기만 한 것도 아니라는 의미이다.

일기예보를 보다 보면, 서울 날씨는 쾌청한데, 대구의 날씨는 비구름이 잔뜩 끼어 있거나 하듯이 같은 나라 안에서도 지역에 따라 다른 날씨 상황을 보여주는 경우가 있다. 다른 지역에는 비가 오지 않고 내가 있는 지역에는 비가 쏟아지고 있다면, "왜 여기에만 비가 오지? 다른 곳은 비가 오지 않는데 왜 여기에만 비가 오는 거야." 하면서 불평을 할 것인가? 구름은 바람의 방향으로 흘러가기 때문에, 지금은 내가 있는 곳에 비가 오고 있지만, 이 비구름은 언젠가는 바람에 흘러 다른 지역으로 이동하면서 이 비는 곧 그치고 비 갠 뒤의 상쾌한 날씨로 변하게 될 것이다. 누군가와 또는 다른 것과 비교하면서 지금 내가 있는 곳에 비가 오는 것만을 투덜거리기보다는 비 갠 뒤의 기분을 느낄 수 있는 것은 지금 내려주는 이 비 덕분이라는 생각을 해보면 어떨까?

'피할 수 없으면 즐겨라.' 흔히 들을 수 있는 말이지만 실제 실천하기에는 쉽지 않은 말일지도 모르는 이 말을 참 좋아한다. 인생을 살아가다 보면, 우리는 짧은 소나기를 만날 수도 있고, 지나가는 소나기 일 줄 알았으나 긴 장마의 시작이었던 경우들도 만날 수 있다. 기나긴 장마에 이 비는 도대체 언제 그치는 것일까, 정말 그치기는 하는 것인가? 궁금해하며 한 걸음씩 앞으로 나아가기도 하며, 예상보다 너무 빨리 끝나버린 장맛비에 이러다 또 한바탕 쏟아지는 것은 아닌지 경계하며 한참을 우산을 들고 다니기도 한다. 나만 그런 것이 아니라 우리는 모두 삶을 살아가면서 언젠가는 마주하게 되는 시간들일 것이다. 아무리 최첨단 컴퓨터를 통해 예측한다고 해도 기상청의 예보는 자연의 변덕 앞에 빗나가기도 하듯이, 우리가 인생에서 마주치게 되는 날씨의 변화들도 모두 예측할 수는 없다. 그렇기에 갑작스럽게 만난 비에 좌절하거나 왜 나에게만 이런 시간이 주어지는지 불평불만을 하기보다, 비 오는 날 어린 시절의 추억을 떠올리며 행복한 기억들을 생각하거나, 비 오는 날 즐길 수 있는 기분 좋은 일들을 실천하는 것, 그리고 비 갠 뒤의 상쾌한 공기를 떠올리며, 비 오는 날을 즐겁게 보낼 수 있었듯이, 인생에서 만난 비 오는 지금 이 순간을 잘 버텨내 볼 수 있는 삶의 즐거움들을 만들어보는 것이 어떨까.

태풍 속 결혼식이 행복했던 이유

∘ 10월의 어느 날, 행복의 콩깍지를 낀 신랑, 신부

추운 겨울을 지내고 바람이 따뜻함을 싣고 온다고는 하지만 우리나라의 봄은 꽃샘추위라는 말이 있듯이 변화무쌍하기도 하고, 농작물들이 한여름의 작렬하는 태양을 버틸 수 있도록 충분히 대지를 적실 수 있게 하려고 봄에는 비가 많이 내리기도 한다. 한여름과 한겨울에 결혼식 날짜를 잡고 싶은 이들은 특별한 이유가 있는 것이 아니라면 없을 것이다. 그래서 우리나라의 결혼을 앞둔 예비 신혼부부들이 결혼식을 하기 위해 가장 선호하는 날씨는 아마도 가을일 것이다. 한여름의 찌는 듯한 더위가 물러나고, 하늘은 쾌청하게 높고 맑으며, 여름 내내 쏟아내고 물러간 장마전선이 비구름을 저 멀리 데려갔기 때문에 가을에는 비교적 비 오는 날이 적은 편이기 때문에 가을은 참 결혼하기 좋은 날씨이다.

나와 지금 내 곁에 있는 나의 배우자도 결혼식은 가을에 하고 싶다는 생각을 했다. 그해 가을은 유난히 비가 오지 않을 것이라는 소식도

마음속 요정과 도깨비

있었고, 여행을 갈 때마다 일명 날씨 복은 타고났다고 할 만큼 좋은 날씨를 몰고 다니는 나였기에, 우리는 청명한 가을 하늘 아래에서 빛나는 햇살을 조명 삼아 야외 결혼식을 하기로 결정했다. 실내 웨딩홀보다는 시원한 가을바람에 축복하는 이와 축복받는 이들이 모두 상쾌한 기분으로 결혼식을 치르고 싶었고, 무엇보다도 높고 파란 가을 하늘을 배경 삼아 일생일대의 행복한 우리의 날을 기념하고 싶었던 마음이었다.

결혼식 날짜는 하늘이 높고 파랗게 물들어 있을 것이 분명한 10월의 어느 날로 정했고 우리의 결혼식을 축복해주실 많은 분께 이미 청첩장을 모두 보내어 알렸다. 그 날이 오기를 하루 이틀 손꼽아 기다리면서 일기예보를 계속 신경 쓰던 어느 날, 결혼식이 이제 며칠 남지 않았을 때, 결혼식을 하기로 한 그 날 비가 올 것이라는 예보를 듣게 되었다. 이제 와서 결혼식 날짜와 시간을 바꿀 수도 없었고, 장소 예약 역시도 결혼식이 가장 많은 가을날이었던 만큼 쉽게 변동할 수도 없었다. 설마… 하는 마음으로 결혼식 전날까지도 조마조마한 마음을 안고 기다렸지만, 하늘도 무심하시지, 내 결혼식 당일 새벽부터 기어이 폭우가 쏟아지기 시작했다. 그해 10월 한 달 동안 비가 온 것은 그 날 하루, 내 결혼식 날이 유일했다.

새벽부터 내리던 비는 그치지 않았고, 결혼식을 준비하는 담당자들은 오전 8시부터 야외에 천막을 설치하고 폭우 속에서 나의 결혼식은 진행되었다. 결혼식이 시작하기도 전에 폭우로 신혼 여행을 떠날 비행기가 출발하지 못할 수도 있다는 연락을 받았고, 결혼식이 진행되는 동안에는 야외에 설치된 피로연장엔 공원에 있던 사람들까지 들어와서 식사하는 바람에 어수선해지고 준비된 음식이 부족해져서 우리를 축복해 주시기 위해 결혼식에 참석하신 지인분들이 식사하지 못할지도 모르는 상황도 벌어지기까지 했다.

° 사랑하는 사람과 단 한 번뿐인 결혼식

청명한 가을 하늘, 시원한 바람, 하얀 면사포가 흔들리는 가운데 쏟아지는 많은 사람의 축복. 그리고 가을 하늘의 햇빛이 더해진 반짝이는 결혼식. 우리가 바라는 결혼은 어떤 멜로 영화의 한 장면이었지만 재미있게도 우리는 시트콤과도 같은 결혼식을 올리게 되었다.

지금까지의 나의 결혼식 스토리를 듣는다면, 누군가는 어떻게 그럴 수가 있는지 안타까워 해주거나, 화가 많이 났겠다며 위로를 해주려고 할지도 모르겠다. 하지만 나는 전혀 화가 나지 않았다. 내가 꿈꾸었던 나의 결혼식의 계획과는 전혀 다른 그림들이 펼쳐졌지만, 그런데도 변하지 않는 것들이 있었기 때문이다.

그날, 나는 평생을 함께하고 싶은 사랑하는 사람과 평생을 반려자로 함께 걸어가기로 약속하는 자리였고, 그 사람은 내 곁에서 나의 손을 잡고 단단히 나를 지켜주고 있었으며, 나와 내가 사랑하는 사람의 새로운 시작을 축복해주기 위해 비가 오는 궂은 날씨에도 직접 참석하여 진심으로 축하해 주시는 가족, 친구, 동료 등등 많은 사람의 마음이 있었기 때문이다. 그 마음들을 생각하니 결혼식이 행복하지 않을 이유가 없었다. 내가 아무리 하늘을 원망해본다 한들, 이미 비를 뿌리기 시작한 비구름은 멈출 수 없고, 당장 결혼식을 다른 날로 미룰 수도, 그렇다고 다른 방법을 강구할 수도 없는 상황에서 내가 화를 내고 기분이 상한다 한들 바뀌는 것은 없다는 것을 잘 알고 있었다. 계획했던 것과는 다른 그림이지만, 사랑하는 사람과 함께 시작하는 설렘과 진심으로 우리를 축복해주는 많은 사람의 축하, 그리고 무엇보다도 내가 내 손을 잡은 이 사람을 사랑하는 마음이 있는 결혼식이라고 생각한다면, 행복하지 않을 이유가 없어진 것이다. 앞으로 살아가면서 이보다도 더 많은 역경과 고난들, 그리고 예측하지 못한 상황에서 마주치는 수많은 일을 함께 견뎌내고 헤쳐나가야 할 내 손을 잡은 이 사람이 누구보다도 든든하게 괜찮다. 나를 다독여주는 마음이 감사할 뿐이었다. 날씨까지 더해졌다면 더 반짝거렸을 나의 결혼식이었지만, 날씨가 내 기분을 결정하는 것이 아니라, 내 기분이 날씨를 결정한다고 믿는 내 생각은, 10월의 어느 날 비 오는 공원에서 진행한 나의 결혼식을 행복한 날의 결혼식으로 기억하게 해주었다.

∘ 멀리서 보면 행복, 가까이서 보면 더 큰 행복

비 오는 날 야외 결혼식을 진행하고 있는 우리를 멀리서 본 사람들은 안타까워했을 수도 있다. 행복하고 축복만 가득했어야 할 결혼식에 날씨라는 변수 때문에 화가 나지는 않았을지 걱정하는 사람들도 있을 것이다. 하지만 앞서 이야기한 것처럼 나에게는 사랑하는 사람과, 우리를 축복해주는 사람들의 진심 어린 축하, 그리고 함께 시작하는 설렘이 가득했기에 나의 결혼식은 비 오는 날의 결혼식이 아니라 행복한 날의 결혼식으로 기억하는 것이다. 이렇듯 날씨 때문에 우울해지는 것이 아니라 나의 행복이 비 오는 날씨마저도 행복했다고 기억할 수 있도록 해준다.

우리는 살아가면서 매일 매일을 날씨의 변화 속에서 살아간다. 내일 날씨가 어떨 것인가에 따라 친구들과 약속을 잡기도 하고, 가족들과 피크닉을 가기로 하기도 하고, 오랜만에 등산을 가기로 계획하기도 한다. 만약, 이런 계획들을 세워놨는데 내일 비가 온다는 예보가 있다면, 우리는 어떻게 할 것인가? 비가 올 것이니 계획을 취소하고 날씨에 맞춰서 변경할 것인가? 날씨에 맞는 계획대로만 진행할 것인가? 최근의 우리나라의 기상 예보가 발달하여 무척 예측 적중률이 높아진 것은 사실이다. 2021년도 1월에는 유독 눈이 많이 왔는데, 갑작스럽게 내린 함박눈으로 출퇴근길 고생을 한 이들은 눈 예보가 있으면 다음 날 같은 경험을 또 할까 봐 출근길을 서두르기도 한다. 기상청 역시도 그러므로 더욱 정확한 기상 예측을 하기 위해 노력할 것이다.

　　　　　　　　　　　　　　　　마음속 요정과 도깨비

그러던 어느 날 전날부터 전국적으로 많은 눈이 내릴 것이라는 기상청의 예보가 있던 날, 시민들은 혹시나 하는 마음으로 한 시간씩 일찍 출근준비를 하고 대비를 했지만, 정작 그날 바람의 방향이 바뀌어 눈구름의 이동으로 눈이 많이 내리지는 않은 날이 있었다. 눈이 많이 내리지 않아 출퇴근길에 위험하지 않았으니 다행이라고 여길 것 같았던 그날 뉴스에서 시민들의 인터뷰 중에서 눈이 많이 온다는 예보를 믿고 한 시간이나 일찍 출근했는데 눈이 오지 않아서 허탈했다는 말을 하는 것을 보면서, 조금 의아한 생각이 들었다. 눈이 왔기를 바랐던 것인가? 아마도 날씨에 맞춰서 계획했던 하루가 날씨가 변해서 계획대로 흘러가지 않았음에 허탈했던 것인지도 모르겠다는 생각을 한다. 내일 친구를 만나기로 계획을 세웠을 때, 비가 온다는 예보를 들었다면 어떻게 할 것인가? 비가 오니 다음에 보자며 약속을 미룰 것인가? 만약, 비 소식에 약속을 미뤘는데 결국 비가 오지 않았다면, 아! 그냥 친구를 만나서 오랜만에 이야기를 나누며 즐겁게 지낼걸, 하는 후회를 하지 않을까? 반대로 날씨와 상관없이 친구와 만나기로 한 계획을 세우고 행동했다면, 비가 올지도 몰랐지만 결국 오지 않은 비 덕분에 친구와의 만남은 더 즐겁고 재밌었을지도 모른다. 날씨에 따라 세운 계획이 아니라 나 스스로가 계획한 일이기에 그 날의 기분은 날씨까지 더해져서 더 기분 좋은 하루였을 것이다. 이렇게 날씨 때문이 아닌, 날씨가 정해준 하루가 아닌, 나 스스로 계획하고 정한 나의 하루, 하루가 모여서 나의 과거가 되고, 현재가 되고, 결국 나의 미래가 되어 가는 것이다.

비 오는 10월의 어느 날의 나의 결혼식은 날씨가 좋아서 준비한 것이 아니라, 사랑하는 사람과 그 날, 많은 사람의 축하 속에서 함께 시작하고 싶기에 결혼식을 진행했던 것이기에 비가 오는 것이 우리의 계획을 변경하게 하지 않았다. 우리는 그때 최선을 다한 것이고, 오히려 그 상황에서도 든든하게 내 손을 잡아준 사람과 축하를 아끼지 않은 하객들의 진심 덕분에 더 소중한 가치를 확인할 수 있었다. 날씨가 어떠하든, 소중한 사람들과 함께 한 것이기에 행복했던 것이리라. 멀리서 본다면 잘 보이지 않겠지만, 가까이서 보면 우리의 행복은 더 크게 잘 보였을 것이다.

웃어라, 세상이 너와 함께 웃으리라.

– 엘라 휠러 윌콕스의 시 중에서 –

결혼식을 준비할 때는 이것저것 준비할 것과 신경 써야 할 일들이 산더미 같이 밀려와서 이보다 큰일은 없을 것 같았지만, 살아가다 보면 폭우 속의 결혼식은 소꿉장난 같이 느껴질 정도로 인생이라는 항해에서는 변화무쌍한 인생의 날씨 변화에 휩쓸릴 수 있다는 사실을 깨달으면서 살아간다. 지금까지 살아온 시간보다 앞으로 살아가야 할 시간들이 더 길게 남아있는 지금, 앞으로 남은 나의 인생의 항해 길은 지금까지 만나보지 못한 날씨 변화와도 마주치게 될 것이다. 그럴 때마다 날씨 변화에 따라 나의 기분과 태도, 감정, 그리고 세상을 바라보는 시각이 흔들린다면 내 인생의 항해는 갈 곳을 잃은 체 바람에 따라 표류하게 될지도 모른다.

마음속 요정과 도깨비

우리가 살아가면서 마주하는 날씨는 늘 해가 쨍쨍한 맑은 날만 계속될 수도 없고, 지루하게 길게 이어지는 비도 언제까지고 비를 쏟아내기만 할 수는 없으며, 바람이 불기도 하고 추웠다가 더웠다가 어느샌가 또 따뜻해졌다가, 우리도 당장 내일의 날씨를 정확하게 예측할 수 없으며 기상청의 예보도 빗나가기도 하듯이, 인생의 날씨도 그렇다. 아무리 철저하게 계획하고 대비한다고 해도 변화무쌍한 날씨처럼 나도 모르게 마주하게 되는 인생의 파도 앞에서 우리는 어떻게 대처하면서 살아가야 할까.

날씨에 따라 기분이 바뀌는 데로 두는 것이 아니라, 내 기분이 곧 나의 그 날의 날씨가 될 수 있도록 노력했듯이, 살아가면서 부딪치게 되는 인생의 날씨 변화들을 그저 맞서 싸워야 할 성난 파도로 바라볼 것인가 생각해볼 수 있다. 우리는 살아가면서 부모님으로부터 또는 학교에서 선생님들로부터 많은 것을 배우고 학습한다. 하지만 인생을 살아가면서 알아야 할 것과 배워야 할 것들은 집과 학교에서만 배울 수 있는 것이 아니다. 누군가 가르쳐 주기도 하지만, 그 누구도 가르쳐 주지 않고 나 스스로 깨달아야만 하는 것들도 있고, 직접 부딪쳐 보지 않으면 절대 알 수 없는 일들도 있다. 그런 것들을 배울 수 있게 하려고 우리의 인생에서 변화무쌍한 인생의 날씨 변화들을 마주하게 되는 것 같다.

살아가면서 마주하게 되는 내 삶에는 비가 올 때도 있을 것이고, 바람이 불 수도, 따뜻한 봄날이 찾아올 수도 있다. 따뜻한 봄날 같은 시간들만 계속된다면 어느 날 갑자기 예측하지 못하게 찾아온 먹구름과 쏟아지는 폭우에 어떻게 대처할지 몰라 흔들릴지도 모른다. 또는 지루하게 이어지는 우중충한 날씨 속에 익숙해지기만 하다면, 어느 날 갑자기 구름 뒤에 숨어 있던 해가 반짝하고 나타났을 때 어떻게 해야 할지 모를지도 모른다. 비가 올 때는 어떻게 해야 하는지, 햇살 가득한 반짝이는 날들에는 어떻게 즐겨야 하는지 우리는 비를 맞아보고, 햇빛 가득한 날을 경험했기 때문에 알 수 있게 되는 것이다. 그러므로 우리는 인생에서 마주치는 파도들과 날씨 변화에서 인생을 배우고, 삶을 마주하게 된다. 그리고 어떤 날씨를 만나게 되더라도 항상 웃으면서 세상을 마주할 수 있는 무엇인가를 우리는 가질 수 있어야 한다.

마음속 요정과 도깨비

기상청 예보의 정확도가 무척 높아진 요즘, 겨울에는 언제 쏟아질지 모르는 눈과 갑작스러운 한파에 출근길 아침 뉴스를 들으면서 오늘의 날씨를 체크하고 나가는 것이 필요하다. 만약 어제 친구들과 오랜만에 모여 송년회를 하기로 약속했는데 오늘 아침 일기예보에서 겨울비가 내리며 무척 추워질 것이라는 소식을 들었다면, 어떤 생각을 하면서 출근을 하게 될까?

가뜩이나 추워서 움직이기도 어렵고 비까지 내린다고 하면 길이 얼지는 않을까 걱정되어 약속을 미루고 싶다는 생각을 하는가? 비에 젖은 우산과 가방, 습한 공기로 가득 찬 퇴근길 전철을 타고 이동할 걱정에 기분이 다운된다고 느끼는가?

아니면, 비 소식을 들으니 오늘 만나기로 한 친구들과 예전에 기말고사가 끝나고 갑자기 쏟아진 겨울비에도 종강파티를 열었던 즐거웠던 기억이 떠오르는가? 오늘 만나면 비가 부딪치는 통창문이 있는 분위기 좋은 곳에서 만나야겠다며 설레했는가?

같은 상황에서 어떤 생각을 하느냐에 따라 오늘 출근길에 나의 기분은 무척 달라질 수 있고, 나의 기분에 따라 그 날의 날씨는 불편하고 우울한 날씨가 될 수도, 설레고 즐거운 상상을 하게 만드는 날씨가 될 수도 있다. 같을 날씨를 바라보면서 우울하게도, 설레게도 하는 것은 무엇 때문일까? 또는 누구 덕분일까? 나를 변화시키는 것은 결국 나와 함께 만들어 놓은 즐거운 추억이 가득한 사람들과 앞으로 행복한 일들을 함께 만들어가게 될 나의 사람들과의 관계일 것이다.

햇볕이 따뜻한 봄날의 산책길에 나는 누구와 함께이고 싶은가? 비 오는 가을밤에 함께 음악을 듣고 싶은 사람은 누구인가? 잠이 오지 않는 열대야의 여름날 나는 누구에게 전화를 걸어 즐거운 이야기를 나누고 싶은가?

질문 세 가지

1. 비 오는 날, 당신은 어떤 음악을 듣고 싶어지나요?

2. 비가 오는 저녁, 누군가와 함께 저녁을 먹고 싶을 때 생각나는 사람이 있나요?

3. 비 오는 날 자신이 가장 좋아하는 행동은 어떤 것인가요?

마음속 요정과 도깨비

7

자녀와 부모

아이는 내가 지나온 길, 노인은 내가 지나갈 길

고레에다 히로카즈 감독의 일본 영화 〈그렇게 아버지가 된다〉라는 영화를 감명 깊게 본적이 있다. 산부인과 병원에서 두 아이가 바뀌어 다른 사람의 아이를 키우게 된 두 부부가 시간이 흐른 후 지금까지 키워온 아이가 자기 아들이 아님을 알게 되고, 다른 집에서 키워지고 있던 자신들이 낳은 친아들과 지금까지 키워온 다른 부부의 아이를 바라보며, 겪게 되는 드라마틱한 이야기를 다룬 영화이다. 이 영화의 내용은 어디서 들어봤을 법한 그런 이야기였기에 별 감흥이 없었지만, 이 영화가 이 줄거리를 통해 담고자 했던 진짜 이야기는 두 아이를 키우는 부모로서는 너무나 몰입해서 볼 수밖에 없는 내용이었다.

영화의 주인공인 아버지 료타는 엄한 규율과 훈육으로 아이가 남들보다 성공하도록 교육하는 것이 아버지의 역할이라고 생각하지만, 아이가 바뀐 사건을 통해 아버지의 부성애가 그냥 얻어지는 것이 아님을 깨닫고 점차 변해 가는 모습을 보여준다. 이 영화에서 가장 좋아하는 명대사는 료타와 아이가 바뀐 다른 아버지인 유다이의 대사이다. "내가 아니면 안 되는 일이 있어요, 아버지란 일도 다른 사람은 못하는 거죠." 나는 이 대사를 통해 내 아이에게 부모만이 해줄 수 있는 일은 어떤 것

마음속 요정과 도깨비

이 있을지, 나는 그런 일들을 잘 해내고 있는지 생각하며, 문득 돌아가신 나의 아버지를 떠올렸다.

영화 속의 주인공 료타가 가족과 시간, 그리고 부성애에 대해 배워가며 조금씩 진짜 아버지가 되어 갔듯이, 우리에게도 그냥 주어지는 것이 아닌, 무엇인가로부터 평생 배워야 하는 숙제들이 있다. 아이를 통해 부모가 되어 내 부모님의 마음을 이해하고, 내 앞에서 먼저 그 길을 걸으신 나의 부모님을 통해 앞으로 가야 할 길이 어떤 길인지 생각해 볼 수 있다.

행복을 위한 세 가지 요소

○ 아름다운 이 땅에, 금수강산에~ 태어났음에 감사하다

TV 채널을 돌리다 보면, 가끔 얼굴을 찌푸리면서도 안쓰러운 마음으로 보게 되는 광고들이 있다. 유니세프, 세이브 더 칠드런 등의 구호단체에서 우리들의 도움의 손길과 관심이 필요한 지역 아이들의 모습과 그 지역의 처참한 현장의 모습을 보여주는 장면들이다. 전쟁과 분쟁, 가난과 기아에 시달리며 인간의 기본적인 욕구마저도 사치로 느껴지는 참혹한 현장의 모습을 보다 보면, 이 장면을 그저 별것 아닌 것처럼 스쳐 지나갈 수도 있을 만큼 가볍게 TV 속의 한 장면으로 지나치며 채널을 돌릴 수 있는 지금의 내가 살고 있는 환경에 감사하는 마음을 가지게 된다. 누군가에게는 생존의 문제이며, 그들에게는 절박함일 그 표정들을 바라보며 그저 안타까운 마음과 도움의 손길을 선택할 수 있는 내가 지금 살고 있는 이 나라가 대한민국임에 감사하게 되는 것이다.

행복을 위한 세 가지 요소 중 하나는 나라를 잘 만나야 한다는 조건이라고 한다. 이 조건은 아마도 이런 것들을 의미하는 것이 아닐까 싶

마음속 요정과 도깨비

다. 21세기를 살아가고 있는 지금의 우리는 환경오염이 심각하다고 늘 경각심을 가져야 한다고 하지만, 정수기를 통해 깨끗한 물을 언제든지 쉽게 마실 수 있고, 미세먼지와 공기의 오염을 피해 공기청정기를 이용하여 깨끗한 공기를 마시는 것이 당연한 세상을 살아가고 있다. 인간의 욕심에 의해 파괴되어 가는 아마존의 정글에서 일어난 화재 뉴스를 보면서도 우리는 맛있는 음식을 먹기 위해 배달 어플들을 뒤지며 손쉽고 편리한 방법으로 음식을 섭취하고, 음식을 담았던 용기 쓰레기와 남겨진 음식쓰레기를 만들어내고 있다. 우리는 너무나 손쉽고 당연하게 소비하고 있는 물과 공기, 그리고 음식에 대해 어떻게 생각하고 있을까. 인간이 살아가는 데 필요한 깨끗한 물과 공기, 그리고 음식을 쉽고 당연하게 얻을 수 있음에 감사하면서 살아가고 있을까?

우리가 TV의 광고 속에서 지나치며 보았던 그 참혹한 현장의 삶을 살아가야만 하는 그들에게는 지금 우리가 누리고 있는 이 당연함들이 쉽게 주어지지 않는다. 몇십km를 걸어가야만 마실 물을 구할 수 있고, 공기 중에 바이러스가 있던, 질병이 퍼질 수 있는 환경이던, 그들에게는 그곳이 그들의 살아가는 터전이기에 피할 수 없는 환경이다. 그들에게는 쉽게 허락되지 않는 인간의 기본적인 욕구에 대한 충족, 마실 물과 깨끗한 공기, 그리고 배를 채울 수 있는 식량, 우리에게는 선택의 대상이 되어 조금 더 고품질에 대한 욕구까지도 선택의 대상이 되는 그것들이 그들에게는 쉽게 채우지 못하는 사치의 대상이 되어버리는 것이다. 그들이 살고 있는 그 환경과 우리가 살고 있는 이 환경은 무엇이 다른가. 이것은 우리가 노력으로 얻어진 환경인가? 아니다. 그들은 노력하지 않았기 때문에 그런 환경 속에서 살아가야만 하는 것인가? 아니다. 그저, 그들은 그곳에서 태어났고, 우리는 감사하게도 그런 환경이 아닌 곳에서 태어난 것이다. 전쟁을 겪지 않는 분쟁지역이 아닌 곳에 태어나, 전쟁과 같은 참혹한 현실은 TV 뉴스에서나 볼 수 있는 먼 나라의 이야기이며, 마실 물을 구하기 위해 하루 온종일 걸어가야만 하는 것이 아니라, 손쉽게 깨끗한 물을 마실 수 있는 환경에 사는 것. 이 모든 것이 우리가 지금 이 나라에 태어나서 살고 있기 때문에 당연하게 누리고 있는 환경이다.

이 모든 것을 당연함이 아니라 감사하는 마음으로 현재 내가 살아가고 있는 이 나라에 태어났음을 축복으로 여길 수 있다면, 우리는 행복의 첫 번째 조건을 충족하게 된다. 내가 태어나고 싶은 곳을 선택하여 태어날 수는 없기에, 우리는 우리에게 주어진 이 환경에 감사함을 느끼고, 이 환경으로 인해 우리는 당장 인간의 기본적인 욕구를 채우는 것 이외에도 더 중요한 가치와 행복을 추구하며 살아갈 수 있음에 행복하지 않을 이유가 없음을 느낀다. 4계절이 뚜렷한 자연환경에서 아름다운 자연의 변화를 느끼며, 행복을 추구하며 살아갈 수 있음에 감사함을 느낀다.

마음속 요정과 도깨비

◦ 낳으실 제 괴로움 다 잊으시고~ 기를 제 밤낮으로 애쓰는 마음~에 감
  사하다

사람은 태어나면서 내가 선택하지 않았지만 나에게 당연히 주어지는
조건들이 있다. 나라를 선택하여 태어날 수 없기에 태어난 곳에서 우리
는 그 나라의 국적을 가지게 된다. 또한, 이 세상에 태어나서 가장 먼저
우리에게 주어지는 것은 내가 이 세상에 태어날 수 있게 해주신 부모님
이다. 우리가 이 세상에 태어나는 순간부터 부모와 자식으로 맺어진 인
연은 그 누구도 선택해서 만들어지는 것이 아니다. 더 나은 조건과 더
행복할 수 있는 부모님을 골라 태어날 수 없고, 성별, 시기, 어떤 아이
가 태어날지 부모님도 선택하여 아이를 낳을 수 없기에, 부모와 자식의
인연은 하늘이 맺어주신다는 말을 실감하게 한다.

자연에서 포유류 동물들은 새끼를 낳으면 금방 스스로 걷고, 생존을
위해 어미의 젖을 찾아 움직이며, 짧은 시간 동안 자연에서 생존하는
방법을 어미로부터 배워나가며 한 마리의 완전한 개체로 자라난다. 하
지만 인간은 자연의 동물들에 비해 태어나서 자신을 보호할 수 있는 시
기까지 자라는 데 시간이 오래 걸린다. 갓 태어난 아이는 자신을 보호
할 수 있는 것이 아무것도 없다. 털을 가지고 있지 않기 때문에 부모가
옷을 입히고 추위로부터 보호해야 하며, 스스로 움직일 수 없고 아직
치아가 나지 않기 때문에 1년이 넘도록 젖을 먹이고 이유식을 만들어
먹여야만 하며, 스스로 걷고 뛰고, 움직일 수 있을 때까지 보호해야 한

나. 또한, 세상을 살아가는 이치에 대해 알기 위해 성인이 되기 전까지 부모로부터 교육을 받는다. 즉, 인간은 하나의 완전한 사람으로 성장하기까지 부모님의 보호와 사랑 속에서 자라나게 된다. 그렇기에 인간에게 부모님의 존재는 너무나 큰 영향력을 가진 존재일 수밖에 없다.

최근 뉴스에서 너무나 믿기 힘든, 절대 일어나지 말아야 할 사건들을 접할 때가 있다. 너무나도 어린 생명이 이 세상에 태어나 아직 행복이라는 것을 알기도 전에, 참혹한 현실 속에서 생명을 잃어가는 사건들을 뉴스에서 접할 때, 우리가 어른으로서 그 어린 생명을 충분히 보호해줄 수 있는 환경을 만들지 못했음에, 주위에 무관심했었음에, 그리고 지켜주지 못했음에 미안함을 느끼게 된다. 그 아이들 역시 자신의 부모를 선택해서 태어난 것이 아니었을 텐데, 우리는 당연히 이 세상에 태어나 부모님에게 받았던 사랑과 보호가 그 어린 생명들에게는 당연하게 주어지지 못했음이 너무나 안타깝다.

우리는 태어나면서부터 늘 곁에서 우리를 보호해주고 사랑으로 키워주고 있는 부모님이 곁에 계셔서 그 존재가 너무나 당연하게 느껴지겠지만, 누군가에게는 그 존재가 당연하지 않았을 수도 있었음을 생각한다면 지금 우리가 부모님의 보호와 사랑 속에서 이 세상에 온전한 한 사람으로 성장하며 살아왔음은 너무나 감사하고 행복한 일이다. 금전적 조건이나 살아가는 환경 등을 따지기 이전에 부모님의 존재가 있음에, 그 존재로부터 우리가 무사히 이 땅에 태어나 한 사람으로서 성장

마음속 요정과 도깨비

해올 수 있었음에 감사하며, 스스로가 행복을 추구할 수 있는 지금까지 무사히 성장해올 수 있도록 해주신 부모님의 노고에 우리는 행복하지 않을 이유가 없음을 또 한 번 느낄 수 있다.

당연한 듯 보이지만, 절대 당연한 것이 아니었을 부모님의 존재와 부모님이 주신 사랑과 축복, 그리고 그 존재로부터의 보호 안에서 살아온 우리는 그분들의 희생과 노고로 인해 이 세상에서 행복을 추구하며 살아갈 수 있는 존재로 성장해왔기에 살아가면서 주위를 둘러보고, 살피며 우리가 당연하게 누려온 것들이 당연하지 않을 누군가를 마주하게 된다면, 우리가 부모님으로부터 받은 사랑과 행복을 나눌 수 있는 마음의 여유를 키워갈 수 있지 않을까 생각한다. 사랑과 행복은 나눌수록 그 크기가 배가 되어 우리가 함께 살아가는 세상에 기쁨으로 돌아올 것이라는 생각으로 주위를 돌아볼 줄 아는 여유가 있는 어른이 되기를 희망한다.

◦ 건강한 신체에 건강한 정신과 행복이 깃든다

아침에 일어나 밝은 햇빛을 받으며 하루를 시작하기 위해 두 발을 내디디고 침대에서 일어나 방문을 열고 나가서 깨끗이 세수를 하고 따뜻한 아침 식사를 하며 가족들과 잘 잤는지 도란도란 이야기를 나누며 행복한 마음으로 하루를 시작한다. 출근길 어제보다 조금 더 따뜻해진 날씨를 느끼며 기분 좋은 설렘을 느끼기도 하고, 언제 꽃이 필지 궁금한 마음으로 발걸음이 가벼워지는 기분에 즐거운 마음도 든다. 이렇게 내가 스스로 움직일 수 있는 자유가 있음에서도 우리는 행복을 느낄 수 있다.

앞서 우리는 건강한 신체를 가지고 태어난 것이 당연하게 여길 것이 아닌 감사함을 느껴야 하는 일임을 이야기했다. 또한, 건강한 신체를 가지고 태어났어도 우리는 그 누구도 앞날을 예측할 수 없기에 언제나 건강한 신체를 가지고 있을 것이라는 장담을 할 수도 없다. 아침에 일어나 내 두 발로 걸어 내 두 손으로 아침 식사를 준비하고 따뜻한 밥 한 입에도 맛있다고 느끼며 행복한 마음으로 하루를 시작할 수 있는 것, 이 모든 작은 일상 하나하나는 건강한 신체가 있기에 가능한 일들이다. 나 스스로 움직일 수 없거나, 건강하지 않은 상태에서는 작은 것 하나도 어려움이 있을 수 있고, 우리가 당연하게 생각되는 것들이 누군가는 당연하게 누릴 수 없는 것들이 되기도 한다. 그렇기에 우리가 지금 살아가면서 누리는 일상의 작은 행복 하나하나는 모두 우리가 건강하기 때문에 누릴 수 있는 행복들이다.

살아가면서 마주하게 되는 수많은 순간이 있다. 기쁜 날들도 있고, 슬픈 날들도 있을 것이며, 누군가와 함께 하는 행복한 날들도 있고, 잠시 넘어지거나 부딪쳐서 힘든 날들도 있다. 우리가 마주하게 될 그 모든 순간을 어떤 마음으로 받아들이고 극복해 나갈 것인가. 행복하고 기

　　　　　　　　　　　　마음속 요정과 도깨비

쁜 순간들을 어떻게 누구와 함께 나누며 행복한 순간들을 기억하고 마음에 남길 것인가. 건강한 몸에 건강한 정신이 깃든다는 말처럼 우리가 마주하는 이 모든 순간이 기쁜 순간은 온전히 기뻐할 수 있고, 슬프고 힘든 순간들은 경험으로 삼아 더 발전할 기회로 삼을 수 있는 긍정적인 마음으로 순간들을 마주할 수 있는 것은 우리가 건강한 신체를 가지고 있기 때문일 것이다. 작은 것 하나도 행복으로 느낄 수 있는 마음이 자라나도록 건강한 신체를 가지고 태어난 지금 현재를 우리는 모두 감사하는 마음으로 살아가야 할 것이다.

내 유년의 선생님, 나의 부모님

○ 부모는 자식의 거울이다

우리는 비록 분단국가이지만 전쟁의 위협이나 국가적 분쟁에 시달리지 않고, 기후의 어려움으로 기근과 식량난으로 기아에 허덕이지 않으며 마실 물을 걱정해야 하는 열악한 환경은 TV 속 먼 이야기로 느낄 수 있을 만큼 안전하며 4계절이 뚜렷한 자연의 아름다움을 가진 우리나라 대한민국에 태어났으며 살아가고 있다. 나의 고향은 푸르른 산과 눈앞에 펼쳐지는 바다 빛깔이 장관을 이루는 아름다운 작은 어촌 마을이었고 나의 부모님의 직업은 어부이면서 농부이기도 하셨다. 우리 부모님의 4남매들 중 셋째로 태어난 나는 건강하고 씩씩하며 당찬 아이로 자랐다. 행복을 위해 갖추어야 할 세 가지 요소인 나라와 부모와 건강한 몸을 모두 갖춘 나의 어린 시절은 행복하지 않을 이유가 없는 환경이었다.

아름답고 작은 시골 마을에 살던 나의 어린 시절의 기억 중 유독 기억에 남는 장면이 있다. 시골에서는 식당에서 외식하기 위해서 멀리 읍내까지 나가야 하므로 식당에서 봉고차를 보내주어, 그 차를 타고 식당까지 외식하기 위해 나갔어야 했었다. 그 차를 타고 우리 대가족은 식당에 가서 맛있게 밥을 먹고 그 건물 2층에 있던 노래방에서 다 같이 신나게 노래를 부르고 돌아오는 외식 코스였다. 유복하지 않았던 집안 형편에 그래도 축하할 일이 생기면 다 같이 외식을 위해 읍내 나들이를 하는 것이 우리 가족의 소소한 행복이었다. 온 가족이 외식을 위해 식당의 봉고차를 기다리던 그때, 그 봉고차를 타고 읍내의 식당을 향해 가는 길에는 우리 가족만 있던 것은 아니었다. 시골의 작은 마을에는 지금도 그러하듯이 그때도 홀로 사시는 노인분들이 많으셨다. 자식들을 모두 외지로 출가시키고 부부가 함께 사시다가 한 분이 먼저 돌아가시고 나면 홀로 남아 쓸쓸하지만 그래도 마을의 정 안에서 마을의 어르신으로 함께 살아가고 계신 동네 어르신들은 밖에 외출하기가 쉽지 않으셨고, 식사를 챙겨서 드시는 것도 부실하실 수도 있었기에, 우리 가족의 외식은 항상 혼자 살고 계시는 동네 어르신들을 모시고 함께 가는 것이 당연한 일이었다.

그때는 당연히 늘 어르신들을 모시고 다녔기 때문에 그 일은 우리 가족에게는 일상이었지만, 지금 생각해보면 시골에서 녹록지 않은 살림에 홀어머니와 무려 4남매를 키우고 있는 대가족이 함께하는 유복하지 않은 환경에서 동네의 어르신들과 이웃들을 함께 돌보며 살아간다는 것은 쉬운 일이 아니었을 것이다. 나의 부모님은 그런 분들이셨다. 넉넉하지 않은 살림이라 하더라도, 주변을 살피고 나눌 수 있는 마음의 여유가 있으신 분들, 그런 것들을 너무나 당연하게 생각하시면서 자식들에게도 주변을 살피는 것을 배울 수 있도록 늘 직접 행동으로 보여주시는 분들이었다.

아이 하나를 키우기 위해서는 마을 하나가 필요하다는 말이 있다. 아이는 부모들만의 힘으로 키워지는 것이 아니라, 아이들이 커가면서 배워야 할 다양한 환경들, 삶의 지혜들, 사람들과의 관계 및 사회에서 배워야 할 기준과 윤리, 도덕적 행동들을 채워가기 위해 마을 하나의 모든 어른이 힘써야 할 정도의 에너지가 필요하다는 말이다. 아이들이 성장해가면서 배워야 할 것들을 자연스럽게 보고 배우고 아이들의 내면에 채워야 할 온기들을 마을 어르신들을 통해 채워갈 수 있는 것이 시골 마을의 공동체적 온기였다.

어린 시절의 기억 중 이 기억이 유독 나의 기억에 남아있는 것은, 외식하러 식당으로 향하는 그 봉고차에서의 기억들이 참 인상 깊었기 때문이다. 읍내로 향하는 그 차를 타고 가는 시간 동안 마을 어르신들께서는 우리 형제들에게 두런두런 재밌는 이야기도 들려주셨고, 마을 어르신들을 챙기며 자식 같은 마음으로 어르신들의 안부를 묻고 보살피는 우리 부모님의 모습을 보며 우리는 어르신들을 공경하는 것을 당연하게 배울 수 있었다.

누가 가르쳐 주는 것이 아니라 직접 행동으로 보여주신 우리 부모님의 모습은 지금까지도 나에게는 살아 움직이는 도덕 교과서 같은 모습들이었다. 부모는 자식의 거울이다. 우리 부모님이 직접 행동으로 보여주신 모습은 우리 형제들에게는 당연히 보고 그대로 배워야 할 모습들이었고, 덕분에 우리 형제들은 고향의 시골 동네에서는 올바른 아이들로 자라날 수 있었다.

마음속 요정과 도깨비

◦ 닮아 간다는 것, 닮아 가고 싶은 길이 내 앞에 있다는 것

고 3이 되어 취업하게 되었고, 작은 시골 마을에서만 살아본 시골소녀가 처음으로 기차를 타고 서울 근처로 상경했던 낯설고 무서웠던 그 시절 부모님 곁을 떠나 처음으로 타지에서 생활하게 된 19살 소녀에게는 참 힘들고 울고 싶은 일도 많았던 나날들이었다. 하지만 그래도 꿋꿋하게 새로운 환경에서 일하며 새로운 사람들과의 인연도 만들고 서울 생활에 적응하고 싶은 마음으로 버텨내던 그때 어느 날 함께 생활하던 친구가 문득 질문한 적이 있었다.

"너는 아빠가 좋아? 엄마가 좋아?"

스무 살이라는 나이에 들은 이 질문은 어린아이도 아니고 어처구니가 없는 질문이었지만 나는 황당해하거나 고민하지 않고 바로 "아빠!"라고 대답을 했다. 나의 대답에 내 친구는 당황하는 것 같았다. 보통 대부분 이 질문을 하면 아빠보다는 엄마라고 대답을 하는 경우가 많은데 너는 왜 엄마가 아닌 아빠라는 대답을 한 것이냐고 궁금해했다. 그 이유는 간단했다. 아빠는 내가 존경하고 사랑하는 나의 롤모델이자, 스무 살이나 되었지만, 그때까지도 아빠 같은 사람과 결혼하고 싶다고 생각할 만큼 내가 사랑하는 존재였기 때문이었다. 그렇다고 엄마를 사랑하지 않은 것이 아니라, 그만큼 아빠에 대한 나의 애정이 컸다는 의미이다.

옛날 시골 어르신들이 그러했듯이 우리 부모님은 선을 한 번 보시고 한 달 뒤 결혼식장에서 두 번째 만남을 하셨다고 한다. 그야말로 얼굴

한 번 보고 차 한 잔 마신 것이 전부인 만남이었는데 결혼을 할 배우자가 된 것이다. 얼굴 한 번 보고 결혼을 진행한 우리 부모님은 우려와 다르게 홀어머님을 모시고 1남 3녀의 4남매를 낳고 기르시며 서로를 존중하면서 살아오신 분들이다.

나는 우리 부모님이 싸우시는 모습을 단 한 번도 본 적이 없다. 과장이 아니라 내 부모님은 서로를 존중하시며 아버지는 엄마를 항상 귀하게 대하는 모습을 보여주셨다. 엄마에게도 마을 어르신들에게도 항상 사람을 귀하게 여기는 모습을 보이셨던 아버지의 성함을 고향 동네에서 어르신들께 말씀드리면, 지금도 '너희 아빠처럼 좋은 사람은 이 세상에 없다.'라는 말씀을 해주시곤 하신다. 겨우 국민학교만 졸업하시고 고기 잡고, 농사지으며 우리 가족을 먹여 살리셨던 아버지는 내 눈에 넥타이를 매고 회사에 다니는 다른 아버지들보다 훨씬 아는 것이 많아 보이셨다. 동네 어르신들도 해결하기 어려운 문제들이 생기면 모르는 것이 없었던 아버지에게 찾아와 문제를 해결하시곤 했었다. 내 기억 속에 아버지는 자식들과 배우자, 함께 살아가는 마을공동체 사람들 그 누구에게도 자신을 내세우시거나 권위적인 모습을 보이신 적이 없다. 그저 모든 이들을 대할 때 상대방을 귀히 여기고, 모르면 배우고 알고자 하여서라도 누군가에게는 도움이 되는 사람으로 살고자 스스로 노력하셨을 뿐이다.

이제 내가 30대가 되어, 가정을 이루고 아이들을 낳아 부모가 되어 누군가의 배우자로, 누군가의 엄마로서 살아가면서 내 아버지의 삶을 회고하면, 그저 존경스러울 뿐이다. 좋은 부모란 이런 것이다. 좋은 배

마음속 요정과 도깨비

우자는 이런 것이다, 라고 단 한 번도 말씀하신 적은 없지만, 언제나 아버지가 우리에게 직접 보여주신 모습은 우리에게는 좋은 부모님의 표본이자, 엄마에게는 좋은 배우자의 표본 그 자체이셨다. 아이를 키우는 부모가 되어 내 부모님을 떠올리면서 그분들이 걸어오신 그 걸음, 걸음을 감히 내가 닮아 갈 수 있을까 생각해본다.

그분들이 보여주신 앞선 길의 반이라도 따라갈 수 있다면 나 역시 내 아이들에게 좋은 부모가 될 수 있다고 나는 자신할 수 있다. 보고 배운 경험은 내 몸에 차곡차곡 쌓여 언젠가는 내 것이 되어 나 역시 내가 보고 배운 대상을 닮아 가기 마련이다. 내 부모님은 나에게 어떻게 살아가는 것이 옳은 길이며, 곧은 길인지를 보여주셨고, 나 역시 그 걸음걸이를 닮아 가고자 한다.

내가 닮아 가고자 하는 그 길이 언젠가 나의 아이들에게도 걷고 싶은 길이 될 수 있기를 바라는 마음으로 부모님께 마음속으로 늘 감사하는 마음을 가져본다.

◦ 앎이 삶이 되도록 행하다

좋은 책 속의 주옥같은 문장들을 만나면 그 글을 읽는 동안은 마음속에서 이 아름다운 글귀처럼 행동하고자 하는 다짐들을 하기도 한다. 감동적인 영화 속의 멋진 등장인물을 보면서도 감탄하며 그래! 저렇게 멋진 어른이 되어야지! 하는 마음을 먹기도 한다. 하지만 그 감동도 잠시, 작심삼일보다도 짧은 작심 세 시간 만에 현실로 돌아오면 책의 감동도, 영화의 감동도 잊고 다시 원래의 나의 모습으로 돌아오곤 한다. 그만큼 다짐과 생각을 행동으로 옮긴다는 것은 너무나도 큰 의지와 노력이 필요한 일이다.

특히나 현실에서 해내야만 하는 인생의 숙제들이 많이 쌓여 있을수록 변화를 위한 행동에는 더 큰 에너지가 필요할 것이다. 하지만, 작심 세 시간의 감동이 계속 반복된다면, 한 번으로는 힘들지 몰라도 변하고자 하는 마음이 들도록 하는 감동과 사건들이 계속 반복적으로 내 앞에 나타난다면, 작심 세 시간이 여섯 시간이 되고, 아홉 시간이 되어 결국 행동할 수 있는 에너지가 우리 안에 채워지지 않을까?

삶을 살아가면서 배워야 할 인간적인 도리와 사람다운 도덕적인 기준, 그리고 함께 더불어 사는 삶의 가치 등에 대해 누가 가르쳐 주는 것이 아니므로 우리는 학교를 통해서 책상에 앉아서 배울 수는 없다. 올바른 사람으로 자랄 수 있기 위해 학교에서 배우는 지식 이외에도 우리는 이러한 가치들을 몸으로 느끼고 체험하며 자연스럽게 습득할 기회가 필요하다. 누구를 통해, 어떻게 우리는 이러한 가치들을 배우고 내면에 채워갈 수 있을까?

우리는 태어나면서부터 부모님과 자식의 연으로 맺어져서 부모님의 보호 아래 그분들의 사랑으로 이 세상의 위험으로부터 안전하게 자라나 온전한 사회 구성원이 되어 간다. 그렇기에 우리가 세상에 태어나 처음으로 마주하는 어른은 부모님이며, 부모님의 삶에 대한 가치관과 세상에 대한

마음속 요정과 도깨비

인식은 우리에게 영향을 미칠 수밖에 없다. 나의 부모님께서 세상을 바라보셨던 시각으로 나와 나의 형제들이 함께 바라보고 사회를 배울 수 있었던 것과 같이 부모가 걸어간 길은 자식에게 나 역시 걸어가야 할 올바른 길이라고 생각할 수 있다. 누구나 좋은 영향력을 미치는 삶, 내 주변의 어려운 이웃과 함께 나누는 삶, 함께 걸어가는 상생하는 삶에 대해 옳은 방향이라는 것을 부정하지는 않는다. 그 길이 옳은 방향임은 알지만 옳은 길이라 하여 무조건 가야 하는 것이 아니기에 선뜻 행동으로 옮기기에는 어려운 것이 우리 모두의 마음이다. 우리는 모두 옳은 길이 어떤 것인지 알고 있다. 그 길을 향해 가고 있는가, 아직 머뭇거리고 있는가, 또는 외면하고 있는가의 여러 상황에 놓여 있다고 생각한다.

나의 부모님께서 살아오신 그분들의 삶은 옳은 길을 향해 걸어오신 삶이라고 생각한다. 그분들은 함께 살아가는 공동체 내에서 어려운 이웃을 돌보는 것을 당연하게 생각하셨고, 상대방을 위한 배려와 내 사람들을 귀하게 여길 줄 아는 선한 마음을 가지고 계셨으며 내가 필요한 누군가를 위해 기꺼이 노력하는 삶을 살아오셨다. 아마도 무엇이 옳은 길인지, 어디로 가는 것이 올바른 방향인지를 알고 계셨던 것이리라. 우리가 모두 알고 있지만, 아직 행동하지 못하는 그 에너지를 나의 부모님께서는 내면에 채우고 계셨던 분들이고, 스스로 행동함으로써 자식들에게 행동하는 삶을 직접 보여주어 옳은 길을 향해 걸어가는 에너지를 자식들에게도 채워주고 싶으셨을 것이다. 무엇이 옳은 방향인가, 어떻게 살아야 하는 것이 인간다운 삶인가, 도덕적인 인간으로 살아가기 위해 어떤 것들을 노력해야 하는가에 대해 단 한 번도 설교하시거나 말씀으로 전달하신 적은 없으셨지만, 부모님께서 알고 계셨던 인간다운 삶에 대한 앎이 삶이 되도록 행동하심으로써 우리에게도 알 기회를 주셨다.

　나도 두 아이의 부모가 되어 나의 아이들에게 인간다운 삶에 대해 어떻게 알려주어야 하는가 고민을 할 때가 있다. 점점 삭막해져 가는 이 시대를 살아가야 하는 나의 아이들이 어떤 것들을 내면에 채워가며 살아가기를 바라는지, 나 스스로는 충분히 고민하고 제대로 알고 있는가, 나는 나의 아이들이 무엇을 향해 걸어가기를 바라고 있는가, 항상 생각하고 고민하는 주제이다. 이런 고민할 때마다 나는 나의 부모님의 모습을 떠올리고는 한다. 내 부모님의 자식으로서 부끄럽지 않게 자라왔다면, 나 역시도 내 부모님께서 알고 계셨던 인간다운 삶에 대해 충분히 알고는 있을 것이다. 나의 부모님께서 나의 내면에 채워주신 인간다운 삶에 대한 앎이 나의 삶이 될 수 있도록 행동하는 것, 내 부모님께서 나에게 하신 것과 같이 내가 나의 아이들에게 해줄 수 있는 가장 올바른 방법일 것이다.

　어디에선가 본 적이 있는 '아이를 혼내지 말아라. 네가 지나왔던 길이다. 노인을 무시하지 말아라. 네가 지나가야 하는 길이다'라는 표현이 떠오른다. 나의 부모님께서 걸어오신 그분들의 삶은 앞으로 내가 배워가야 할 올바른 삶의 길이며, 그 길을 따라 걷고 있는 내가 걸어온 길은 나의 아이들이 언젠가 걸어가게 될 방향이 될 것이기에 나의 걸음에 어떤 무게를 싣고 걸어갈지 늘 고민하고 생각해야 할 것이다.

마음속 요정과 도깨비

떠나보낸 이를 추억하며

∘ 준비된 이별이라도 슬픔은 찾아온다

작은 시골 마을에서 어린 시절을 보낸 우리 자매들은 서울 부근으로 취업하면서 자매 셋이서 함께 살게 되었고, 여전히 고향의 시골 마을에서 부모님 두 분이 살고 계셨지만 처음 경험하는 타지 생활에 적응하느라 정신이 없다는 핑계 아닌 핑계로 두 분은 잘 계실 거라고 믿으며 자주 찾아뵙지는 못했었다. 하고 싶던 공부와 자격증을 따며 이십 대의 초반을 보내고, 휴가를 받아 시골집에 내려왔다가 서울로 다시 올라가는 기차에서 늘 떠나기 싫어서 혼자 울던 19살의 시골소녀는 그렇게 어른이 되어가는 동안 어느새 스물다섯 살이 되었다.

시골에 계신 부모님은 언제나 두 분이 그 모습 그대로 잘 지내고 계실 거라고 생각하며 바쁘게 살아가던 어느 날, 급하게 걸려온 전화 한 통은 너무나도 청천벽력 같은 소식이었다. 나에게는 하늘과도 같았던 아버지께서 아프시다는 소식을 전해 듣고 달려간 대학병원에서 마주한 아버지의 모습은 태어나서 단 한 번도 본 적이 없던 모습이었다. 언제나 주변 사람들을 귀히 여기시며 큰 소리 한 번 내지 않으셨던 아버지께서 처음 보는 간호사들에게 화를 내고 계셨다. 간암이라는 선고를 받으신 후 신경이 예민해지고 내가 알던 아버지의 모습과는 전혀 다른 성향의 모습을 보이시는 아버지의 모습에 덜컥 겁이 나기도 했다. 언제나 크고 든든한 모습이셨던 아버지의 환자 같은 모습을 바라보며 아버지가 우리의 곁을 떠나실지도 모른다는 생각을 하게 되자 아버지에게 어떻게 이 상황을 알려드려야 할지 혼란스럽기만 했다.

그 날은 비가 참 많이도 내리던 날이었다. 서울에 있는 대형 병원에서 검사를 받으시고, 드라마에서나 보던 장면처럼 아버지에게 남은 시간이 겨우 두 달 정도밖에 남지 않았고, 더는 어떤 치료도 시도할 수 없다는 의사 선생님의 말씀을 듣고 돌아오면서 이 이야기를 아버지에게 어떻게 알려드려야 할지 너무나 고민스러웠다. 당신의 삶이 이제 남은 시간이 얼마 되지 않는다는 이 절망적인 이야기를 듣고 너무나도 충격을 받으실 아버지에게 울면서 이 이야기를 전한다면 당신의 딸이 우는 모습에 더 마음 쓰여 하실 아버지를 알기에, 나는 절대 울지 않고 아버지께 말씀드리고자 연습에 연습을 거듭했다. 더는 손 쓸 방법이 없다는 서울 병원에서 퇴원하여 아버지를 모시고 어린 시절 우리가 살던 고향 마을로 돌아와 그날 밤 무수한 별이 빛나는 시골 밤하늘에 아버지와 손을 잡고 바닷가를 걸으며 도란도란 이야기를 나누었다.

아버지께서 가족들을 먹여 살리기 위해 30년 동안 바다를 향해 나가셨던 아버지의 배 한양호 앞에 나란히 앉아서 아버지의 지난 시간들을 떠올려 보았다. 새벽마다 늦잠 한번 주무시지 못하시고 궂은 날씨에도 단 한 번도 게으름 피우시는 일 없이 묵묵하게 이 배를 타고 나가서서 고기를 잡아오시고 그 돈으로 1남 3녀를 키우신 분. 가족을 위해 최선을 다하셨고 그 넉넉하지 않은 살림에도 주변을 돌보고 베푸는 삶을 살아오신 그분 앞에서 나는 이야기를 꺼냈다.

그때 겨우 25살이었던 나는 생각했다. 아버지의 인생에 마지막은 아버지가 알아야 한다고, 자신의 삶에 마지막 시간은 본인이 알아야 할 권리하고 말이다. 그래서 아버지의 손을 붙잡고 말씀드렸다. 아버지 당신의 삶에 남은 시간이 많지 않다고, 아버지의 마지막 시간들을 정리하셔야 하는 시간이라고, 울지 않고 이야기하기 위해 애쓰는 나를 보며 아버지는 아무 말씀을 하지 않으셨고, 그저 당신의 삶에 남은 시간이 많지 않음을 받아들이시는 모습이셨다. 아버지께서 당신의 신변을 정리하신 후 시골 마을의 병원에 입원하셨고, 나는 5년여의 서울 생활을 정리하고 고향 마을로 돌아와 아버지의 간병을 하며 병원 생활을 시작하였다.

30년을 가까이 함께 살아온 배우자의 마지막을 준비하는 모습은 남겨질 사람에게는 어떤 모습일까. 얼굴 한 번 보고 차 한 잔 마신 것으로 결혼하고 30년 가까운 시간을 인생의 동반자로 함께 살아오며 슬픈 일도, 기쁜 일도 함께 나누었던 남편의 투병생활에 어머니께서는 겁이 많이 나셨던 것 같다. 어머니 당신께는 하늘과도 같은 남편이었고, 가장 기댈 수 있는 든든한 남편이었던 아버지가 당장 어머니의 곁을 떠날지도 모른다는 공포에 어머니는 한동안 마음을 잡지 못하셨다. 워낙에 유쾌하신 성격이었던 아버지는 당신의 마지막을 받아들이셨고, 당신의 투병생활을 곁에서 돕는 자식들과 마지막이 될지도 모르는 모습을 많이 남기고자 사진을 찍으며 웃고 떠드는 모습을 보며 어머니는 무엇이 그리도 좋냐고 화를 내기도 하셨지만, 그때 겨우 25살밖에 되지 않던 나는 최대한 아버지를 웃게 해드리고 싶었다.

　나의 이런 마음을 아셨던 것인지 물도 한 모금 드시기 어려워 수박을 곱게 갈아 수박 물 한 모금 드시는 것이 전부였던 아버지는 우리와 함께 웃어주시고 항상 유쾌하려고 노력하셨다. 황혼의 문턱에서 이제 겨우 50대 중반이 되었을 뿐인데 삶의 마지막 순간을 준비해야 하는 남자가, 사랑하는 내 아내와 아직도 어린아이 같이만 보이는 자식들을 남겨두고 떠나야 하는 그 마음을 나는 지금도 상상하기 어렵다. 내가 어릴 적의 기억 중에 유독 싫은 장면이 있다. 물을 마시려고 컵을 들면 항상 아빠의 약 냄새가 컵에서 났던 기억이다. 어린 마음에 우리 아빠는 누구보다 크고 건강한데 왜 항상 이렇게 독한 약은 드실까? 라고 생각했었고, 나는 그 약 냄새가 너무나도 싫었다. 나중에 커서 생각하니, 당신의 의지와는 상관없이 약한 몸으로 태어나 그 쓰디쓴 약을 늘 먹으며 술, 담배 한 번을 입에 대지 않고 가족들을 위해 50년을 열심히 살아왔는데, 이제 겨우 자식들을 다 키워놓고 걱정거리 덜어내고 편하게 노후를 보내려고 하니, 아직 먼일이라고 생각했던 일이건만 내 앞에 죽음이라는 그림자가 덜컥 가까이 다가와 버린 것이다. 억울할지도, 무서울지도, 뭐가 그리 급해서 벌써 데리러 오느냐고 화가 날지도 모르는데 아버지는 그때 어떤 마음이셨을지 나는 지금도 상상하기는 어렵다.

아버지를 떠나보낸 지 벌써 10년이라는 시간이 흘렀다. 그때를 생각하면 감사한 일들도, 후회되는 일들도 있다. 먼저, 지금도 감사하다고 생각하는 것은 인간에게는 누구나 갑작스러운 이별이 찾아올 수도 있는 것인데, 그래도 우리는 아버지와 마지막을 함께 지내며 이별을 준비할 수 있었던 시간이 주어졌다는 것이다.

인간은 자연 앞에서 한없이 나약한 존재이기에 언제든 갑작스러운 이별을 맞이할 수도 있고, 그런 상황에 부닥쳐진다면 미처 하지 못한 말들이 가슴에 남아 더 큰 슬픔으로 오랫동안 괴롭힐 수도 있는데, 그래도 우리에게는 짧았지만, 아버지와 마지막을 준비하며 하고 싶던 이야기들을 나눌 수 있던 시간이 주어졌다는 것이 감사하게 느껴진다.

반면에 후회되는 것은, 아버지께서 마지막에 집에 가고 싶다는 이야기를 하셨었지만, 그때는 병원의 이야기를 듣고 그렇게 해드리지 못했다. 스물다섯 살의 어린 나이에 결정하기 쉬운 일은 아니었다. 하지만 지금의 나라면, 당신의 마지막이 얼마 남지 않은 때에 당신께서 원하시는 데로 50년을 넘게 살아온 그 집에서 마지막을 마무리할 수 있도록 해드렸으면 얼마나 좋았을지, 하는 생각이 든다.

물론 그때 그렇게 선택을 했더라도 지금 그 선택을 후회했을 수도 있다. 무엇이든 선택하지 않은 다른 길에 대해 후회를 하며 살아가는 것이 인간이기에 그 선택을 했더라도 후회는 했겠지만, 그래도 역시 아버지의 마지막은 당신이 원하시는 데로 고향 집에서 마무리할 수 있도록 해드렸으면 좋았을 것이라는 생각을 한다.

아버지께서 돌아가신 후 아버지의 산소는 우리 고향 집 앞산에 모셨다. 아버지를 보내드린 후 아직 그 사실을 받아들이기 힘들었던 나는 매일 퇴근 후 저녁에 아버지의 산소에 들러 하루 종일 있었던 일들을 아버지에게 이야기하고 돌아오곤 했다. 엄마와 동네 분들께서는 무섭지도 않냐며 걱정을 하셨지만, 그때는 내 마음이 그러고 싶었다. 매일 매일 아버지를 보러 가서 아직도 많이 남은 마음속 이야기를 다 해드리고 오고 싶었다. 감사하게도 갑작스러운 이별이 아닌, 마지막을 함께 준비할 수 있는 시간이 주어진 이별이었지만, 준비된 이별이었음에도 슬프지 않은 것은 아니라는 것을 겪어보니 알 수 있었다. 아버지가 돌아가신 지 10년이 흘렀지만, 여전히 나는 아버지께 해드리고 싶던 말들이 많이 남아있다. 그곳에서 아직도 자식들과 아내의 걱정에 우리를 지켜보고 계실 아버지께서 마음 아프시지 않도록 잘 살아가야 한다는 마음을 가지게 된다.

◦ 당신을 향한 마음은 여전히 그대로입니다

아버지에게는 여전히 걱정스러운 어린아이로 보였을 그 시절의 스물다섯 살 어렸던 나는 이제 시간이 흘러 그때보다 성숙한 어른이 되었고, 더 많은 세상을 보고 즐기며, 경제적으로도 온전한 어른이 되었다.

마음속 요정과 도깨비

겨우 스물다섯 살이던 그 시절 여유롭지 못한 형편에 아직 아버지께 좋은 곳 구경 한 번 시켜드리지 못했던 것이 마음에 걸리는 나는 좋은 곳을 갈 때도, 맛있는 음식을 먹을 때도 가끔 돌아가신 아버지를 떠올리며 눈시울이 붉어지곤 한다. 이젠 돈도 벌고 아버지께 든든한 친구가 되어드릴 수 있는데, 비행기도 태워드리고 호강도 시켜드릴 수 있는데, 정작 아버지는 이제 우리 곁이 아닌 저 높은 곳에서 우리를 지켜보고 계시다는 것이 시간이 이렇게 지났음에도 마음이 아플 때가 있다.

시간이 지났음에도 여전히 그리움은 마음에 남는다. 매일 매일을 생각하며 아버지의 산소를 찾던 그때처럼은 아니지만, 문득문득 아버지를 생각하며 울컥한 감정들이 되살아나는 순간들이 있다. 두 아이의 부모가 되어 내가 이 아이들에게 우리 부모님처럼 좋은 부모가 될 수 있을까? 내가 이 아이들에게 나의 부모님이 해주신 것처럼 많은 사랑을 줄 수 있을까?를 생각할 때 늘 우리를 바라봐 주시던 아버지의 표정이 떠오른다. 아버지를 떠나보내고 지금까지도 늘 하는 생각은 살아계실 때, 우리 곁에 계실 때 조금 더 자주 찾아뵙고, 더 많은 이야기를 나누고, 당신의 삶에 관한 이야기를 많이 들어둘걸…. 하는 생각들이다. 그때는 차마 생각해보지 않았지만, 어떤 마음으로 우리 형제들을 키워내셨는지, 어떻게 그리도 많은 사랑을 주실 수 있었는지 아버지의 마음을 조금 더 들어뒀더라면, 나는 지금보다 더 좋은 부모가 될 수 있지 않았을까 생각해본다.

있을 때 잘하라는 말을 우리는 참 자주 하게 된다. 지나가는 시간을 잡을 수 없기에 우리는 언제나 이별과 마주하게 되고, 이별의 순간 항상 지나간 시간에 대한 후회들을 안고 살게 된다. 항상 내 아이들을 위해서는 돈을 쓰는 것을 아끼지 않고, 더 좋은 것을 보여주고, 더 맛있는 음식을 먹이려 노력하면서, 정작 아직도 시골 마을에서 혼자 남아 생활하시는 어머니에게 전화 한 통 드리는 것도 늘 까먹었다는 핑계를 대며 소홀한 나를 보며 반성을 하게 된다. 아버지를 떠나보내면서 해드리고 싶은 것이 아직도 많이 남았는데 우리에게 남겨진 함께 할 수 있는 시간이 너무도 짧음에 슬퍼했으면서도, 현실을 살아가다 보면 그때의 그 아쉬움을 잊고 또 나중을 기약하며 마치 또 다가올 이별은 먼 미래의 일이라고 생각하며 일상을 살아가게 된다. 오늘은 꼭 자식들의 안부 전화를 기다리며 여전히 우리 자식들의 걱정으로 하루를 보내고 계실 어머니께 전화 한 통이라도 드리고, 곧 찾아뵙겠다고 말씀드려야겠다.

마음속 요정과 도깨비

　사람은 누구나 자신이 행복하다고 느끼는 여러 가지 조건이 있을 것이다. 우리는 대부분 행복의 기준을 상대적으로 느낄 수 있는 조건으로 생각하는 경향이 있다. 남들보다 많이 가져야 행복하다고 느낄 수도 있고, 인스타그램의 팔로워 수가 남들보다 많을수록 행복하다고 느낄 수도 있으며, 남들보다 빠르게 성공해야만 행복하다고 느낄 것이라 생각할 수 있다. 만약 우리가 생각하는 행복의 조건이 정말 이처럼 남들과 비교해서 남들보다 많은 것을 가져야만 행복할 수 있다면, 우리의 곁에는 어떤 사람들이 함께할 수 있을까? 그리고 내 곁에 있는 사람들을 진심으로 대할 수 있겠는가? 우리는 지금 어떤 행복을 추구하고 있으며, 우리가 추구하고 있는 가치는 무엇을 향하고 있는지 생각해볼 필요가 있다.

　우리가 모두 행복한 삶을 위해 노력하고 있다면, 우리의 곁에는 무엇이 행복한 삶인지, 어떻게 살아야 행복해질 수 있는지, 그리고 행복한 삶을 살기 위해 어떤 가치들을 중요하게 생각해야 하는지 가르쳐 줄 사람이 있는가? 우리는 행복의 가치를 누구에게 배울 수 있는가? 지금 우리가 걸어가고 있는 이 길이 행복한 삶을 향해 가는 길이라고 확신한다면, 당신의 이 길이 옳은 길이라고 응원해줄 사람들은 누구인가? 우리가 주위를 둘러봤을 때, 가장 먼저 나를 응원해주고 나의 행복을 빌어줄 사람들은 바로 가족일 것이다. 내가 행복할 수 있기를 가장 진심으로 바라는 나의 부모님께 우리는 어떤 마음을 전하고 있을까? 항상 내곁에서 영원히 계셔 주셨으면 하지만, 그 시간은 영원할 수 없음을 우리가 알고 있다면, 지금 이 순간 전하지 못할 마음은 없을 것이다.

질문 세 가지

1. 가장 최근에 생각한 행복하다고 느낀 기억이 무엇인가?

2. 부모님께서 해주신 말씀 중 가장 기억에 남는 한 마디는 무엇인가?

3. 차마 부끄러워서 부모님께 전화로는 직접 말씀드리지 못하겠지만, 그래도 꼭 해드리고 싶은 한 마디는 무엇인가?

　　　　　　　　　　　　　　　마음속 요정과 도깨비

8

오래,
그리고 짧게

모두에게 평등한 재화, 내가 사는 시간

2016년도에 개봉한 영화 〈당신, 거기 있어 줄래요〉는 세계적으로 유명한 작가인 기욤 뮈소의 동명의 장편소설을 영화화한 시간여행 판타지 영화이다. 세대가 변해도 시간여행을 소재로 한 판타지 영화들이 계속해서 나오는 이유는 아마도 시간을 되돌려서 돌아가고 싶은 그때가 누구에게나 있기 때문이 아닐까?

영화 〈당신, 거기 있어 줄래요〉에서 남자 주인공 수현은 의료 봉사 활동 중 한 소녀의 생명을 구하고 소녀의 할아버지로부터 시간여행을 할 수 있는 10개의 알약을 선물 받는다. 호기심에 알약을 삼킨 수현은 30년 전의 과거로 돌아가 과거의 자신과 마주하게 되는데, 그 시간 속에서 30년 전 자신이 너무나도 사랑했던 연인인 연아를 보게 되고, 지금은 사고로 만날 수 없던 그녀를 시간을 되돌릴 수 있는 10번의 기회를 통해 구하려고 노력한다.

사고로 죽은 연인을 살리고자 과거로 돌아가 그때와는 다른 시간을 통해 과거를 바꾸려는 내용은 영화 〈이프 온리〉와도 비슷한 듯하지만, 유독 이 영화 속에서 내가 감동하게 한 대사는 과거에 살고 있는 수현이 미래에서 온 자신에게 이야기하는 이 대사이다.

마음속 요정과 도깨비

"당신에겐 과거지만 나한텐 미래에요. 그 미래는 내가 정하는 거고!"

지금 내가 살아가고 있는 나의 현실은 과거의 내가 보낸 시간들이 만들어낸 결과이며, 지금 내가 살아가고 있는 이 시간은 미래의 내가 어떤 모습으로 살아갈 것인가를 결정하는 시간이 될 것이다. 우리는 모두에게 공평하게 주어진 24시간이라는 시간이 쌓이는 하루하루를 어떻게 보낼 것인가? 그리고 어떤 기억들을 그 시간에 차곡차곡 쌓을 것인가.

24시간은 짧을까, 길까?

○ 우리에게 주어진 하루, 무엇으로 시작하는가

이른 아침 알람 소리에 잠을 깨고 하루를 시작하는 시간, 아직은 해가 완전히 뜨지 않은 어둑함에 간신히 눈을 뜨고, 이불 밖으로 나가는데 용기가 필요한 겨울날의 아침도 있고, 벌써 해가 뜬 건가 싶게 아침부터 반짝이는 햇빛으로 시작하는 여름날의 아침도 있다. 밤새 뻣뻣해진 몸을 일으켜 시원하게 기지개를 켜는 것으로 시작하는 아침, 누군가의 모닝콜에 행복한 마음으로 시작하는 아침, 누구나 아침 해가 뜨면 맞이하게 되는 이 시간을 우리는 오늘 어떻게 시작했을까.

하루의 시작을 해도 뜨기 전인 컴컴한 새벽을 가르며 일어나 부지런한 새들처럼 일찍 일어난 새가 먹이를 먼저 찾는다는 것을 몸소 보여주는 아침형 인간들이 있다. 반대로 충분히 내리쬐는 아침 햇살을 맞으며 느지막이 일어나 하루를 여유롭게 시작하고 저녁의 삶을 즐기는 저녁형 인간들도 있다. 당신은 어떤 유형의 하루를 즐기는 사람인가? 무엇이 옳다, 그르다의 문제는 아니다. 그저 사람은 누구나 자신만의 라이

마음속 요정과 도깨비

프 스타일이 있고, 그에 맞게 자신만의 하루를 계획하고 자신이 행복할 수 있는 하루를 보내는 모습이 사람마다 모두 다를 뿐이다.

시골에서 어린 시절을 보낸 나는 그 시절, 아침부터 눈을 비비고 일어나 부지런히 학교에 등교하여 친구들과 왁자지껄 학교생활을 보내고 집에 돌아와 가방을 내려놓기가 무섭게 다시 뛰어나가서 동네 골목길에 나가면 언제나 나를 기다리는 친구들과 별다른 장난감 없이도 그저 친구들과 온 동네를 누비고 다니며 신나게 놀다 보면 어느새 엄마들이 아이들의 이름을 부르며 저녁 먹으러 들어오라는 소리가 들리곤 했다.

매일매일이 색다를 것 없는 하루였고, 늘 우리가 놀던 골목길은 그 모습 그대로였음에도 불구하고 그때는 매일 뭐가 그렇게도 재밌었는지 하루가 너무나 쏜살같이 지나가 벌써 저녁이 되어버리는 것이 참 아쉬운 하루하루였다. 매일 만나는 친구들이고, 내일도 골목길에 뛰어나가면 볼 수 있는 친구들이건만 매일 저녁 친구들과 헤어져 집으로 돌아가는 길은 아쉬움이 한가득 남은 그런 하루였다.

하루가 너무나도 짧다고 느껴졌던 그때 그 시절에는 봄에는 들이고, 산이고 뛰어다니며 곤충채집도 하고, 꽃을 따다 반지도 만들고 목걸이도 만들며 이들과 산에 봄이 왔다는 것을 가득 몸으로 느끼며 시간을 보냈고, 여름이면 발만 담가도 온몸이 짜릿할 만큼 차갑던 바닷물이 언제 이렇게 온몸을 담가도 시원하게 느껴지도록 변한 것인지 모르겠지만, 첨벙첨벙 수영하며 하루 종일을 보내도 지치지 않을 만큼 반짝거리는 여름날의 햇살을 그대로 받으며 하루를 보냈다. 가을이면 산에 가득한 밤송이를 찾아다니며 양발로 뾰죽한 밤송이 껍질을 갈라 맨질맨질한 왕밤을 주워다 아궁이에 구워 먹으며 구멍을 내지 않아 딱!! 하고 터지는 밤송이에 놀라 자빠지며 깔깔거리며 웃으며 하루를 보내고, 겨울이면 하얀 눈에 찍힌 노루 발자국을 따라 뛰어다니며 겨울에도 추운 줄도 모르고 신나게 놀다 보면 꽁꽁 얼어 빨갛게 변한 귀와 코를 보며 서로 놀려대던 시간들로 가득한 하루하루였다.

그때는 아침에 눈을 떠 하루를 시작하는 것이 너무나도 기대되고, 즐겁게 시작할 수 있는 시간이었다. 어린 시절의 우리는 시간들을 흘려보내는 것이 아니라, 하루하루를 즐거움과 신나는 기억들로 가득 채우며 계절의 변화를 온몸으로 느끼면서 시간을 보내는 것이 당연한 날들이었다. 시간이 흘러 어른이 된 지금 바쁜 일에 치이고 일상에 지치다 보면, 언제 벌써 봄날이 다 지나가 버렸지? 하며 시간의 흐름에 무감각해지는 나와 주변 사람들을 보면, 어린 시절 뭘 해도 즐겁던 그때의 하루를 떠올리며 왠지 모르게 지금 이 시간이 아쉽다고 느낄 때가 있다.

주 52시간 근무제 등의 도입으로 근로 환경의 개선을 위해 많은 노력을 하고 있지만 그런데도 아직은 우리나라 사람들은 외국보다 근무시간과 근무 강도가 높은 편이다. 일과 여가시간 사이에서 일에 대한 중요도가 높은 편이기 때문일 수도 있고, 그렇게 생각해야만 하는 것이 익숙했던 세대들이 아직은 변화에 적응하지 못했기 때문일 수도 있다. 그렇게 여가시간을 활용하지 못한 체 일에 집중하며 살아온 어른 세대의 경우 일을 하는 시간 외에 쉬는 시간이 주어지면 무엇을 하면서 시간을 보내야 하는

마음속 요정과 도깨비

지 몰라서 난감해하는 상황들을 본 적이 있다. 일과 여가를 분리하지 못하고, 일하는 시간 외에는 무엇을 하며 어떻게 시간을 즐겨야 하는지 배우지 못한 체 30년 가까운 시간을 보낸 어른 세대가 퇴직 후 갑자기 주어진 온종일 자유로운 시간에 무엇을 해야 할지 몰라 그저 하루하루를 아무것도 하지 못하고 시간을 보내시는 경우들이 있다. 출근해서 온종일 일하고 퇴근 이후에는 그저 쉬는 것 말고는 여가를 즐겨본 적이 없기에 무엇을 하며 시간을 보내야 하는지, 어떤 즐거움을 알아야 하는지, 무엇을 할 때 본인이 즐거운지 알지 못하기 때문에 그저 하루하루 시간을 보내며 노년의 시간을 아깝게 흘려보내는 분들을 볼 때면 그저 흘러가는 시간을 바라보기만 하는 어르신들에게 하루는 얼마나 길게 느껴질까 하는 마음에 안타까운 마음이 들기도 한다. 길을 걷다 보면 주택가를 지날 때가 있는데 나이가 많은 어르신들께서 밖에 나와 그저 지나가는 사람들을 바라보며 시간을 보내시는 것을 볼 때도 길고 긴 하루를 그저 보내고 계시는 어르신들의 하루 시작은 어떤 마음일지 감히 헤아리기도 어렵다.

어린 시절 별거 없이도 하루가 너무나 짧게만 느껴졌던 그때 그 시절의 시간과 경제적 여유와 부담이 없는 시간이 주어졌음에도 길게만 느껴지는 어르신들의 그 시간은 모두에게 똑같이 주어진 24시간임에도 참 다르게 느껴지는 시간이다. 무엇이 이렇게 같은 시간을 다르게 느끼도록 하는 것일까?

우리에게 주어진 그 시간이 얼마나 소중한지 모르기 때문은 아닐 것이다. 흘러가는 시간의 소중함에 대해서는 어린아이보다는 시간의 속도가 야속하게만 느껴지는 어르신들이 더 잘 알고 계실 것이다. 그런데도 어르신들의 시간은 길고도 길게만 느껴지는 것은 아마도 삶의 즐거움의 차이가 아닐까? 즐거운 일들로만 가득 찼던 어린 시절의 그 시간은 쏜살같이 흘러가지만, 삶의 무게를 알기에 즐거움보다는 걱정과 마음 써야 할 일들이 점점 많아지는 어르신들의 그 시간은 너무나 더디게 흘러가는 시간일지도 모른다.

◦ 주어지는 시간을 살 것인가, 주어진 시간을 살아갈 것인가

하루는 24시간으로 누구에게나 똑같이 주어진다는 사실은 우리가 모두 잘 알고 있는 사실이다. 돈이 아주 많은 재벌이라도 하루 세끼 먹는 것은 똑같다는 농담이 있듯이 시간이라는 것은 누구에게나 공평하게 똑같이 주어지는 조건이다. 돈으로도 더 살 수 없고, 노력하지 않는다고 얻을 수 없는 것이 아닌, 누구에게나 살아있는 한 주어지는 것이 시간이다. 하지만 인간이 24시간 깨어 있는 상태로 항상 무엇을 하는 상태로 지낼 수는 없으므로 누구에게나 공평하게 주어진 24시간을 어떻게 분할해서 잠을 자고, 밥을 먹고, 일하고, 무엇을 하며 시간을 보낼 것인가, 어떤 시간들로 하루의 계획표를 채워가는가는 사람마다 각자의 계획표에 따라 다르게 채워질 것이다.

마음속 요정과 도깨비

학창시절에는 내가 반드시 해야만 할 것들이 그렇게 많았던 것 같지 않다. 학생이기에 자유롭게 하지 못하는 것들도 많지만, 학생이기에 어른들의 보호 아래서 열심히 해야만 할 것들이 공부와 학교생활, 그리고 친구들과의 관계 외에는 노력해야만 할 것들이 크게 많지는 않았던 것 같다. 그렇기에 그 시간은 살아가면서 마주하게 되는 그 어떤 시간들보다 나 스스로에 대해 생각해보고 나의 미래에 대해 꿈꾸고, 행복한 삶이란 어떤 삶인가에 대한 사춘기 청소년만이 할 수 있는 고민을 충분히 할 수 있던 시간이었던 것 같다. 어른이 되어 내가 자신을 책임지면서 살아가기 위해 노력하며 바쁜 일상을 지내다 보면, 내가 책임져야 할 것들은 한둘씩 늘어가고, 삶의 무게는 점점 무거워지기에 내가 살아가는 현재를 돌아보거나 미래에 대한 꿈을 꿀 시간은 여유가 없어지기도 하는 것이 현실이다. 그렇기에 학창시절에만 채울 수 있던 상상의 나래들로 채워지는 시간들은 그 어떤 때보다도 나에게 주어진 시간을 주체적으로 살아가는 시간들이었다고 생각한다.

학창시절 펼쳤던 상상의 나래들은 지금 어떤 모습으로 현실화되고 있을까? 그때의 내가 꿈꾸었던 것들을 우리는 얼마만큼 이루어 내고 있을까? 아무것도 하지 않아도 시간은 흘러가고, 무엇을 열심히 하지 않았어도 한 살, 두 살 나이를 먹어가며 어느덧 어른이 되어 간다. 어른이 되어 가는 동안 누군가는 학창시절에 꿈꾸던 다양한 것들을 위해 끊임없이 노력하며 주어진 24시간의 하루를 아끼고 아껴가며 소중하게 보냈을 것이고, 누군가는 아무것도 하지 않아도 잘만 흘러가는 시간을 그저 바라보며 아무것도 하지 않은 채 시간을 흘려보냈을지도 모른다.

하고 싶던 일들을 위해 소중한 시간을 쪼개고 쪼개어 최선을 다해 노력하는 이들에게 시간은 너무나도 빠르게 지나가 붙잡고 싶을 만큼 아쉽지만 아깝지는 않은 시간들이었을 것이고, 그저 흘러가는 시간을 바라만 보며 지나가는 시간에 아쉬워할 것이 없는 이들에게는 길고 긴 시간들이었을 것이다. 누군가는 주어진 시간을 어떻게 살아갈 것인가를 고민한 시간이며, 누군가에게는 그저 주어지는 시간들을 살아냈을 뿐인 시간들이다. 현재를 살아가는 나의 시간들은 누구의 시간과 닮았는가? 누구에게나 똑같이 주어지는 시간을 그저 살아갈 뿐인 길고 긴 시간들을 보내고 있는가. 아니면 주어진 시간을 주체적으로 살아가기에 아쉽지만 아깝지는 않을 고마운 시간들을 보내고 있는가.

◦ 지나간 시간을 돌아보는 시간, 미래의 시간을 그려보는 시간

어린아이들에게 시간은 이미 살면서 지나온 시간들보다 앞으로 살면서 경험해야 할 시간이 더 많기에 지나온 과거의 시간보다는 남겨진 미래의 시간이 훨씬 길다. 그렇기에 어린아이들은 과거를 회상하며 지나간 시간들을 후회하거나 아쉬워할 시간이 많지 않기에 과거를 바라보기보다는 앞으로 그들에게 얼마나 남았을지 짐작조차 되지 않는 미래의 시간들을 바라보며 기대와 설렘으로 시간들을 채워가게 된다. 반대

마음속 요정과 도깨비

로 어르신들은 지나온 과거의 시간이 앞으로 남겨진 미래의 시간보다 훨씬 길기에 살아오면서 축적되어 온 경험들 속에서 후회할 것들도, 미련이 남는 일들도, 돌이키고 싶은 일들도 많으실 것이다. 그렇기에 어르신들은 얼마 남지 않았을 것 같은, 이미 무엇인가를 변화시키기에는 늦었다고 생각할 수 있는 미래를 생각하기보다는 지나온 시간들에 대한 회한과 추억들을 곱씹으며 시간을 더 많이 보내시는 것일지도 모른다.

어린 시절 하루가 너무나도 짧게 느껴지기만 했던, 하루의 시작이 너무나도 기대되고 즐겁기만 했던 그때의 시간이 아쉽게 늘 빨리 지나가 버린다고 느껴졌던 것은 아마도 미래의 시간에 대한 기대와 행복한 상상들 덕분이 아니었을까? 무엇이든 될 수 있고, 무엇이든 바꿀 수 있는 가능성이 무궁무진한 어린 시절은 다시 돌아오지 않는다. 하지만 이미 그 시절을 경험한 우리는 행복한 상상과 즐거움이 우리의 시간에 채워졌을 때 똑같이 흘러가는 24시간이 하루가 얼마나 아쉽게 느껴질 만큼 소중한 시간이었는지 알고 있다. 미래를 바라보는 시간은 우리에게 기대와 즐거운 상상이 가득하도록 해줄 수도 있는 시간인 것이다.

하지만 모두에게 언제나 미래의 시간에 대한 기대가 가득한 것은 아니다. 아마도 지나온 시간에서 차곡차곡 쌓아온 행복한 추억들이 우리에게는 미래를 향한 기대가 아름다울 수 있도록 해주는 원동력이 되어줄 것이다. 지나온 시간 속에 나를 위한 행복한 기억들을 열심히 만들어왔다면, 그 추억들이 앞으로 다가올 나의 시간에 대해 기대와 행복한 상상이 가득하도록 만들어줄 것이다. 지나온 시간 동안 열심히 걸어온 우리는 우리에게 다가올 내일에 대한 기대로 오늘을 즐겁게 살아낼 수 있으며, 그 시간은 어린 시절의 그때처럼 아쉽지만 아깝지는 않은 시간들이 되어줄 것이다.

내가 쓰는 시간의 목적

° 무엇을 할 때 나는 행복하다고 느끼는지 잘 알고 있는가?

어느 날 우리에게 주어진 하루 24시간의 시간을 생각해보자. 시험 기간 동안 열심히 달려온 학생이 마지막 시험까지 모두 끝낸 후 맞이하는 다음 날 아침, 눈을 뜨자마자 어떤 것을 하고 싶어 할까? 직장인이라면 일주일 넘게 야근과 주말 출근까지도 마다치 않으며 에너지를 쏟은 프로젝트가 성공적으로 끝난 후 맞은 첫 주말 아침, 어떤 일들을 하고 싶어질까? 며칠째 미세먼지와 바람으로 외출이 쉽지 않았던 날들이 계속되다가 해가 쨍쨍한 맑은 날이 짜잔~ 하고 나타나면, 제일 먼저 어떤 일들을 하고 싶을까?

지금 당장은 할 수 있는 시간이 부족해서 할 수 없지만, 지금 이 힘든 시기만 지나고 나면 제일 먼저 하고 싶은 일, 먹고 싶은 음식, 가보고 싶은 곳 등등 우리는 지금 당장 힘든 일을 견뎌내기 위해서 미래에 하고 싶은 것들을 상상하고 계획하면서 에너지를 내기도 한다. 학창 시절, 시험시간만 끝나고 나면 친구들과 학교 앞 즉석 떡볶이 가게로 달려가 맛있는 것들을 왕창 시켜놓고, 지금 생각하면 무슨 이야기였는지 잘 기억도 잘 나지 않는 그런 수다를 몇 시간이고 깔깔대면서 떠들고 싶어 했었다. 그 시간을 위해 지금 시험 기간 동안의 스트레스 정도는 꾹 참고 기다릴 수 있었다. 사회인이 되어 회사에 다니면서 며칠째 야근에 시달리며 프로젝트를 성공시키기 위해 열과 성을 다해 매달리던 때에도, 이 일만 끝나면 주말 내내 밀린 드라마들을 몰아서 보면서 하루 종일 푹 쉬고 저녁에는 치킨에 맥주로 지친 나를 위로해야겠다는 생각으로 힘든 시기는 잘 버텨내기도 했다.

어떤 목적을 위해 열심히 달려야 하는 힘든 시간을 버티게 해주는 것은, 이 힘든 시간이 끝나고 나면 나를 위해 무엇을 할 수 있는가를 생각하면서 즐거운 일들을 계획하고 상상의 나래를 펼칠 수 있는 시간일 것이다. 이 시간이 지나고 나면 내가 할 수 있는 즐거운 일들을 생각하면서 만들어내는 긍정적인 에너지로 주어진 일들을 해내다 보면 어느새 금방 힘든 시간도 지나가 버리기 때문이다. 그렇다면 나는 어떤 일들을 할 때 즐겁다고 느끼게 될까? 나는 어떤 것들을 좋아하고, 행복하다고 느끼게 될까? 우리는 스스로 어떤 것들에서 행복하다고 생각하는지 잘 알고 있는가?

우리가 주어진 하루 24시간을 알차게 보내고자 노력하는 이유는 우리에게 주어진 시간이 유한하다는 것을 알기 때문이다. 유한한 시간 안에서 행복한 일, 즐거운 일, 보람을 느낄 수 있는 일. 감사함을 느낄 수

마음속 요정과 도깨비

있는 일들로 가득 채워도 시간은 늘 우리를 기다려주지 않고 흘러가 버리기 때문에 아깝게 흘려보내지 않기 위해서는 주어진 시간을 알차게 보내야 아쉬움이 없을 것이다. 그렇기에 나는 무엇을 할 때 즐겁고, 행복하고, 보람을 느끼며, 감사함을 느끼는지 잘 알고 있어야 나에게 주어진 시간들을 아쉬워하지 않을 수 있을 것이다.

◦ 단 5분이 주는 선물 같은 하루의 기적!

우리는 언제나 우리에게 주어진 시간을 쓸 때 목적을 가지고 사용하게 된다. 열심히 일할 때는 살아가는 데 필요한 재화를 벌고, 실현하고자 하는 목표를 달성하고자 시간을 쓰는 것이고, 밥을 먹을 때는 생존을 위해 필요한 시간을 쓰는 것이며, 가만히 아무것도 하지 않고 쉬는 시간 역시도 재충전을 위한 시간을 쓰는 것이다. 그렇다면 우리에게 주어진 유한한 시간을 어떻게 쓰는 것이 유용하게 쓰는 것일까? 이 질문에 대한 답은 사람마다 모두 다를 수 있다. 유용하다고 느끼는 기준도 모두가 다를 것이고, 시간의 가치에 대한 생각도 모두가 다를 수 있기 때문이다. 그저 우리에게 주어진 시간을 어떻게 쓸 때 행복할 수 있을까를 생각하며 자신의 시간을 스스로 계획하며 주체적으로 살아가는가의 문제일 것이다.

나는 나에게 주어진 24시간의 시간들 안에서 내가 계획하는 모든 일정을 예상 시간보다 5분씩 앞당겨서 잡는다. 예를 들어 매일 아침 출근을 위해 늦지 않으려면 8시 15분에 현관문을 열고 나가야 한다면 그 시간을 8시 10분이라고 스스로 생각하고 행동하는 것이다. 8시 15분에 나가야 한다고 생각하고 준비를 하는 것보다 8시 10분에 나가야 한다고 생각을 하면, 8시 8분 정도에는 출근을 위한 준비가 끝나게 된다. 출근을 위해 현관문을 나서서 지하주차장으로 향했을 때, 만약 내 차 앞을 가로막고 있는 이중 주차된 차가 있다면 어떨까? 8시 15분에 출발을 해야만 지각을 하지 않을 수 있다고 계산하여 내려갔는데, 예상하지 못한 상황으로 시간이 걸려서 늦게 출발을 하게 되는 경우, 출근도 하기 전부터 짜증이 섞인 감정으로 하루를 시작하게 될지도 모른다. 만약 상대방 차량이 전화를 늦게 받아서 출발하는 시간이 늦어질수록 짜증이 늘어나서 처음 마주하는 이웃임에도 웃으면서 대하기는커녕 짜증스러운 얼굴로 마주하여 이웃의 아침 시간에 불편함을 전해주었을지도 모르는 일이다.

　평소 나의 습관처럼 8시 10분에는 출발해야 한다는 생각으로 출근준비를 마치고 주차장으로 내려왔다면, 이중 주차가 되어 있는 차량이 이동하는데 걸리는 그 얼마 안 되는 시간 정도로 쉽게 짜증이 나지는 않았을 것이다. 늘 5분 정도 여유를 두고 행동하는 시간 습관은 나에게 마음의 여유와 쉽게 짜증을 내지 않을 수 있도록 해주는 고마운 습관이다. 이런 특별한 상황이 아니더라도 여유 있게 출발했다고 생각했는데 도로의 상황이라는 것이 정확하게 예측할 수 있는 것은 아니다 보니

　　　　　　　　　　　마음속 요정과 도깨비

평소보다 훨씬 더 막히는 상황이 일어날 수도 있다. 막히는 도로에서 지각할지도 모른다고 생각하면 사람들은 마음이 조급해지기도 하고, 서두르게 되기도 하며 그러다 보면 평소답지 않은 행동으로 사고 위험이 생기기도 한다. '겨우 5분 일찍 나왔다고 해서 얼마나 일찍 도착하겠어, 그래 봐야 5분 일찍 도착하는 거겠지'라고 생각할 수 있겠지만, 그 5분 사이에 교통상황은 갑작스럽게 변할 수도 있으므로 겨우 5분 때문에 도착 시각은 훨씬 더 크게 차이가 날 수도 있다. 이렇게 생각하면 겨우 5분 덕분에 나의 하루의 시작이 짜증이나 불쾌함으로 시작할 수 있지 않을 수 있다.

이렇게 예상하지 못한 상황들이 발생해도 평소 습관대로 늘 5분의 여유를 가지고 움직이며 시간을 당겨서 사용하는 습관은 나에게 시간이 나의 편이라는 생각을 가지게 해준다. 시간이 나의 편이니 무엇을 해도 언제나 여유 있게 행동할 수 있기에 시간에 쫓겨 무엇을 놓치고 있는 것은 아닌지 조바심을 가질 필요도 없고, 허둥지둥하다가 실수할 걱정도 조금은 덜 하게 되고, 얼굴에 짜증보다는 여유가 생기면 조금 더 웃으면서 생활할 수 있게 되기도 한다. 이렇게 차곡차곡 쌓여가는 마음의 여유는 내가 무슨 일을 하더라도 조바심보다는 자신감을 가질 수 있게 해주고, 어떤 선택을 할 때 조금 더 넓은 시각에서 생각해보고 결정할 수 있는 신중함을 선물해준다. 이렇게 겨우 5분이라고 생각할 수 있지만, 그 5분 덕분에 하나씩 쌓여가는 마음의 여유는 나에게 많은 것들을 선물해준다.

° 당신의 시간을 무슨 색으로 물들이고 있는가?

디즈니 영화 〈인사이드 아웃〉이라는 영화에서, 모든 사람의 머릿속에 존재하는 감정 컨트롤 본부가 있다는 기발한 상상력이 등장하는데 이 내용을 무척 재미있게 본 적이 있다. 기쁨이와 슬픔이 버럭이와 까칠이, 소심이 다섯 감정이 의인화되어 등장하는데 그중에서도 파란색 얼굴에 파란색 머리와 큰 동그란 안경을 쓴 슬픔이는 이 영화를 보지 않은 사람이라도 어떤 캐릭터인지 알 수 있을 만큼 유명하기도 했었다. 이 영화에 등장하는 캐릭터인 파란색의 슬픔이, 빨간색의 버럭이, 초록색의 까칠이, 보라색의 소심이, 따뜻한 색의 기쁨이를 보며 영화 속의 주인공뿐만 아니라 우리에게도 무지개 색깔의 모습이 있다는 생각을 하게 된다. 우리는 누구와 어떤 시간을 보내고 있느냐에 따라 타인에게 보여줄 수 있는 감정의 색깔이 변화한다. 즐겁고 행복한 감정으로 상대방을 대할 때는 핑크색이 되어 사람들을 대하고 힘들고 지치는 일이 많아 마음에 어둠이 많을 때는 검은색이 되어 사람들을 대하게 될 것이다.

사람들의 감정은 시시각각으로 변화하기 마련인데, 어떤 것들이 우리의 감정을 변화하게 할까? 경제적으로 여유가 있을 때, 사람들과의 관계가 원만하고 편안함을 느낄 때, 시간에 쫓기지 않고 여유로운 생활을 할 수 있을 때, 그리고 내 주변에 사랑으로 가득한 환경일 때 우리는 행복한 감정을 느끼고 따뜻한 핑크색으로 나를 물 들이며 상대방에게도 따뜻한 기운을 전달하고 함께 핑크색으로 물들 수 있도록 할 것이

마음속 요정과 도깨비

다. 반대로 경제적으로 힘들고 시간에 쫓기며 주변을 잘 살피지 못하고 미움을 살 일들이 많아진다면 우리는 의도치 않게 검은색으로 물들어 누군가를 대할 때 검은 기운을 많이 전달하게 될 것이다. 사람들은 누구나 상황에 따라 영향을 받을 수밖에 없기 때문에 나를 둘러싼 환경과 상황은 매우 중요하다. 하지만 우리가 모두 그러하듯이 환경과 상황이라는 것이 의도한다고 해서 의도한 대로 늘 만들어지는 것도 아니고, 위기와 힘든 일들은 예고하지 않고 갑자기 찾아와 우리를 흔들어 놓기도 한다. 하지만 그렇다고 모든 일이 우리의 생각과는 무관하게 갑작스럽게 변하기만 하는 것은 아니다. 내 생각과 의지, 노력으로 충분히 바뀔 수 있는 상황들도 존재한다. 모든 일에 5분을 앞당겨서 시간을 사용하는 노력으로 모든 일에서 여유 있게 행동할 수 있는 나의 습관도 그 예의 하나일 것이다. 큰 노력이 필요한 것은 아니지만 '겨우 5분'이라고 생각할 수 있는 것을 '5분 덕분에'로 생각하며 나의 생활을 하나하나 여유롭고 행복하게 바꿔갈 수 있다면, 나는 자신을 따뜻한 색으로 물들이고, 나와 나의 주변에 있는 사람들에게까지 따뜻한 색을 전달할 수 있을 것이다.

누군가와 함께 하는 시간에는 색이 묻어있다. 함께 시간을 보낸다는 것은 함께 만든 기억이 생긴다는 것이고 그 기억은 시간이 지나서 되돌아볼 때 추억이라는 이름으로 돌아오게 된다. 그 추억이 아름다운 기억으로 가득할 때 우리는 그 기억에 따뜻하고 아름다운 색을 칠해 추억할 것이고, 슬프고 힘든 기억으로 가득할 때 우리는 그 기억에 어둡고

차가운 색을 칠해 기억할 것이다. 그렇기에 우리의 추억에는 색이 있고, 이 추억을 함께 만든 사람에게도 같은 색의 기억으로 추억될 것이다. 기억할 만큼, 시간이 지나고 나서도 추억으로 회상할 만큼 소중한 기억을 함께 만드는 이는 누구일까? 아마도 추억하고픈 그 기억이 소중한 만큼 나에게는 소중한 사람들일 것이다. 소중하고 사랑하는 사람들과 함께하는 시간들은 언젠가 시간이 지나고 나서 회상할 때 하나하나가 소중한 추억으로 남을 값진 재산이 되어준다. 그렇기에 지나가 버릴 시간임에도 나와 나를 둘러싼 소중한 사람들과 시간을 보낼 때 행복한 마음과 감사하는 마음으로 주위를 따뜻한 색으로 물들이는 것이 필요하다. 언젠가 지금 이 시간을 회상하며 힘든 시간을 견뎌낼 용기를 얻을지도 모르는 값진 추억이 될 수도 있기 때문이다. 우리는 지금 어떤 색으로 이 시간을 물들이고 있을까.

마음속 요정과 도깨비

단 5분이라도 나를 위하여

◦ 5분 동안 할 수 있는 일들은 무엇이 있을까?

　하루 일을 끝마치고 집에 돌아와 켜놓은 TV에서 나오는 프로그램과 프로그램 사이에 광고는 약 3~40초 정도이다. 인기 있는 프로그램의 경우 프로그램 시작 전까지 약 7~8개의 광고가 방송된다고 하면, 약 5~6분 정도의 광고가 지나가는 셈이다. 아침 출근길 버스 정류장에서 버스를 기다리다 보면 버스 전광판에 내가 기다리는 버스가 몇 분 후에 도착하는지 표시해주는데, 아침 출근길에는 5~7분이면 기다리는 버스를 탈 수 있다. 이렇게 우리 생활 속에서 5분이라는 시간은 긴 기다림을 필요로 하는 시간이 아니라 스쳐 지나가는 시간들 속에서 찾을 수 있는 짧은 쉼표 같은 시간이다. 하루 24시간을 분 단위로 바꾸면 1,440분이 되고 이 1,440분의 시간 중에 5분은 우리 하루에서 큰 시간이 아니다. 잠시 TV를 틀어 놓으면 재밌는 프로그램이 하기 전 잠깐 광고를 보며 기다리는 시간이자, 내가 타야 할 버스를 기다리며 이어폰으로 흘러나오는 노래 한두 곡을 들으며 잠시 날씨 감상을 하다 보면 후딱 지나가 버리는 시간이다.

무심코 있다 보면 언제 지나갔는지 잘 모를 만큼 길지 않은 짧은 쉼표 같은 5분, 이 5분 동안 우리는 무엇을 할 수 있을까? 5분 동안 할 수 있는 일을 생각해보면, 컵라면에 물을 붓고 기다리는 시간일 수도, 일하는 중간 티타임을 위해 물을 전기포트로 끓여 따뜻한 물로 차를 우려내는 시간일 수도 있다. 너무 바쁘게 일을 하다 보면 눈 깜빡이는 것조차 잊고 모니터를 쳐다보다 눈이 뻑뻑해지기도 하는데 잠시 눈을 감고 오른쪽, 왼쪽으로 안구 운동을 하는 것만으로도 너무나 시원하다고 느낄 수도 있다. 오후 3시쯤 일하는 도중 집중력도 떨어지고 눈꺼풀이 무거워질 때쯤 몸을 일으켜 잠시 움직일 여유가 있다면 잠시 의자에서 일어나 창가로 가서 햇빛을 쐬면서 기지개를 켜고 허리 스트레칭 몇 번을 해주는 것만으로도 다시 업무에 집중할 수 있는 에너지를 채울 수 있을 것이다.

무심코 지나쳐버릴 수 있는 5분은 너무나도 짧고 순식간에 지나가 버릴 수 있는 시간이지만 의식적으로 무엇인가 나를 위해 일부러 시간을 내어 행동하는 5분은 우리에게 많은 것을 줄 수 있는 시간이다. 무엇인가 집중해서 일하고 있을 때 단 5분도 짬을 내기 어렵다고 하지만, 그 5분 정도 잠시 일을 손에서 놓는다고 엄청나게 일에 방해가 되거나 하지는 않는다. 오히려 너무 움직이지 않고 일에 몰두하다 보면 목과 허리에 무리가 가기도 하고 눈이 뻑뻑해져서 오히려 더 피곤하게 느껴지기도 한다. 그럴 때 잠시 일을 손에서 놓고 가볍게 눈을 마사지하거나 기지개를 켜고 스트레칭을 하는 것만으로도 피곤함이 조금은 해소되고 오히

마음속 요정과 도깨비

려 조금은 상쾌한 기분으로 다시 일에 집중할 수 있는 에너지를 얻기도 한다. 일을 잠시 쉬는 5분 동안 큰 변화는 없지만, 그 5분 동안 움직인 덕분에 더 일에 집중할 수 있는 에너지를 얻을 수 있다.

우리가 살아가면서 경험하는 5분은 이렇게 찰나의 순간처럼 짧게 느껴지기도 하고, 새로운 에너지를 얻을 만하다고 느낄 만큼 여유로운 시간이기도 하다. 그러니 지금 무엇이든 열심히 노력하고 있다면 잠시라도 나를 위해 스스로 5분 정도 선물해 보는 것은 어떨까?

○ 내 시간이 소중한 만큼, 타인의 시간도 소중하다

바쁘게 살아가는 일상 속에서 주변의 사람들과 오랜만에 만나 맛있는 것도 먹고 즐겁게 지내기 위해 약속을 잡고 만나기로 할 때 모두가 그런 것은 아니지만, 가끔 약속 시각에 둔감한 사람들을 만날 때가 있다. 특히 연말연시 평소보다 많은 약속과 스케줄을 소화하다 보면 왜 유독 이 사람과 약속을 해서 만날 때는 불편한 감정이 생겨나지? 싶은 사람들이 있다. 혹시 지금 이 글을 읽고 있는 독자들은 누군가와의 만남을 계획할 때 이런 감정을 경험해 본 적이 있는가?

나는 예민한 편도 아니고 매사에 긍정적으로 바라보고자 하는 편이기 때문에 사람들을 만나는 것을 좋아하고, 사람들과 만나서도 시간을 보낼 때 내내 유쾌한 시간을 보내려고 노력하는 편이다. 그런데 이런 내가 누군가와 약속을 잡고 만나기로 할 때 즐거운 시간에 대한 기대감이 아니라 만나기도 전부터 묘하게 불편한 기분이 드는 것은 어떨 때일까를 생각해보면 앞서 이야기한 것처럼 약속 시각에 둔감한 사람들과 만날 약속을 잡을 때이다.

물론 살다 보면 내 앞에서 사고가 발생한다든가 교통흐름에 방해가 되는 일들이 생겨 예상보다 차가 너무 막혀서 약속 시각에 늦을 때도 있고, 약속 시각을 앞두고 미룰 수 없는 일이 갑작스럽게 생겨서 일을 해결해야 하는 상황이 발생할 수도 있다. 나 역시도 그럴 수 있다고 생각하기 때문에 약속 시각에 늦는 것을 불편하게 생각하는 것이 아니다. 늘 그런 사람이 아니라면 분명 늦는 데는 이유가 있을 것이고, 늦는 이 사람도 얼마나 미안한 마음으로 헐레벌떡 달려오고 있을까 싶어서 크게 불편한 내색하지 않는다.

내가 약속을 잡고 만나기로 할 때 불편함을 느끼는 사람들은 큰 이유 없이 늘 습관적으로 5~10분 정도 약속 시각보다 늦게 나오는 사람들이다. 상대방이 5~10분 늦는다고 해서 엄청 오래 기다려야 하는 것은 아니지만, 늘 5분 일찍 행동하는 사람인 경우 상대방이 10분 늦으면 더 오랜 시간을 기다리는 셈이 된다. 한두 번의 실수로 어쩌다 약속 시각에 늦은 것이라면 15분 정도야 지나가는 사람들을 구경해도 금방 지나가는 시간이기에 이런 것을 불편하게 생각하는 것은 아니다. 하지만 몇 번을 약속을 잡을 때마다 길지도 않은 시간인 5~10분 정도 늦게 나오는 것이 습관인 사람이라면 이야기가 달라진다. 이런 일이 반복되고,

어느새 이 사람은 늘 5~10분 정도 늦는 사람이라는 것이 익숙해지면 나 역시도 이 사람과 약속을 잡을 때면 당연하게 10분 정도 늦게 나가는 것이 익숙해지게 된다. 내가 사용하는 나의 하루 24시간의 시간 속에서 모든 일에 단 5분이라도 일찍 시간을 당겨서 쓰는 습관으로 내가 얻을 수 있던 여유로움과 즐거운 시작이 이 익숙함으로 인해 무뎌질 수도 있다는 불편함이 마음속에서 생기게 되는 것이다.

늘 습관적으로 늦는 사람에게는 겨우 5~10분이라고 여길 수 있는 시간은 사실 상대방의 시간을 빼앗은 것일지도 모른다. 약속 시각 전 상대방에게 5분의 시간이 더 주어졌다면 자신을 위해 다른 무엇인가를 할 수 있었던 시간일지도 모른다. 앞서 5분이라는 시간이 우리에게 주어졌을 때 우리가 할 수 있는 일들이 많았듯이 상대방의 5분이라는 시간은 너무나 소중한 시간일 수도 있다. 그런 상대방의 시간을 늘 습관적으로 뺏는 일은 상대방에게 너무나 실례가 될 수 있는 일이다. 이 글을 읽고 있는 지금 혹시 나는 그런 사람이 아닌가? 내가 혹시 누군가와 만나기로 할 때마다 5~10분 정도 늘 습관적으로 늦는 사람은 아닌가? 생각해볼 필요가 있다. 내가 늘 늦는 사람이라면 상대방에게 별것 아니라는 생각으로 늘 뺏어온 그 시간들이 얼마나 될지 헤아려 보고 미안함을 생각해보자. 나에게 주어진 5분이라는 시간이 나를 변화시킬 수 있기에 나에게 소중한 시간이듯이, 무심코 지나칠 수 있는 상대방의 시간도 너무나 소중한 시간임을 알아야 한다. 늘 모든 일정에 5분 정도 당겨서 생각하려는 나의 습관을 만든 것은 이런 생각도 무시할 수 없다.

늘 누군가와 만날 때 5분 정도 미리 약속 장소에 나가 상대방을 기다리면서 오늘의 만남이 즐거울 수 있도록 두근거리는 마음으로 오늘을 기대해보자. 약속 시각에 아슬아슬하게 도착하며 혹시 늦지는 않을까 걱정하면서 뛰어가는 것보다 단 5분이라도 미리 나가 오늘 무엇을 하며 즐겁게 지낼지 상상하는 것만으로도 오늘의 만남은 이미 즐거운 기분으로 시작하는 만남이 될 것이다. 혹시 상대방도 나와 같은 마음으로 5분 먼저 도착한다면, 우리에게는 오늘 예상한 것보다 5분이라는 시간이 더 생긴 것이니 선물 같은 마음으로 즐겁게 시간을 보낼 수 있을 것이다.

◦ 하루 5분이 만들어줄 수 있는 나의 미래

바쁜 일상 속에서 하루를 보내며 오롯이 나를 위한 시간을 보내는 일이 있는가? 아침이 되어 일어나 아침을 먹고 출근을 하고, 열심히 일하고 퇴근해서 저녁이 다 되어가는 동안 살아가기 위해 먹고 마시고 일을 하고 쉬는 일이 아닌 오롯이 나를 위해서 일부러 시간을 내어 하는 일이 있을까? 오늘 바쁘게 보낸 하루 일과를 떠올렸을 때 이 질문에 대한 답을 바로 하지 못한다면, 나에게 조금 미안한 마음을 가져보자.

　　　　　　　　마음속 요정과 도깨비

사람들은 살아가면서 자신의 라이프 스타일에 익숙해지면, 나를 위해서 행동하는 것이 아니라 정해진 시간이 되면 움직이는 경우들이 있다. 배가 고프다고 느껴서 식사하는 것이 아니라 밥 먹을 시간이 되어서 식사를 하고, 정해진 스케줄대로 움직이는 일상을 보낼 때가 대부분일 것이다. 이 시간들 속에서 나에 대해 생각하고 나를 위해 행동하는 것은 잊고 살기도 한다. 삶에 익숙해지다 보면 어느새 나를 위해 생각하는 시간보다는 정해진 시간이 되어 움직이는 것이 편안해지고 익숙해져서 지금의 이 익숙함과 편안함을 깨뜨리고 변화하는 것에 대한 불편함이 생겨나기도 한다. 그렇게 하루하루를 보내다 보면 어느새 시간은 흘러가고, 언제 이렇게 시간이 지났는지 깨달았을 땐 이미 시간이 지나 지나간 시간에 대한 아쉬움이 남을 수도 있다.

　지나간 시간을 아쉬워하기보다는 지금이라도 나를 위한 생각을 하고 나를 위해 움직이는 일들을 시작해보자. 하루 중에서 단 5분이라도 온전히 나를 위해 투자해보는 시간을 가져보는 것은 어떠한가. 나를 변화시키기 위해서는 긴 시간이 필요한 것이 아니라 하루 단 5분의 시간이라도 나를 위해 투자할 수 있는가에 달려 있다는 것은 앞서 이야기했던 내용을 통해 충분히 알 수 있다. 그렇다면 하루에 단 5분이라도 나를 위해 투자하겠다는 마음을 먹었다면 무엇을 할 수 있을까?
　만약 나를 위해 무엇을 해야 할지 잘 모르겠다면 바쁘게 지내는 일상 중에서 잠시 쉼의 시간이 필요할 때 눈을 감고 5분 동안 아무것도 하지 말아보자. 생각보다 5분 동안 아무 일도 하지 않으면서 아무 생각도 하지 않는 백지상태로 지내는 것은 어려운 일이다. 아무 생각도 하지 않을 수 없다면 이 5분 동안 나를 위한 생각을 시작해보자. 눈을 감고 나를 생각하면서 스스로 오늘도 잘하고 있다고, 지금까지 너무 수고했다고 말해보는 것은 어떤가. 부끄럽다고 생각할 수도 있지만, 오롯이 나를 위해서 내가 나에게 수고했다고 칭찬해주는 시간이 반복되면 내 자존감을 높이는 데 큰 도움이 될 거로 생각한다. 혹시 점심을 먹기 위해 식당에 갔다면 음식이 나오기 전에 잠시 5분 동안 곧 나올 맛있는 음식을 상상하면서 감사한 마음으로 이 식사를 즐길 수 있도록 마음을 먹는 시간을 가져보자. 그저 때가 되어 먹는 식사가 아니라, 나 자신을 위해 맛있는 음식을 '즐기기 위해서' 식사를 하는 일로 변화될 것이다.

5분이라는 시간은 짧아 보여도 나를 사랑하고 아끼고 대접할 줄 아는 경험을 만들어주기에 충분한 시간이다. 매일의 5분이 반복되고 쌓이다 보면 내가 오롯이 나를 위해 생각하고 노력하는 시간이 늘어나는 것이다. 혹시 여유가 있다면 나처럼 아침 이슬을 맞으면서 하루 5분의 산책으로 하루를 시작해보는 것은 어떠한가. 하루의 시작을 나에게 선물하는 5분으로 시작하는 것은 나에게는 하루를 행복하게 시작할 수 있는 에너지가 되어준다. 시간은 돈으로도 살 수 없기에 매일 나에게 선물하는 하루 5분의 시간은 쌓여서 나를 변화시키는 고마운 선물이 되어줄 것이다.

마음속 요정과 도깨비

다 함께
이야기 나누어봅시다

　10대의 시간은 시속 10km로 흘러가고, 20대의 시간은 20km, 50대의 시간은 50km로 나이가 들수록 시간의 속도는 빠르게 우리를 지나쳐 간다는 이야기를 들은 적이 있다. 10대 때는 언제 방학이 오는지 눈이 빠지게 기다려도 시간이 더디게 흘러갔던 것 같은데 어느새 30대가 되어 일상을 살아가다 보면 새해가 시작된 것이 엊그제 같은데 언제 봄이 벌써 지나가 버렸지? 하며 지는 꽃들을 보며 아쉬워할 정도로 시간이 빠르게 지나간다고 느낄 때가 있다. 한 해, 두 해 나이를 먹어갈수록 시간의 속도는 더 빠르게 나를 지나쳐 갈 것이고 어느새 나는 한참 먼 일처럼 보였던 내 부모님의 그때 그 시간을 경험하게 될 것이다.

　아쉬워해도 절대 기다려주지 않고 우리를 스쳐 지나가는 시간들을 어떻게 받아들이고 채워갈 것인가. 누구에게나 공평하게 주어지는 시간을 어떻게 채워가는 것이 나를 위한 삶이 되는 것일까. 그 누구도 나보다 더 나를 위해 고민해줄 수는 없다. 나를 위해, 나의 행복을 위해, 나의 더 나은 미래를 위해 가장 고민하고 노력하는 것은 나 자신일 것이다. 그렇기에 나에게 주어진 시간을 어떻게 채워야 내가 행복해질 수 있는가에 대해서는 내가 가장 잘 알고 있어야 한다.

나를 위해 열심히 사는 지금, 나는 행복한가? 지금의 나는 지나간 시간에 대한 후회보다는 미래에 대한 기대감으로 삶을 살아가고 있는가? 그 어떤 질문이라도 괜찮다. 나는 어떠한 시간을 살아가고 있는지 스스로에게 질문을 던져보자.

질문 세 가지

1. 오늘 하루를 보낸 당신의 하루는 긴 하루였는가? 짧은 하루였는가?
2. 무엇을 할 때 스스로가 행복하다고 느끼는지 알고 있는가? 알고 있다면 당신을 행복하게 만드는 시간은 무엇인가?
3. 세상이 갑자기 5분 동안 멈춘다면, 당신은 무엇을 하고 싶은가?

마음속 요정과 도깨비

9

편안함과 스릴

익숙함에 속아 설렘을 잃지 말 것

사랑을 다룬 로맨스 영화 중 많은 사람이 인생영화라고 손꼽는 영화 한 편이 있다. 2004년에 개봉한 길 징거 감독의 영화 〈이프 온리〉는 사랑하는 사람의 죽음을 눈앞에서 본 후 끊임없는 자책과 눈물로 하루를 보낸 남자 주인공 이안이 다음날 눈을 떴을 때 자신의 눈앞에서 죽었던 사랑하는 연인 사만다가 어제와 같은 그 모습으로 나타나 어제와 같은 말을 하고 같은 행동을 하며 어제와 같은 하루가 반복되는 것을 경험하면서 영화가 시작된다.

사랑하는 연인 사만다가 사고로 죽기 전, 이안은 사만다와 마지막으로 보낸 그 하루가 두 사람의 마지막이 될 것이라는 사실을 꿈에도 상상하지 못했을 것이다. 그렇기에 두 사람이 마지막으로 보낸 어제의 하루는 그저 일상의 하루였기에 이안은 사랑하는 사만다와 함께임에도 설렘을 느끼지 못했고, 사만다는 늘 내 옆에 있어 줬던 사람이라고 생각한다. 그녀가 자신은 사랑보다는 일이 우선인 이안에게 늘 2순위였다는 것을 알면서도 그것에 익숙해져 버렸다는 말을 하며 슬퍼하는 장면은 내 곁에 있는 사람들에 대한 많은 생각을 하게 되는 장면이다.

마음속 요정과 도깨비

사랑하는 연인을 갑자기 떠나보내고 나서야, 더는 함께할 수 없는 시간인 어제의 그 하루가 다시 이안에게 선물 되었을 때 이안은 연인에게 사고가 나리라는 것을 알기 때문에 더는 그 하루가 평범하지 않게 느껴진다. 어제는 특별한 줄 몰랐던 그 하루가 늘 내 옆에 있어 줬던 사람이 떠날 것을 알게 돼서야 특별한 하루가 되어 버린 것이다.

　우리는 수없이 많은 일상의 하루를 살아가게 된다. 이 하루가 다시 돌아올 수 없는 하루임을 알고 있다면, 이 하루가 얼마나 특별한 하루가 될지 설레지 않을 수 있는가.

편안해서 지루한 사이

◦ 따뜻한 아침밥의 온기가 그리워질 때

학창시절, 하루의 시작을 알리는 아침 알람 소리에 뜨기 힘든 눈을 비비며 겨우 일어나 하루를 시작하며 제일 먼저 마주하는 가족들과 웃으며 인사를 하고, 지난밤 잘 잤는지, 나의 마른기침에 방이 건조하지는 않았는지, 나를 향한 엄마의 걱정을 바쁜 아침을 핑계로 귀찮아 한 적이 있었다. 눈을 뜨자마자 씻고, 내 몸 하나 챙기고 학교에 가는 것으로도 바쁘다고 느꼈던 아침 등교 시간, 딸의 등교를 위해 그보다도 더 일찍 일어나 따뜻한 밥 한 끼로 아침을 든든히 시작하게 해주고 싶던 엄마의 마음을 그때는 참 당연하게도 생각했던 듯하다.

성인이 되어 부모님의 울타리를 벗어나 세상으로 나와 오롯이 내가 자신을 책임지며 살아가게 되면서 가장 크게 그리워지는 것은, 부모님의 보호와 사랑을 받으며 부모님의 울타리 안에서 살 때는 너무나 당연하게 생각했던 그 따뜻한 아침밥 한 끼였다. 늘 아침마다 눈을 뜨면 부엌에서 들려오는 도마 소리와 보글거리는 찌개 끓는 소리, 그리고 냄새

마음속 요정과 도깨비

만으로도 우리 엄마표 된장찌개라는 것을 알 수 있는 그 따뜻한 아침 밥 냄새는 당연히 주어지는 것들이 아니었던 것이다. 자식들과 남편을 위해 새벽부터 일어나 정성으로 만들어낸 엄마의 마음이 담긴 음식들이었다. 더 이상 누군가 대신해주지 않는, 오롯이 내가 나의 삶을 책임져야 할 때 이제는 아침마다 나를 위해 누군가 따뜻한 아침밥을 만들어주지 않는다는 것을 느꼈을 때, 지난 시간들 속에서 내가 당연하다고 생각했던 그 아침 밥상의 온기가 참 소중했다는 것을 알게 되었다.

유난히도 그런 날들이 있다. 혼자 살고 있는데 몸이 아프고 손가락 하나 까딱할 힘이 없어서 누군가의 보살핌이 필요한 날, 사회에서 부딪치고 깨져서 너무나도 지치고 힘든 날, 집에 돌아왔을 때 아무도 없는 혼자라는 사실을 느낄 때, 문득 엄마가 해주시던 따뜻한 밥 한 끼의 위로가 너무나 절실하게 필요한 날이 있다. 학창 시절에는 아침마다 차려주시는 그 아침밥의 소중함을 왜 몰랐을까. 너무나 당연하게 주어졌던 것들에 대해 왜 감사함을 느끼지 못했던 것일까.

이제 시간이 흘러 어른이 되고, 내 아이의 엄마가 되어 매일 아침 사랑하는 내 아이들을 위해 따뜻한 아침밥을 준비하면서 다시금 그때를 생각하게 되는 순간들이 있다. 아침마다 우리를 위해 새벽같이 일어나셔서 따뜻한 아침밥을 준비해주시던 엄마의 마음은 어떤 것이었는지 이제야 조금이나마 알아가게 되는 것 같다. 매일 비슷한 하루하루의 일상들 속에서 너무나 당연하게 주어진 것이었기에 그 소중함을 잘 몰랐던 시간들이었지만 이제는 더는 당연하지 않게 되어서야 그 시간들이 소중했었음을 확실히 알게 된 것이다. 늘 한결같은 마음으로 자식들을 위해, 가족을 위해 따뜻한 아침밥을 준비해주셨을 엄마의 마음을 모른 체 한결같기에, 늘 변하지 않기에, 항상 그곳에 계실 것이라고 믿었기에 귀찮아도 했고, 지겨워도 했고, 때로는 왜 그렇게까지 하시는지 이해를 하지 못하기도 했었다. 그것들이 절대 영원한 것이 아님을, 그리 머지않은 미래에 그것들을 얼마나 그리워할지 알았더라면 아마도 그 소중함을 더 잘 기억하고 감사하며 그 시간을 누렸을 텐데, 그때는 잘 알지 못했었기에 이미 지나가 버린 시간들이 아쉬울 뿐이다.

늘 지나가고 나서야 그 소중함을 깨닫게 되는 순간들이 있다. 그런 순간들은 엄청나게 감동적인 순간도, 유별나게 기억에 남을만한 순간들도 아닌, 우리의 평범한 일상의 소중한 기억들 속의 순간들이다. 평범하게 흘러가는 시간들 속에서 별다를 것은 없지만 언젠가 이 시간을 떠올리면서 마음속에 따뜻함으로 기억할 수 있는 그런 평범한 일상들, 흘러 지나가 버리고 나면 다시는 되돌릴 수 없는 시간들과 사람들, 그들과의 별것 아닌 대화와 함께 보낸 시간들은 엄마의 정성 어린 아침밥처럼 먼 훗날 유독 그리움으로 기억될지도 모르는 순간들이 되기도 한다. 아마도 우리에게 주어진 시간은 영원하지 않기에 항상 이별과 떠나보냄을 경험하며 살아갈 수밖에 없기에, 떠나보내고 나면 이미 남겨진 것은 추억들밖에 없기 때문일 것이다.

소중한 사람일수록 그 소중함을 모른다.

마음속 요정과 도깨비

어느 날 내가 너무나도 원하던 일이 이루어졌을 때, 우리는 누구에게 가장 먼저 전화를 걸어 이 사실을 알리고 축하를 받고 싶어 할까? 또는 일이 잘 안 풀리고 내 마음과는 다르게 꼬여만 가는 일들에 너무나도 지쳐서 위로받고 싶을 때 우리는 누구에게 이런 이야기를 하면서 위로 받고 싶어 할까?

아마도 내 가족, 나의 친구, 나를 아끼고 사랑해준다고 믿어 의심하지 않을 내 사람들과 이런 순간들을 나누고 싶어 할 것이다. 바쁘게 흘러 가는 일상 속에서 함께 하는 시간이 늘어난다는 것은 기쁨도, 슬픔도 함께 경험하고 나눌 기회가 많아진다는 것이다. 그렇기에 나를 둘러싼 나의 관계 속에 있는 사람들과 쌓여가는 시간만큼 함께 경험한 것들이 많아지고, 그만큼 추억이 쌓여서 소중한 시간을 함께한 소중한 사람들 이 되어간다. 하지만 내 곁에서 함께 하는 시간이 많을수록 그들과의 시간은 일상이 되고, 익숙해지며, 편안해져 간다. 사람과의 익숙함과 편 안함은 처음 그를 대할 때만큼 조심하지 않아도 됨을 의미하기도 하기 에, 우리는 알게 모르게 익숙함과 편안함에 기대어 소중한 사람들의 감 사함을 망각하고 서로에게 실수하기도 하고, 상처를 주기도 한다.

처음 관계를 형성할 때의 조심스러움으로 말도 최대한 예쁘게, 친절 하게 하려고 노력하던 모습은 서로에게 편안해질수록 솔직한 나를 표현 한다는 말로 포장하여 더는 서로에게 조심하거나 친절하게 대하려는 노 력을 덜 하기도 하고, 상대방을 위한다는 이유로 상처가 될 수 있는 말들을 내뱉기도 한다. 편안한 관계가 된다는 것이 서로에게 더는 조심하지 않아도 된다는 의미가 되어버리기도 하는 것이다.

우리에게 주어진 시간은 영원한 것이 아니기에, 나를 둘러싸고 있는 나를 사랑하는 내 소중한 사람들의 감사함을 알아야 한다고 머릿속으로는 누구나 잘 알고 있고, 타인에게는 쉽게 하는 말이기도 하다. 하지만 정작 나에게 주어진 환경들이 익숙하고 당연해지면서 그 소중함은 항상 기억하면서 살게 되지는 않는 것 같다. 이 세상에 태어나면서부터 우리에게는 너무나 당연한 것처럼 부모님이 계셨고, 부모님의 보호와 사랑 안에서 살아가는 것이 늘 익숙했기에, 그 감사함을 느낀다는 것은 어떤 계기가 있어야만 알게 되는 사실처럼 늘 기억하며 살아가기는 어렵기도 하다.

부모님뿐만 아니라 친구, 동료, 선후배 등과 같이 나와 함께 하는 나의 관계 속의 사람들에게도 우리는 늘 모든 관계에 감사함을 느끼면서 살아가기는 쉽지는 않은 일이다. 늘 나의 곁에 있는 사람들이기에 오히려 더 표현하지 않아도 내 마음을 잘 알고 있을 것이라는 생각에 소중함과 감사함을 표현하는 것이 줄어들고, 늘 함께 하는 시간이 길수록 서로에게 상처를 주거나 소홀히 여기고 말을 함부로 하게 되는 일들도 늘어난다. 아마도 나를 잘 알기에 나를 이해해줄 것이라는 믿음과 늘 함께하기에 익숙해진 편안함 때문에 나와 가까운 내 사람들에게 더 소홀해지기도 한 것이다.

마음속 요정과 도깨비

나에게 익숙하고 편안함을 만들어주는 내 사람들이 언제나 그 자리에, 그 마음으로 있어 줄 것이라는 착각은 소중한 사람일수록 소중하게 대할 줄 알아야 한다는 당연한 사실을 잠시 잊게 만들어 놓는다. 우리가 잠시 잊은 이 당연한 사실이 지켜지지 않을 때, 더는 우리가 소중하게 생각해야 할 사람들을 소중하게 대할 기회는 남아있지 않을지도 모른다. 영원한 것도, 당연한 것도 없기에 내가 소중히 여기지 못한 소중한 기회는 영원히 우리를 기다려주거나 당연히 그 자리에서 늘 있어 주지 않는다.

◦ 흘려보낸 시간은 다시 돌아오지 않는다

우리는 새로운 만남에 대한 설렘이 있다. 새로운 곳에서 새로운 사람들과 관계를 맺고 지금까지와는 다른 경험들을 해보면서 많은 것들을 알아가게 될 때 설레하거나 열정을 가지게 되기도 한다. 새로운 만남과 새로운 사람들은 분명 늘 반복되는 일상에 활기가 되어주기도 하고, 일상의 변화를 선물하기도 한다. 하지만 일상을 살아가면서 언제나 새로운 경험들만을 할 수도 없고, 새로운 사람들과의 관계에만 집중하면서 살아갈 수는 없다. 함께 경험하고, 함께 일상을 살아가면서 쌓아온 시간만큼 추억과 소중한 시간들이 생겨난 익숙하고 편안한 내 사람들이 없다면 내가 살아가는 시간들은 너무나 허무할 것이기 때문이다. 내가 살아온 나의 시간들을 함께 기억해주고 나를 아끼고 사랑하는 만큼 나를 위해 응원해줄 수 있는 사람들은 어느 한순간에 만들어지는 것이 아니라 서로에 대해 알게 되고 함께 한 시간들 속에서 추억들이 쌓이면서 만들어지는 것이다.

　앞서 이야기했던 것과 같이 우리는 무한한 시간을 살아갈 수는 없다. 우리에게 모두가 공평하게 주어진 유한한 시간 동안에 어떤 추억들을 채워갈 것이냐는 결국 우리가 함께 일상을 살아가고 있는 내 곁의 사람들과 어떤 것들을 행복하고 즐겁게 기억하며 함께 바라보는가의 문제이다. 새로운 경험과 새로운 사람들을 통한 설레는 감정은 변화에 대한 욕구를 충족해주고 변화를 통한 발전의 기회를 주지만 익숙해짐과 편안함에서 오는 일상의 행복을 대체해주지는 않는다. 내 곁에서 나와 함께 걸어가며 함께 쌓아온 시간만큼 나를 잘 알고, 나 역시도 상대방을 잘 알고 있다는 편안함이 선물하는 행복은 우리의 일상을 따뜻하고 아름다운 색으로 물들이게 된다.

　매일 큰 변화 없이 익숙한 하루 속에서 하루를 편안하게 잘 살아내는 것, 누군가에게는 새로움이 없는 일상은 지루한 일상이라고 생각할 수도 있다. 마치 매일 매일을 꼬박 챙겨 먹는 삼시 세끼가 가끔은 지겹다고 느껴지는 것처럼. 하지만 바쁜 일상을 살아내면서 밥 한 끼 제대로 챙겨 먹을 시간이 없어서 배달 음식과 외식으로 끼니를 때우는 횟수가 늘어나다 보면, 어느 날 별다른 만찬이 아니어도 그저 엄마가 끓여주시던 따뜻한 된장찌개가 너무나도 그립다고 느껴지는 순간들이 있다. 언

　　　　　　　　　　　　　마음속 요정과 도깨비

제든 먹을 수 있을 때는 그 소중함을 몰랐지만 정작 바쁘게 살아가며 다양하다 못해 손가락 터치 한 번으로 별의별 음식들이 집으로 배달되어 올 수 있음에도 그 된장찌개와 함께 먹는 밥 한 끼가 제일 먹고 싶어지는 그런 순간들, 그때가 되어서야 우리는 일상 속에서 누릴 수 있던 그 편안함이 너무나 소중하다는 사실을 새삼 깨닫게 된다.

시간이 흘러버린 후 그 소중함을 깨닫는다 해도 이미 지나가 버린 시간을 거슬러 그때로 돌아갈 수는 없기에, 그 시간에 대한 그리움과 애틋함은 더 커질 수밖에 없다. 우리에게 너무나 익숙하고 편안했기에 그 소중함을 그때는 몰랐던 시간들. 소중함을 잘 몰랐기에 더 상처를 쉽게 주고 보듬어주지 못했던 그런 관계들. 우리는 모두 그런 순간들에 대한 기억이 있을 것이다. 늘 우리보다 먼저 일어나 새벽 어스름에도 따뜻한 아침밥을 만들어주시던 엄마의 마음을 잘 알면서도, 정작 떨어져서 살게 된 지금 저녁은 잘 챙겨서 드시는지, 살갑게 전화 한 통 하는 것이 그렇게 어려운 일이 아님에도 바쁜 일상을 핑계로 자주 하지 않게 되는 것을 보며 아직도 우리는 소중함을 표현하는 것에 익숙하지 않다는 것을 느낀다.

가까울수록, 나를 잘 알기 때문에 소중한 사람일수록 더 오래 지속할 수 있도록 말을 조심하고 배려해야 함을 알면서도 서로 잘 이해해줄 것이라는 믿음을 핑계로 낯선 이에게 배려하는 것보다도 못한 태도로 내 소중한 사람들을 대하는 순간들도 있다. 낯선 이의 말로부터 받은 상처는, '그래, 나를 잘 모르니까 저런 말도 할 수 있는 거야.'라는 생각으로 크게 아파하지 않을 수도 있다. 하지만 오히려 가까운 사이일수록 서로에게 말로 입힌 상처는 생각보다 더 크게 아플 수도 있다. 미처 상대방이 상처를 입을 수도, 아파할 수도 있다는 사실조차 인지하지 못하고 내뱉는 가벼운 말들에 가까운 사이일수록 더 큰 상처가 되기도 하는 것이다.

우리는 오늘 하루 가족들에게, 나와 가장 친한 친구들에게, 나와 항상 함께 일하는 나의 동료들에게 어떤 말들을 내뱉었는지 생각해보자. 새롭게 만난 낯선 이들을 대하듯이 조심스럽게, 친절한 말들을 전하려 노력하며 이야기했는가? 내가 어떤 말들을 했는지 기억조차 못 할 수도 있다. 그만큼 신경 써서 이야기하지는 않는다는 것이다.

시간이 많이 흐른 후, 분명 나의 곁에서 익숙하고 편안한 관계였는데 왜 지금은 내 곁에 있지 않을까, 라고 생각하게 되는 관계들이 생겨날 것이다. 그때는 분명 함께였는데 왜 지금은 함께하지 못하게 되었을까. 그것은 아마도 서로의 익숙함과 편안함을 이유로 서로에게 소중함을 표현하지 못했기 때문일 것이다.

내가 상대방을 얼마나 소중하게 생각하는지 표현하지 않는다면 내 마음속을 들여다보지 않는 한 상대방은 알 수 없다. 알아주지 않는다고 서운해하기보다, 지금이라도 내 곁에서 나를 사랑해주는, 그리고 내가 사랑하는 내 사람들에게 마음을 표현해보는 것은 어떠할까. 이미 지나가 버린 시간은 아무리 되돌리고 싶어도 그럴 수 없다. 아무리 그리워한다고 해도 이미 지나가 버린 그때의 그 시간으로 돌아갈 수는 없기에, 우리

마음속 요정과 도깨비

는 현재를 살아가면서 시간이 흐른 후 언젠가 지금을 생각하며 그때 또한 지금을 그리워할 수도 있다는 사실을 알아야 한다. 언젠가 지금을 기억하며, 지금 내 곁에 있는 내 소중한 사람들에게 조금 더 배려하고 최선을 다했으면, 하는 후회로 지금을 기억하지 않도록 우리는 지금의 일상을 조금 더 따뜻한 기억들로 채울 수 있어야 하는지도 모른다.

나의 인생은 얼마나 설레는가

◦ 나의 인생이라는 영화의 장르는?

로맨스, 드라마, 블록버스터, SF, 판타지 등등 영화의 장르는 여러 가지가 있다. 당신의 영화 취향은 어떤 장르인가? 우리는 영화를 보며 영화 속 주인공들의 이야기에 울고, 웃고, 감동하며 마치 우리의 이야기인 듯 공감하며 영화를 보고 감동하기도 한다. 어떤 영화들은 현실의 이야기가 아닌 무한한 상상의 이야기들을 풀어내더라도 결국 그 안에는 우리들의 이야기, 사람들이 사는 이야기가 녹아들 수밖에 없다. 인기 있는 영화도, 베스트셀러가 된 책들도 많은 사람이 공감하고 이해하고, 그 안에서 나의 이야기를 찾을 수 있다는 공통점이 있다고 생각한다.

이십 대 초반의 누군가는 알콩달콩하게 사랑하며 로맨스 영화 속 주인공처럼 세상이 모두 핑크빛으로 물든 시간을 살고 있을 것이다. 삼십 대 중반의 누군가는 회사 일과 육아의 전투 현장에서 블록버스터급 액션 영화 같은 시간을 살고 있을지도 모르고, 40대 중반의 누군가는 가족과 삶의 현장 속에서 드라마틱한 영화 같은 시간을 보내고 있고, 10

마음속 요정과 도깨비

대의 누군가는 지나고 나면 왜 그렇게 치열했는지는 모르겠지만, 그때의 우리에게만은 너무나도 심각하고 치열한 청춘영화 같은 시간을 보내고 있는지도 모른다. 우리의 일상들 속 에피소드들, 사람들이 살아가는 삶의 이야기가 영화가 되듯 우리의 일상은 어떤 장르의 영화 속 한 장면을 살아가는 중이다. 나의 오늘 하루는 어떤 장르의 영화 속 한 장면이었는가.

하루하루 일상을 살아가며 쌓이는 시간이 만들어내는 나의 인생은 어떤 내용으로 채워가고 싶은지 스스로 생각해본 적이 있는가. 우리는 언제 어떤 장면의 일상을 마주했을 때 설렌다고 느끼는가. 이 글을 읽고 있는 당신은 마지막으로 설렘을 느껴 본 것이 언제인지 기억할 수 있는가? 지난 시간들을 되돌려 기억해보자. 어린 시절, 아이들을 위한 놀이터도, 장난감도 충분하지 않던 시골 마을의 별다를 것 없는 매일 매일임에도 그 시절의 우리는 하루하루가, 별다를 것 없는 그 매일 너무나도 설레고 기다려졌던 기억이 있다. 어제도 만나서 하루 종일 신나게 뛰어놀았던 동네 친구들과 오늘도 역시나 신나는 하루를 보낼 생각에 아침에 눈을 뜨는 순간부터 설레고 마음이 바빴던 그 시절 나만 그랬던 것이 아니라 나와 함께 놀던 친구들도 마찬가지였을 것이다. 우리는 어렸고, 삶의 무게와 숙제들은 아직 먼 이야기였기에 그저 하루, 하루를 신나게 보내는 것으로 어린아이의 몫은 해내었던 그 시간은 언제나 설렘의 나날들이었던 것 같다.

학창시절 밸런타인데이, 화이트데이, 로즈데이 등등, 좋아하는 이성 친구라도 한 명 생기면 어찌나 선물을 챙겨주고픈 날들이 많았었는지, 좋아하는 친구를 생각하며 초콜릿을 녹이고, 정성으로 편지도 써가며 그 날을 위해 선물을 준비하던 마음이 얼마나 순수하게 설레었던지 나만의 청춘영화 한 편을 찍고도 남을 정도로 그때의 시간들은 핑크빛으로 반짝거렸었다. 친구들과 별것 아닌 이야기에도 심각하게 머리를 맞대고 이야기를 나누고, 밤이 늦도록 전화를 붙잡고 우리만의 고민을 서로 나누고, 시험이 끝나면 제일 먼저 무엇을 먹으러 갈지, 어디로 가서 신나게 놀지, 모든 일을 심각하게 고민하며 보냈던 그 시간들을 떠올리면 지금도 왠지 모르게 웃음이 나게 하는 몽글거림이 마음에 떠오른다.

나 스스로 어른이 되었다고 처음으로 느꼈던 직장생활 초년생 시절, 아직은 노란 병아리처럼 선배들은 크고 어렵기만 하고, 처음 경험하는 사회생활에 내가 무엇을 해야 할지도 몰라 우왕좌왕하며 그저 병아리가 엄마 닭을 졸졸거리며 따라가듯 선배들의 일하는 모습을 선망의 눈빛으로 바라보던 그때, 멋지게 자신에 찬 모습으로 제 몫을 해내는 선배들의 모습을 보며 두근거렸던 기억, 나도 언젠가는 멋진 선배들처럼 반짝거리는 사람이 될 수 있으리라 생각하며 설레했던 시간들이 있다. 누군가를 닮아 가고 싶은 롤모델이 있다는 사실은 사회생활을 하면서 큰 원동력과 설렘을 느끼게 해주는 포인트가 되어준다. 내 아버지를 바라보며 좋은 어른이 되고자 하는 방향을 찾았듯이 좋은 선배들을 바라보며 사회에서 나는 어떤 방향으로 걸어가야 할지 방향을 찾을 수 있었기에 멋진

마음속 요정과 도깨비

선배들을 보며 한 걸음씩 그들의 발자취를 좇아가는 설렘은 힘든 사회 생활 속에서도 즐거움을 느낄 수 있게 해주는 원동력이었다.

어느덧 시간이 흘러 내가 우러러봤던 그 선배들처럼 나의 시간들도 차곡차곡 쌓여서 나도 누군가에게는 선배라는 이름으로 부르게 될 만큼 내 몫을 해내고 있는 사회인이 되었고, 나의 롤모델 이었던 내 아버지처럼 나의 아이들의 엄마가 되어 좋은 어른으로 살고자 노력하고 있다. 내가 해야 할 일이 무엇인지 몰라 어리바리하던 신입의 모습은 이제 없어지고, 선택과 그에 따른 책임이 무엇인지 정확하게 판단할 수 있는 자리가 되었고, 어렵게만 느껴지던 사회생활은 이제 익숙해져 별일 없이 지나가는 하루하루가 일상이 된 지금, 내가 마지막으로 설렘을 느꼈던 것은 언제이던가, 생각해본다.

나뿐만 아니라 일상을 살아가는 우리는 대부분 같은 생각을 할지도 모른다. 분명 우리는 모두 매일, 매일 설레던 어린 시절도 있었고, 작은 것 하나에도 두근거려서 잠 못 이루며 설레하던 학창시절의 청춘영화 장르도 있었으며, 하고 싶은 일을 찾아 노력하는 것만으로도 가슴이 벅차하던 드라마 장르의 시간이 있었다. 하지만 나이를 먹어갈수록 바쁘게 살아가는 일상에 익숙해지고, 이제는 불안함보다는 편안함이 생긴 나의 인생은 지금 어떤 장르를 기대하고 있을까.

◦ 불안함이 없는 편안함이 주는 일상의 선물

부모님의 보호 아래에서 아직은 어리다는 이유로 그 무엇을 해도, 괜찮았던 시간들을 보내고, 이십 대 초반이 되었을 때, 나는 앞으로 어떤 인생을 살아야 할 것인가, 나는 무엇을 하고 싶은지, 앞으로 무엇을 하며 자신을 책임지는 어른이 될 것인지, 그 누구도 답을 알려주지는 않는 질문이기에 스스로에 대해 끊임없이 묻고 대답하며 나를 찾는 시간을 보냈었다. 나만 그러한 것이 아니라 우리 모두에게 이십 대 초반은 그 무엇도 명확하지 않기 때문에 미래에 대한 불안감과 기대, 그리고 어떤 길이 내가 원하는 길인가에 대한 불확실한 상황 속에서 방황하고 흔들리며 부딪치고 깨지면서 어른이 되어 가는 시간들이었을 것이다. 그때의 우리는 무엇도 확실하지 않은 불안한 시간들 속에서 늘 흔들리고, 생각지도 못했던 장애물에 걸려 넘어지고 깨지면서 나는 지금 무엇을 향해 어디로 가고 있는가에 대한 답을 끊임없이 찾고자 노력하였다. 준비 없이 사회에 던져진 초년생이던 시절 무엇이 정답인지도 모른 체 열심히 달리기만 했던 그 시간에는 잠시 멈춰 서서 하늘 한 번 쳐다보며 숨 돌릴 여유도 없이 그저 앞만 보고 달려가는 치열하기만 했던 시간들이었다.

열심히 달리다가 넘어져도 보고, 생각지도 못했던 장애물을 만나 부딪치고 깨져도 보고, 무작정 달려들어 열심히만 했던 일들이 물거품이 되어보기도 하면서 우리는 하나씩 배워가며 서서히 어른이 되어 간다.

마음속 요정과 도깨비

무작정 달리기만 하다가는 넘어질 수도 있음을 알게 되면 페이스를 조절해가며 뛰는 여유를 배우고, 장애물을 만나면 부딪치고 깨지기보다는 돌다리도 두들겨 보며 넘을 수 있는 장애물인지, 돌아가야만 하는 장애물인지 판단할 수 있는 지혜를 배우고, 하고자 하는 일을 성사시키기 위해서는 열심히만 하는 것이 아니라 사람들과 함께 협업하며 이루어 낼 줄 아는 융통서도 생겨났다. 더는 넘어지거나 깨지고 아파하는 일이 줄어들수록 우리에게 인생은 익숙해지고 편안해지면서 삶의 여유라는 것을 느낄 수 있게 된다.

시간이 흐를수록 쌓여가는 익숙함과 삶의 여유들로 우리의 인생은 엄청난 사건 사고가 늘 일어나는 블록버스터급 액션 영화 같은 장르가 아니라, 잔잔하고 별다를 것 없는 일상의 드라마 장르 같은 평범하고 편안한 시간들로 채워져 간다. 숨 돌릴 여유조차 없이 무작정 달리기만 했던 초년생 시절에는 가지지 못했던 여유가 지금의 우리에게는 쉬는 시간 하늘을 바라보며 마음에 쉼을 선물할 수 있는 편안함을 만들어준다. 점심시간 맛있게 점심을 먹고 잠시 벤치에 앉아서 하늘을 바라보며 흘러가는 구름을 바라본 적이 있는가? 매일 같이 흘러가는 일상 속에서 계절이 변할수록 변해 가는 하늘조차 느끼지 못하고 있다면, 잠시 멈춰 서서 하늘을 바라보는 것은 어떤가. 늘 똑같은 하늘 같지만, 매일의 구름 모양은 시시각각 변화한다는 것을 알고 있는가? 잠시 생각을 멈추고 하늘을 바라보며 흘러가는 구름의 모양들을 바라보고 있노라면 어느새 자신도 모르게 입과 눈에 미소가 그려지기도 한다. 잠시 쉼을 통해 찾은 미소를 통해 왠지 모를 설렘을 느끼며 익숙했던 일상의 시간 속에 작은 설렘을 선물하면서 오늘 하루를 다시 살아낼 에너지를 얻어 보는 것은 어떤가.

익숙하고 편안하기만 한 일상도, 늘 설레는 이벤트들로 가득하기만 한 일상도 나름의 부작용은 있을 것이다. 익숙하고 편안하다는 이유로 소중함을 잃어버릴지도 모르는 것, 설레는 이벤트들로 나의 일상이 더는 예측 불가능한 상황들이 되어버리는 것, 그 무엇도 우리가 바라는 바는 아닐지도 모른다. 그렇기에 익숙하고 편안한 일상 속에서도 설렘이 공존하는 삶의 조율이 필요하다. 설렘이라는 것이 크고 거창한 것에서만 얻을 수 있는 것은 아닐지도 모른다. 아침에 일어나 제일 먼저 가족들을 마주했을 때, 반갑게 인사하며 좋은 아침을 시작해보는 것은 어떨까. 별것 아닌 것 같지만, 서로에게 웃는 얼굴로 좋은 아침을 외치며 오늘 하루의 안녕을 바라는 것, 이 작은 행동으로도 상대방도 나도 피식 웃으며 왠지 모르게 설레는 하루를 시작할 수도 있다.

설렘은 멀리 있는 것이 아니고, 새로운 이벤트를 통해서만 얻을 수 있는 것도 아니며 우리의 익숙한 일상 속에서 스스로 만들어가는 것이라 생각하며 작은 행동부터 시작해보자.

마음속 요정과 도깨비

◦ 나는 나의 인생을 설레하고 있는가?

　우리보다 앞서 세상을 살아본 어른들은 후배세대들에게 이야기한다. 늦었다고 생각하겠지만, 지금이 얼마나 좋은 나이인지 알아야 한다고, 지금이라도 늦지 않았으니 무엇이든 할 수 있는 나이라고. 지나가고 나서 생각해보면 이십 대 시절에는 십 대 시절을 생각하며, 조금 더 열심히 무엇인가를 해볼걸, 하는 후회를 했었고, 삼십 대가 되어서는 이십 대 시절을 생각하며 그때라도 뭔가에 도전해볼걸, 하는 후회를 하기도 했었다. 언젠가 시간이 흐른 후 지금 내가 살아가고 있는 지금 이 시간을 떠올리며 어른들의 말씀처럼 그때라도 무엇인가를 시작해볼걸, 하는 후회를 하고 있을지도 모른다. 우리는 지금 익숙함과 편안함에 안주하여 내 인생에 설렘을 더할 기회들을 그저 흘려보내고 있지는 않을까? 시간이 쌓여갈수록 인생을 살아가는 지혜와 여유가 생겨나고, 삶이 익숙해진다는 것은 우리에게 허락되는 시간의 여유도 늘어난다는 것을 의미한다. 나이가 먹어갈수록 그 시간의 여유는 더 늘어날 것이기에 우리에게 선물로 다가오는 시간의 여유를 무엇으로 채워가며 설레는 인생으로 만들어갈지 생각해볼 필요가 있다.

　나는 무엇을 할 때 즐겁고 행복하다고 느끼는지, 누구와 무엇을 하면서 시간을 보낼 때 그 시간들이 설레고 나에게 선물 같은 시간들로 기억하게 될지 누군가 가르쳐주는 것은 아니기에, 스스로 생각해보는 것이 필요하다. 익숙함과 편안함이 우리에게 선물하는 시간의 여유를 그저 흘려보내 버린다면, 설렘보다는 시간이 지나고 언젠가 할지도 모르는 후회를 하나씩 적립하게 될지도 모른다. 언젠가 지금의 이 일상과 시간들을 후회로 기억하지 않기 위해 나는 나의 인생을 얼마나 설레하고 있는지 스스로 생각해보는 것은 어떠한가.

마음속 요정과 도깨비

뛰는 토끼, 헤엄치는 거북이

◦ 바쁘게 사는 토끼만 롤모델이어야 하는가?

이솝우화에 나오는 토끼와 거북이 이야기는 누구나 잘 알고 있는 이야기일 것이다. 매우 빠른 토끼가 느린 거북이를 보며 느림보라고 놀려대자 거북이가 토끼에게 달리기 경주를 제안한다. 한참 뒤처진 거북이를 보며 안심하고 중간에 낮잠을 자던 토끼는 방심하다가 거북이에게 경주에서 지게 되는데, 이 우화 속에는 천천히 꾸준히 노력하는 자가 승리한다는 교훈이 담겨 있다. 이 우화의 내용에서 토끼는 빠른 발을 가졌지만, 자만심에 빠져서 느리지만 성실하게 꾸준히 노력한 거북이에게 진 것처럼 보여주면서 우리에게 느리더라도 꾸준히 노력해야 한다고 알려주려는 듯 보인다. 하지만 요즘에도 이 이야기가 같은 교훈을 심어주려고 한다면, 조금은 세상의 변화에 맞지 않을지도 모르겠다는 생각을 하게 된다. 이 우화에서 토끼가 거북이보다 빠른 발을 가지고 있었음에도 느린 거북이에게 경주에서 진 것은 자신의 빠른 발을 믿고 거북이의 꾸준한 움직임을 무시하고 자만하여 꾸준히 달려가지 않았기 때문이다. 현대를 살아가는 우리를 돌아봤을 때 과연 이 이야기는 우리의 삶과 어떻게 다른지를 생각해본 적이 있는가.

빠르게 변화하는 세상 속에서 우리는 모두 변화하는 세상의 속도에 맞추어 빠르게 적응하고, 발맞추어 모든 것을 열심히 노력할 것을 강요받고 있다는 생각을 할 때가 있다. 몇 년 전만 해도 서점의 새로 나온 신간 도서 코너를 보면 많은 책의 제목에서 '미쳐라'라는 표현을 볼 수 있었다. 미친 듯이 노력해야만 한다고 강요하듯 많은 책에서 하고 싶은 일이든, 좋아하는 일이든 미쳐서 도전해야 할 것처럼 책의 제목들이 너무나 공격적이었던 적이 있었다. 하지만 불과 몇 년이 지난 후에 최근의 신간 코너에는 그와는 반대로 번아웃을 느끼는 젊은 세대를 위로하기 위한 듯한 제목의 책들이 잘 팔리고 있는 것을 볼 수 있다. 빠르게 변화하는 현대를 살아가는 우리는 모두 세상의 속도에 발맞추기 위해, 꿈을 꾸는 시간보다 뒤처지지 않기 위해 노력해야만 하는 시간이 더 많은지도 모르겠다.

이야기 속의 토끼는 자신이 거북이보다 충분히 빠르다는 사실을 잘 알고 있고, 그러므로 자신만만하여 거북이를 경계하지 않고 자만에 빠지기까지 해서 경주에서 졌다. 빠른 속도로 변해 가는 현대를 살아가고 있는 우리는 과연 내가 토끼라고 생각하면서 살아가고 있을까? 거북이라고 생각하면서 살아가고 있을까? 어린 시절부터 다른 아이들보다 앞서 나가기를 바라는 부모들의 마음에 초등학교에 입학하기도 전부터 영어와 수학을 이미 선행학습하고 학창 시절 내내 제 나이에, 제 학년에 맞는 교육을 받는 것은 뒤처지는 것이라 여기며 항상 남들보다 앞선 선

마음속 요정과 도깨비

행학습을 위해 학원을 몇 군데씩이나 다니는 것이 당연하다고 여기는 요즘의 현실을 볼 때면 나의 어린 시절을 떠올리며 나는 어떤 속도로 세상을 살아왔는가를 생각해본다. 좋은 대학을 나오는 것이 곧 성공한 인생의 시작이라는 단 하나의 목표를 향해 경주마처럼 달려 원하는 목표를 이룬다 한들 과연 그 달리기를 잠시 멈추고 쉴 수 있는 여유가 허락되는가? 좋은 대학에 들어가는 것은 앞선 인생을 위한 시작이기에 잠시 쉴 틈도 없이 좋은 직장이라는 다음 목표를 설정하고 대학교 생활 내내 스펙을 쌓기 위한 달리기를 시작하게 된다. 좋은 직장에 들어가면, 그때부터는 또 사회에 던져져 다음 목표를 위해 눈 돌릴 틈 없이 달리기만을 하게 된다. 마치 발 빠른 토끼가 남들보다 앞서 나가는 것을 롤모델로 삼듯이 말이다.

오로지 목표만을 향해 경주마처럼 달리기만 하는 누군가의 이야기가 그저 남의 이야기로만 생각되는가? 아니면 자신도 그렇게 살아왔다고, 그렇게 하는 것이 당연하다고 믿어왔다고 생각하는가? 우리가 어떤 생각을 하든 그것은 옳은 것도, 틀린 것도 아니다. 그저 우리가 살아가고 있는 이 현실이 마치 남들이 다 달리고 있는데 너는 달리지 않을 것이냐고 채찍질하고 있거나, 남들처럼 남들보다 앞서 달리기 위해 노력하지 않으면 그저 멈춰선 채 뒤떨어져 가는 것처럼 만들어져가고 있을 뿐이다. 우리가 살고 있는 현재의 세상이 모두에게 너무나 빠르게 변화할 것을 요구하고 있다. 세상의 요구에 우리는 어떤 질문과 어떤 대답을 해줄 것인가? 나는 스스로 어떤 속도에 발맞추어 살고자 하는지 잘 알고 있는지 생각해볼 필요가 있다.

◦ 행복한 거북이가 되는 것도 나쁘지 않다

어린 시절부터 꾸준하게 선행학습을 하며 남들보다 앞서기 위한 삶을 살아온 그 어린아이는 남들보다 한발 앞서서 빠르게 달리기 위해 앞만 보고 달려가는 동안 무엇을 보고, 무엇을 보지 못했을까? 나는 어린 시절을 시골 마을에서 자란 덕분에 빠른 토끼를 롤모델 삼을 만큼 앞서야 한다는 생각을 해야 하는 환경은 아니었다. 물론 시골 마을이라고 해서 모두 그런 것은 아니겠지만 적어도 내가 자란 시골 마을에서는 남들보다 앞서 나가기 위해 경쟁해야만 하는 분위기는 아니었다. 그렇기에 어린 시절의 나는 친구들을 기다리며 늘 설렐 수 있었던 골목길의 추억과 사계절의 변화를 가득 두 눈에 담을 수 있고 피부로 오롯이 느낄 수 있던 자연의 아름다움을 추억할 수 있다. 눈을 감으면 아직도 선명한 어릴 적 살던 바닷가 동네의 바다냄새와 파도 소리가 들려오는 듯한 파아란 풍경이 삶에 지친 나를 위로해주는 따뜻한 추억이 되어준다. 토끼보다는 거북이의 삶을 살아온 나는 내 어린 시절에 차곡차곡 쌓여온 이 행복한 기억들이 내가 지금까지 살아오게 한, 그리고 앞으로도 힘차게 살아가게 할 원동력이라고 생각한다. 토끼처럼 앞서 달리기 위해 주위를 둘러보지 못한 채 앞만 보고 달린 그들의 어린 시절에는 어떤 추

마음속 요정과 도깨비

억이 쌓여 있을까.

　우리에게 인생에서 익숙함이란 무엇일까? 설렘이 시간이 지나면서 편안함이 되어가는 것이 익숙함일까? 사람들마다 익숙함이라는 감정에 대한 정의가 다르겠지만, 나는 익숙함을 좋아한다. 빠르게 변해 가는 세상 속에서 모두가 세상의 속도에 맞추어 빠르게 살아가야만 한다고 생각하는 토끼가 롤모델인 사람들은 나에게 묻기도 한다. 언제까지 제자리걸음만 하고 있을 것이냐고, 발전하지 않으면, 세상의 속도에 발맞추어 앞으로 나아가지 않으면 뒤떨어질 수도 있다고. 그런 이들에게 나는 대답한다. 나는 모두가 뛰고 있다고 덩달아서 같이 뛰고 싶지는 않다고. 그리고 반대로 내가 그들에게 질문하고 싶다. 그대들이 뛰어가고 있는 그 길이 모두에게 정답인 길인가? 그 길 끝에는 모두가 행복할 수 있는 무엇인가가 기다리고 있는가? 나도 남들처럼 덩달아 뛰어간다면 나는 행복해질 수 있는가? 혹시 나도 남들을 따라 뛰어간 그 길 끝에 내가 행복해질 수 있는 무엇인가가 기다리고 있다고 한다 해도 나는 그냥 지금 이대로가 좋다. 앞으로의 나를 위해 지금의 내가 무엇인가 포기하면서 얻어야 할 행복이라면, 나에게는 진정한 행복이 아닐 것이기 때문이다. 그래서 나는 미래의 행복을 위해 노력하는 토끼보다는 지금의 행복을 누릴 줄 아는 거북이가 되고자 한다.

　모두가 토끼의 삶을 살고자 노력하는 세상에서 홀로 거북이의 삶을 지향하면서 살아간다는 것은 매우 용기가 필요한 일 일지 모른다. 그래서 나는 지금 주변을 둘러보며 나처럼 지금 이 순간 남들처럼 뛰고 있지 않다고 불안해하는 이가 있다면 크게 손을 흔들어 반갑게 인사해주고 싶다. 당신만 유별난 거북이가 아니라, 나도 거북이이고, 잘 찾아보면 우리처럼 현재를 즐길 줄 아는 거북이들이 많이 있을 것이라고. 토끼와 거북이의 경기는 땅에서 이루어진 불공평한 경기였다는 것을 혹시 알고 있는가? 만약 둘의 경기가 거북이의 홈그라운드인 바닷속에서 열렸다면 과연 그 경기의 승자는 누가 되었을까?

∘ 속도를 늦춰야만 보이는 일상의 설렘과 행복

모두가 빠르게만 달려가는 세상 속에서 행복한 거북이가 되어 나만의 속도로 걸어간다는 것은 결코 남들보다 천천히 걷는다는 것만을 의미하는 것이 아니다. 앞만 보고 빠르게 뛰어가는 것보다 천천히 주위를 둘러보는 여유를 가지면서 걸어가기로 마음먹었다면 행복한 거북이가 되기 위해 무엇을 고민해야 하는지 스스로 질문을 끊임없이 던져야 할 필요가 있다.

빠르게 변화하는 세상 속에서 나만의 속도로 천천히 걸어가다 보면 나의 삶은 어느새 나만의 속도에 익숙해져 갈 것이다. 무엇인가에 익숙해진다는 것은 익숙해졌기 때문에 잘 알고 능숙해질 수 있는 것도 있

마음속 요정과 도깨비

지만, 익숙함에서 오는 실수도 찾아올 수 있다는 것을 의미한다. 우리가 살아가는 세상은 혼자가 아닌 모두가 함께 살아가는 세상이기 때문에 나만의 생각과 나만의 취향에 맞추어 살아갈 수는 없다. 이런 사실을 머릿속으로는 누구나 잘 알고 있지만, 현실을 살아가면서 삶의 속도에 익숙해지면서 우리는 알게 모르게 누군가에게, 내 주변의 나의 사람들에게 실수하기도 한다. 함께 쌓아온 시간만큼 익숙하고 편안해졌기에 나에게 더욱 소중한 사람들일수록 오히려 익숙하여서 낯선 사람들에게 하는 것보다 실수를 저지르기도 한다.

아침에 일어나 제일 먼저 얼굴을 마주하는 가족들과 항상 반갑게 "좋은 아침!"이라고 인사를 하면서 하루를 시작하는가? 힘겨운 출근길을 뚫고 출근하여 제일 먼저 마주치는 매일 함께 일하는 직장 동료에게 언제나 밝은 얼굴로 "좋은 아침!"이라고 힘차게 인사를 하는가? 혹시라도 자신은 언제나 밝은 얼굴로 가족과 가까운 친구, 직장 동료들에게 먼저 밝은 인사를 건넨다면 당신은 이미 당신의 삶 속에서 행복한 거북이로 살 자격이 충분하다. 만약 그렇지 않다고 해도 그것은 잘못된 것은 아니다. 우리도 누구나 삶이 지속되고 익숙해지면 편안해졌다는 핑계로 밝고 힘찬 모습을 보여주기 위한 노력보다는 솔직한 모습들이 여과 없이 나오기도 하기 때문이다.

우리는 평소 사람들을 대할 때 익숙하고 편안한 관계의 사람들과 낯선 이들을 대할 때 어떤 차이가 있는지도 생각해보자. 낯선 사람들에게는 말을 건네거나 무엇을 부탁할 때 여러 번 생각하고 상대방이 불쾌하게 생각하거나 불편하지는 않을지를 여러 번 확인하고 말을 건네게 된다. 상대방을 잘 모르기 때문에, 상대방도 나를 잘 모르기 때문에 즉, 익숙하지 않기 때문에 오히려 더욱 조심하게 되는 것이다. 하지만 가까운 사람들, 특히나 가족과 같이 편안한 사이일수록 어떤 말을 건넬 때 여러 번 생각하고 말을 하게 되지는 않는 것 같다. 그러다 보면, 나도 모르게 익숙함과 편안함 때문에 나의 소중한 사람들에게 실수하게 될지도 모르는 일이다. 앞서 이야기했던 것처럼 익숙함이나 편안함이 지루함이나 함부로 행동해도 되는 것을 의미하는 것은 아니기에 익숙하고 편안한 소중한 관계일수록 실수를 하지 않도록, 더욱 조심할 필요가 있다. 물론 나 자신에게도 마찬가지일 것이다. 나 스스로 어떤 말을 내뱉거나 표현을 할 때도 함부로 이야기하기보다는 나 자신을 소중히 여길 수 있는 습관이 필요하다.

가깝고 소중한 사람들, 쌓아온 시간들 속에서 익숙함과 편안함을 만들어낸 나의 사람들에게 그리고 나 자신에게 낯선 이들에게 보내는 인사와 말보다 조금 더 상냥하고 밝은 말투로 "좋은 아침!"이라고 인사를 건네 보자. 그리고 내 인사에 답변해오는 상대방의 밝은 표정을 바라보며 오늘 하루를 기분 좋게 시작할 수 있는 미소를 얼굴에 지어 보는 것은 어떨까. 평범하고 익숙한, 그래서 더욱 편안한 일상 속에서 매일 보는 얼굴이지만 서로 웃으며 마주하는 그 작은 설렘이 우리의 하루를 따뜻하게 만들어줄 수도 있다.

마음속 요정과 도깨비

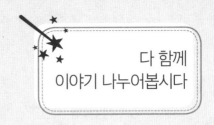

우리가 살아가는 세상은 혼자서 살아갈 수는 없는 인생이기에 사람들과의 관계 속에서 살아갈 수밖에 없다. 그렇기에 우리는 살아가면서 많은 사람을 만나고, 관계를 맺으며 그 관계 속에서 웃고, 울고, 행복하고, 슬픈 여러 가지 다양한 감정을 느끼게 된다. 사람들이 모두 같은 생각을 할 수는 없기에 사람들은 관계 속에서 크고 작은 문제들이 발생하게 되는데, 알게 된 지 얼마 되지 않은 사람과의 부딪침보다 가깝고 소중한 사람들과의 관계에서 문제가 발생했을 때 우리는 더 큰 스트레스와 상처를 받곤 한다.

함께 쌓아온 시간이 길어질수록, 함께 만든 추억이 많을수록 우리는 서로에게 익숙해지고 편안함을 느끼기 마련인데 왜 익숙하고 편안함을 주는 가깝고 소중한 사람과의 관계에서 낯선 사람과의 관계보다 더 큰 상처를 받게 되는 일이 생기는 것일까? 아마도 익숙함과 편안함이, 서로에게 좋은 사람으로 보이고자 하는 노력과 서로에게 설레고자 하는 마음을 부끄럽게 느껴지도록 하기 때문은 아닐까? 마치 가장 가까운 가족일수록 속마음을 이야기하기가 쑥스럽다고 느끼는 것처럼.

익숙하고 편안한 관계일수록, 가깝고 소중한 사람들일수록 상대방에게 더 좋은 사람이 되어 주고 싶은 마음과 상대방에게 내가, 나로 하여금 상대방이 설렐 수 있는 좋은 영향력이 되어주는 것은 내가 편안함을 느낄 수 있는 익숙한 사람들과의 관계가 더욱 많이, 넓게 만들어질 수 있도록 해주며, 세상을 살아가면서 받게 될 상처와 아픔들이 조금은 줄어들도록 해주지 않을까 생각해본다. 그리고 낯선 이들로부터 받은 상처까지도 따뜻하게 보듬어줄 수 있는 편안함이 더 깊어질지도 모른다.

질문 세 가지

1. 머릿속이 너무나도 복잡하고 피곤한 하루, 누구와 만나 이야기를 나누고 싶은 순간 누가 떠오르는가?

2. 나는 지금 무엇을 할 때 가장 가슴이 두근거린다고 느끼는가?

3. 지금의 나는 뛰는 토끼인가? 걷고 있는 거북이인가? 미래의 나는 무엇이 되어 있을까?

마음속 요정과 도깨비

10

오른쪽과 왼쪽

마음 가는 길은 죽 곧은 길

호소다 마모루 감독의 〈시간을 달리는 소녀〉라는 일본 애니메이 션 영화는 우리나라에서도 매우 유명해졌던 영화인데 학창 시절의 섬 세한 감정들을 잘 다루었던 영화이다.

평범한 소녀 마코토는 우연히 과학실에서 넘어진 이후 원하는 시간대 로 돌아갈 수 있는 능력이 생긴다. 자신에게 생긴 이 능력을 이용해서 마코토는 일상 속의 작은 것들을 시간을 돌아가서 즐기며 시간을 보내 는데, 너무나도 사소한 목적을 위해 시간을 되돌린 탓에 온갖 부작용 들이 생겨난다.

친구인 치아키의 갑작스러운 고백에 그와 친구처럼 지내고 싶은 마코 토는 시간을 돌려 그를 거절하고, 마코토가 지금의 현실을 바꾸기 위해 시간을 돌릴수록 모든 것들이 뒤죽박죽 엉키게 되고 사고로 친구를 잃 게 되는 일까지 벌어진다.

자신의 선택으로 시간을 되돌려 선택을 바꿀수록 자신이 예상하지 못한 방향으로 결과들이 나타나면서, 주인공이 후회하고 후회를 되돌 리기 위해 시간을 되돌려 다시 다른 선택을 한다고 해도 세상은 주인공 의 생각처럼 단순하게 바뀌지 않는다는 것을 알게 된다.

　　　　　　　　　　　마음속 요정과 도깨비

우리가 살아가는 세상은 혼자서 살아가는 것이 아니므로 나의 시간을 되돌려 후회스러운 그 순간의 선택을 지울 수 있다고 해도, 그 선택으로 인해 나와 관계되었던 많은 이들의 과거가 바뀌기 때문에 마코토의 생각대로 현재가 바뀌지 않았듯 우리의 지금도 과거의 내가 예측한 대로만 흘러가지는 않는다.

　영화 속 명대사인 "시간은 아무도 기다려주지 않는다."처럼 우리가 선택하지 않은 시간은 절대 우리를 기다려주지도, 되돌아오지 않는다. 되돌아오지 못할 이 시간을 우리는 후회로 기억할 것인가? 올바른 선택으로 기억할 것인가?

올바른 선택의 의미

○ 올바르다는 것에 대한 나의 기준은 무엇인가

어린 시절 우리가 읽었던 동화책 속에는 나쁜 짓을 한 이들에게는 언젠가 후회할 만큼 벌을 내려주기도 하고, 착한 일을 한 이들에게는 꼭 행복한 일들이 찾아온다는 권선징악의 메시지가 많이 담겨 있었다. 동화책들 속 주인공들은 우리에게 때론 교훈을 주기도 하고, 때로는 하지 말아야 할 행동에 대해 알려주기도 하며 다양한 메시지들을 포함하고 있었기 때문에 우리는 동화책을 읽으며 자연스럽게 동화 속 내용이 주고자 하는 메시지를 배울 수 있었다.

누구나 들어봤을 법한 전래동화인 흥부와 놀부 이야기에서도 흥부는 다리를 다친 제비를 그냥 외면하지 않고, 따뜻한 마음씨로 제비의 다리를 고쳐주고, 흥부의 따뜻한 마음에 보답하기 위해 제비는 박씨를 물어다 주어 가난했던 흥부네 가족은 박에서 나온 금은보화로 행복한 삶을 살게 된다. 마치 흥부의 따뜻한 마음씨가 어떤 결과로 나타나는지를 통해 우리는 선한 영향력에 대해 배울 수 있었다. 반대로 놀부는 가난한 동생의 도움을 외면하고 온갖 못된 행동들을 일삼는 나쁜 짓을 하는

마음속 요정과 도깨비

이의 대명사로, 놀부처럼 심술궂은 마음씨를 가지면 언젠가는 꼭 혼쭐이 난다는 교훈을 통해 놀부처럼 행동하는 것은 하지 말아야 할 행동임을 배울 수 있었다. 동화 속 인물들을 통해 선과 악, 옳은 것과 그른 것을 우리는 자연스럽게 생각해볼 수 있었던 것이다.

우리는 살아가면서 많은 사람과 만나고, 관계를 맺으면서 살아가기 때문에 사람들과의 다양한 관계만큼이나 다양한 의견들이 있고, 서로 다른 생각과 가치관으로 때로는 부딪치기도 하고 때로는 생각과 가치관이 바뀌기도 하며, 서서히 자신만의 기준을 형성해 나간다. 이 과정에서 우리는 옳다 / 그르다 / 같다 / 다르다 / 맞다 / 틀리다와 같은 다양한 기준들에 대해 경험을 통해 자신만의 기준을 하나하나 만들어가기도 한다.

사람은 누구나 옳은 선택을 하고 싶어 한다. 하지만 사람마다, 처해 있는 상황에 따라, 그리고 지금까지 살아온 경험에 따라 옳다는 것의 기준은 모두가 다를 수 있다. 예를 들어 유명한 히어로물 영화인 〈어벤져스〉의 한 장면을 생각해보자. 절대적 힘을 가진 악당인 타노스가 등장한다. 타노스는 온 우주를 위해서는 자신이 지금 행하고자 하는 일이 옳다고 생각하기 때문에 최선을 다해 그 일을 해내고자 한다. 반대로 지구의 히어로인 어벤져스는 타노스의 생각이 옳지 않다고 생각하기 때문에 타노스를 저지하기 위해 온 힘을 다해 맞서 싸운다. 마치 선과 악의 대결처럼 보이지만 결국 무엇이 옳은가에 대한 서로의 기준이 다른 것이라는 생각을 하기도 한다. 그리고 다른 한 편으로 나는 이 영화 속의 주인공들처럼 무엇을 위해 '옳다'라고 하는 것에 대해 나만의 기준을 가졌는지 생각하게 한다.

흥부와 놀부 이야기를 읽으며 무조건 흥부는 착한 사람, 놀부는 나쁜 사람이라고 생각했던 어린 시절과 다르게 나이가 들어가면서 과연 정말 흥부는 착하기만 한 사람일까? 놀부는 나쁘기만 한 사람일까? 라는 의문을 가지기도 하면서, 무엇이 옳고 그른 것인가에 대해 모두가 말하는 옳음과 다른 사람들이 나에게 가르쳐주는 옳음이 아닌, 나 스스로가 옳다고 생각하는 기준에 대해 나는 어떤 생각을 하고 있는지, 나는 스스로에 대해 잘 알고 있는지 생각해볼 필요가 있다.

올바른 것에 대한 나의 기준을 생각할 때, 나 하나만 생각할 수는 없다. 가족, 친구, 동료, 선후배, 나와 함께 살아가고 있는 내 주변의 사람들과의 관계 속에서 살아가고 있기에 우리는 나의 올바름에 대한 기준이 나를 둘러싼 우리의 올바름인가? 나와 우리의 올바름에 대한 기준으로 누군가 불편하거나 힘들어하지는 않는가? 주변을 살펴야 할 필요가 있다. 올바름에 대한 나만의 기준을 세운다는 것은 결국 우리가 함께 살아가는 세상에서 무엇을 고민할 것인가, 무엇을 위해 선택할 것인가, 그 선택의 책임을 온전히 짊어질 수 있는가에 대한 확고한 신념을 지닌다는 것을 의미하는지도 모르겠다. 나에게 올바른 것은 나 스스로가 부끄럽지 않도록 올곧게 설 수 있는 선택이자 우리가 모두 함께 옳

마음속 요정과 도깨비

다고 여기는 길을 위해 행동할 수 있다. 속으로만 올바르기 위해 노력하는 것은 의미가 없다. 올바르다고 생각하는 선택을 위해 직접 행동할 수 있는가, 나와 우리가 함께 그렇게 해야 한다고 우리 모두를 설득하고 응원할 수 있는가, 우리가 함께 올바른 선택을 위해 행동할 수 있는지는 나에게 올바름의 기준이 되어준다.

◦ 삶을 살아간다는 것은 매 순간의 선택들을 마주한다는 것이다

우리의 앞에는 모두가 제각기 자신만의 길이 있다. 내가 원하는 길일 수도 있고, 내가 원하지 않는 길일 수도 있다. 울퉁불퉁한 길도, 고불고불한 길도, 곧게 뻗은 길도 있으며 나의 의지로 선택하여 걷는 길을 걷고 있는 이도 있고, 나의 의지와는 상관없이 그저 앞만 보고 걷는 이들도 있을 것이다. 사람마다 내가 지금 걷고 있는 내 앞에 놓인 이 길이 어디를 향하고 있는 길인지, 이 길의 끝에는 무엇이 있는지 신이 아닌 이상 정확하게 알 수는 없다. 그런데도 우리가 내 앞에 놓인 길을 열심히 걸어가는 이유는 아마도 이 길의 끝에 무엇이 기다리고 있을지에 대한 희망 때문일 것이다. 내가 걷고 있는 이 길이 정말 나의 길인지 자신 있게 대답할 수 있는 사람은 많지 않다. 이 길이 정말 올바른 길인지, 이 길의 끝에 내가 바라는 나의 목표가 기다리고 있을 것인지, 그 누구도 자신할 수는 없지만, 우리 모두에게 확실한 길은 그 누구도 알 수 없

기에, 그렇다고 믿으며 걷고 또 걷고 있는지도 모른다.

한 번 들어선 길이, 내가 걷기 시작한 길이 반듯한 외길이라면, 캄캄한 밤에도 저 멀리 길 끝이 향하는 곳까지 가로등이 훤히 비춰주는 길이라면 우리는 이 길에 대한 의심과 고민 없이, 가로등 불빛 아래에서 한걸음, 한걸음 천천히 걸어가면 될 것이다. 하지만 우리 앞에 놓인 길은 굴곡 없이 평탄하기만 한 길도 아니고, 그 길을 비추는 가로등도 없으므로 이 길의 끝에 무엇이 있을지 모르지만 내 두 다리를 믿고 걸어가 보는 수밖에 없다. 천천히 내 앞에 놓인 길을 따라 걷다 보면 갈림길을 만나게 된다. 그 갈림길은 두 개일 수도, 열 개일 수도 있는 다양한 선택지 안에서 우리는 어떤 선택을 할지 늘 고민하고 이 선택의 결과가 어떻게 나타날지에 대해 늘 생각하면서 선택을 하게 된다. 나의 앞에 놓인 선택의 갈림길은 인생에서 너무나 중요한 선택일 수도 있고, 너무나 심각해 보이지만 결국엔 너무나 사소한 것이었을지도 모를 그런 선택들도 있다. 우리는 모두 인생을 살아가면서 매 순간 이런 많은 선택 앞에 놓이며 어떤 선택을 해야 조금이나마 덜 후회하는 방향으로 선택하게 될지 고민하며 살아간다.

선택의 갈림길에서 우리는 스스로 한 선택에 왜 후회라는 것을 하게 될까? 그것은 아마도 앞서 이야기한 것처럼 우리는 혼자 살아가는 존재가 아니기에 누군가와 함께 살아가는 존재들이기에 내 선택의 결과가 나에게만 영향을 미치는 것이 아니기 때문이 아닐까. 스스로에게는 올바른 선택이라 믿은 결정이 타인에게 어떤 영향을 미치는지에 따라 그 선택은 올바른 선택이 아닐 수 있는 상황도 생길 수 있다. 영화 어벤져스의 주인공인 타노스의 선택이 스스로에게는 올바른 선택이라 믿었지만 다른 이들에게는 올바른 선택으로 받아들여지지 않았듯이 올바른 선택이라 믿고 결정한 선택들이 반드시 후회 없는 선택일 수만은 없는 것이다. 물론 우리가 하는 모든 선택에는 후회가 없는 선택은 없다. 본래 인간은 가지 않은 길에 대한 미련과 내가 갖지 못한 다른 것이 더 커 보이는 법이기에 우리는 늘 내가 선택한 것에 대해, 그리고 선택하지 않은 다른 선택지들에 대해 후회를 할 수밖에 없다. 하지만 올바른 선택에 대한 후회와 올바르지 않은 선택에 대한 후회는 크기가 다른 것이다. 그래서 매 순간 선택의 갈림길에서 더 후회가 적은 선택을 하기 위해서는 그 선택이 올바른 선택이라는 믿음이 필요한 것이다.

◦ 이 선택에 관한 판단은 시간이 해줄 것이다

우리가 살아가면서 하고 싶은 모든 일을 할 수 있고, 가지고 싶은 것들, 먹고 싶은 것들을 모두 선택할 수 있다면 선택에 대한 후회가 없을 것이기에 우리는 매 선택의 순간 고민을 할 필요가 없다. 하지만 우리는 모두에게 공평하게 주어진 유한한 시간 안에서 하고 싶은 일들을 하고 먹고 싶은 것, 가지고 싶은 것들을 선택하기 위해 일정 시간을 일하고, 유한한 시간을 후회 없이 보낼 수 있게 하려고 시간을 분배하여 선택하게 된다. 매 순간 크고 작은 선택의 갈림길에서 나를 위한, 나와 우리의 행복을 위한 선택들을 하면서 살아가다 보면 선택한 결과에 따라 내가 살아가는 방향이 바뀌기도 하고 삶의 질과 색이 달라지기도 한다.

어린 시절 작은 것 하나에도 설렘을 느낄 수 있고, 동네 골목길에서 항상 나를 기다려주는 친구들과의 시간으로도 너무나 행복했던 시간을 떠올리면 내가 선택할 수 있거나 선택해야만 하는 것들이 많지 않았다. 그 시절의 우리가 선택해야 할 것이라고는 오늘은 무엇을 하면서, 어디에서 놀까? 오늘은 누구네 집에서 놀까? 오늘 하루를 재밌게 놀기 위해 숙제를 먼저 할까? 놀고 와서 할까? 정도의 선택이었을 것이다. 그 시절의 선택이 쉬울 수 있었던 것은 나의 선택으로 누군가를 불편하게 하는 일은 없을 것이기 때문이다. 그 시절의 선택에서 후회할 것이라고는 숙제를 다 하고 놀았더라면 밤늦게까지 졸린 눈을 비비며 숙제를 하지 않아도 되었을 텐데, 하는 정도일 것이다. 나이가 들어가면서 해야 할 선택들은 많아지고 선택의 갈림길에서 고려해야 할 변수들이 더욱 많아지는 것을 느꼈을 때 이제 나의 선택은 후회와 미련이라는 것을 계산해야 하는 선택이 되었다. 학창 시절에는 해야 할 공부와 친구들과의 시간, 그리고 하고 싶은 일과 해야 할 일들 사이에서의 선택들을 마주하면서 나만을 생각하는 것이 아니라 나의 선택으로 변화하는 내 주변과의 관계를 신경 써야 했다. 사회인이 되어 내 주변의 사람들과의 관계가 늘어난다는 것은 점차 내 선택으로 인해 영향을 받는 사람들도 늘어난다는 것을 의미했기에, 나이가 들수록 선택은 점점 신중해지고, 내

마음속 요정과 도깨비

가 한 선택에 대해 되돌아보는 일들이 늘어나기도 했다.

　나의 선택의 결과는 항상 내가 의도한 대로 나타나 주는 것은 아니다. 어떤 때에는 내가 의도한 것보다 좋은 결과로 나타나기도 하고, 내가 의도한 것과는 전혀 다른 결과로 나타나 당황하게 하기도 한다. 의도와 다른 결과들은 예상하지 못한 일들과 합쳐져서 우리를 힘들게 만들기도 하고, 때로는 예상치 못한 행복이 배가 되어 찾아오기도 한다. 그럴 때 내가 선택한 결정의 기준이 올바른 것이라면 나의 올바른 선택의 결과가 예상하지 못한 결과로 우리에게 돌아온다면, 나는 과연 어떤 마음으로 이 상황을 바라보게 될까. 나의 선택이 의도와는 다른 결과로 나를 힘들게 하는 상황들이 벌어진다면, 우리는 그 선택을 후회하거나 더욱 신중하게 결정하지 못했음을 자책할 수도 있다. 하지만 그런 순간에도 내가 선택한 기준이 올바른 것이었다면 비록 선택의 결과가 긍정적이지 않더라도 너무 자책하거나 후회를 하는 것이 조금은 덜 하지 않을까 생각해본다. 반대로 나의 올바른 선택으로 예상하지 못한 더 큰 긍정적인 결과가 우리를 찾아온다면, 아마도 다른 많은 선택의 갈림길들에서 올바른 나와 우리의 기준으로 선택할 때 조금 더 당당하고 자신감 있게 결정할 힘이 되어 주는 좋은 경험이 되어줄 것이다. 수많은 선택의 갈림길에서 내가 선택한 것이 올바른 길이라는 생각과 자신감은 그 선택의 결과가 설사 진흙탕일지라도 다시 털고 일어나 새로운 출발을 할 수 있는 원동력이 되어주고, 반짝거리는 꽃길을 만났을 때는 가벼운 발걸음으로 행복한 기분과 설렘을 느낄 수 있을 것이다.

후회하지 않는 사람은 없다

○ 가보지 않은 길은 더 아름다워 보이기도 한다

한때 모 과자 회사의 특정 과자가 맛있다는 소문이 나면서 수요보다 공급량이 적어서 그 과자를 구하기 위한 열풍을 일으킨 적이 있었다. 일명 허니 시리즈 열풍으로 그 과자를 구하기 위해 슈퍼마켓과 편의점, 대형마트를 뒤지면서 열정적으로 노력하는 이들이 있었고, 인터넷상에서도 해당 과자를 구하기 위해 많은 사람이 허니 시리즈에 열광했던 적이 있었다. 지금은 물론 해당 과자의 공급량이 늘었고, 이전처럼 그 과자를 구하고자 하는 수요가 폭발적이지 않아서 시중에서도 너무나 쉽게 구할 수 있는 과자가 되었지만, 그 당시 그 과자를 구하기 위해 줄을 서는 장사진이 이루어질 만큼 진귀한 풍경이 나타나기도 했었다. 잠시였지만 이전에는 볼 수 없었던 폭발적인 수요를 끌어낸 그 과자의 인기 요인은 무엇일까 생각해보면, 아마도 나는 아직 먹어보지 못한 그 과자에 대한 궁금증을 유발할 수 있는 무엇인가가 아니었을까 생각해본다. 물론 그 과자를 먹어본 사람들의 입소문을 통해 그 과자가 맛있다더라, 하는 소문이 나기 시작했겠지만, 아직 그 과자를 먹어보지 않

마음속 요정과 도깨비

은 사람들이 그 과자에 대한 판타지를 가졌기 때문에 그 과자에 대한 수요가 폭발적으로 발생한 것이 아닐까 생각해본다. 쉽게 구할 수 있었다면 금방 가라앉을 수도 있었던 호기심이 갑작스럽게 폭발한 수요에 공급량이 따라가지 못해서 쉽게 구할 수 없게 되면서 남들은 먹어봤지만, 아직 나는 먹어보지 못한 미지의 그 과자에 대한 궁금증을 배가 되게 하였고, 남들도 다 구하고자 한다는 것을 알게 되면서 아직 먹어보지 않은 그 과자의 매력이 점차 고조되었을 것이리라. 너무나 가지고 싶었거나 너무나 먹고 싶었던 것을 손에 얻어 직접 대면하게 되면, 대면하기 전까지 홀로 키워오던 기대감이 최고조에 달했기 때문에 만족감은 더 커질 수 있다. 반대로 기대했던 것만큼 만족스럽지 않을 때는 그 실망감이 더 커지기도 한다.

우리는 살아가면서 수없이 많은 선택의 갈림길들을 마주하고, 그 갈림길에서 내가 선택한 길을 따라 걸으면서도 인간인지라 어쩔 수 없이 선택하지 않은 다른 길에 대한 호기심을 떨쳐버릴 수 없다. 만약 그때 이 길이 아닌 다른 길을 선택했었더라면 혹시 지금보다 더 나은 결과가 나타나지는 않았을까? 하는 생각을 하게 되는 것은 자연스러운 일이다. 이미 지나가 버린 일들에 대한 선택일지라도 시간이 흐른 후 내가 한 선택이 아닌 다른 선택을 한 이들이 더 나은 결과를 나타낼 경우 마치 나는 아직 먹어보지 못했지만, 누군가 먹어본 사람들이 맛있더라는 이야기를 해줄 때 그 과자에 대한 기대감과 매력이 커졌듯이 내가 선택하지 않은 다른 길은 가보지 못했기 때문에 우리에게 더 좋은 선택은 아니었을까, 하는 미련이 커지게 한다.

    결국, 다른 선택으로 가보지 않은 그 길이 지금 내가 걷고 있는 이 길보다 나은 길처럼 보일 때 우리는 지난 선택에 대해 후회하게 될지도 모른다. 마치 지난 선택의 갈림길에 섰던 그곳을 되돌아보며 지금 선택하여 걷고 있는 이 길에서 단점만 보려 하는 것처럼 말이다. 지금 내가 걷고 있는 내가 선택한 길의 장점보다 선택하지 않은 길의 장점이 커 보일 수는 있다. 남의 떡이 크게 보이듯이 원래 갖지 못한 것, 가보지 않은 길의 장점은 내가 지금 누리고 있는 것보다 크게 보일 수 있다. 하지만, 우리는 그 길은 가보지 않았기에 그 길을 선택했을 때의 단점은 정확하게 알기 어렵다. 언제나 우리가 의도한 대로만 모든 결과가 나타나지는 않듯이 지금은 선택하지 않은 그 길을 그때 선택하였다고 해도 지금 보이는 것처럼 장점만 보이지는 않을 것이다. 모든 일은 우리의 의도와는 다르게 나타나기도 하고, 전혀 생각하지 못한 변수가 나타나기도 하며, 보이는 것이 다가 아닐 수도 있는 것이 인생이기 때문이다. 그렇기에 그 일이 우리의 인생에서 사소한 문제이든 엄청나게 중요한 문제이든, 결국 인생에서 마주하는 모든 선택은 후회가 남을 수밖에 없다.

마음속 요정과 도깨비

◦ 백 투 더 퓨처 – 과거로 돌아가시겠습니까?

모든 인간은 선택의 연속인 삶을 살아가면서 크고 작은 후회들을 하면서 살아갈 수밖에 없다. 그렇기에 우리가 마주하게 되는 이 후회들을 통해 우리는 무엇을 느끼고, 무엇을 생각하면서 살아가야 할까. 선택의 순간마다 우리가 가질 수 있는 이 후회들에 매몰되어 되돌릴 수도 없는 지나간 시간들을 바라보며 후회를 눈덩이처럼 키워가기만 할 것인가. 아니면 지나간 선택에 대한 후회를 통해 다음 선택의 갈림길에서는 한 뼘이라도 더 성숙한 결정으로 후회를 최소화하기 위해 노력할 것인가.

'솥뚜껑 보고 놀란 가슴 자라 보고 놀란다.'는 옛 속담이 있다. 이미 한 번 겪은 일을 또 마주했을 때 지난번 후회 때문에 선택을 망설이거나 두려워하게 된다면 우리는 후회 때문에 앞으로 한 발자국 걸어나가지 못하는 소심한 사람이 될 수 있다. 앞서 이야기했던 것처럼 모든 선택의 순간은 크고 작은 후회들을 남길 수밖에 없는데 그 후회의 순간들이 두려워 앞으로 나아가지 못한다면, 정작 두려워해야 할 것은 그 후회가 아닌 후회로 인해 앞으로 나아가지 못하는 나 자신이 되어버릴 것이다. 그렇다면 그 상황을 마주했을 때 우리는 어떤 모습으로 새로운 선택을 해야 할까. 지나간 선택들에서 받은 상처와 두려움은, 그로 인해 남겨진 후회는 우리로 하여금 새로운 도전과 가능성을 선택하기보다는 안전하게, 다시는 후회하지 않을 선택만을 하도록 만들지도 모른다. 물론 안전한 선택을 하는 것이 나쁘다는 것은 아니다. 하지만 모든 선택의 순간에 안전하기만 한 선택을 하는 것은 결코 바람직한 일은 아닐 것이다. 우리는 살아가면서 많은 순간에서 새로운 것에 도전하고, 확실하지 않아도 가능성에 투자하여 변화를 위해 노력하는 순간들이 필요하다. 이런 도전과 가능성이 세상을 변화시키고 한 걸음 더 앞으로 나아갈 수 있도록 하기도 한다. 그렇기에 아무도 새로운 변화 가능성에 도전하지 않는다면 우리가 살아가는 세상은 고인 물이 썩어가듯이 변화하지 못하고 그저 고여서 침전할 뿐인 곳이 될 것이다.

만약 영화 백 투 더 퓨처의 한 장면처럼 내가 너무나 후회하는 과거, 선택의 순간으로 돌아가게 된다면 나는 어떤 것을 하고 싶을까 생각해 본다. 앞서 이야기한 것처럼 내가 선택하지 않은 다른 길 위에는 어떤 것들이 기다리고 있을지는 아무도 모른다. 그렇기에 그 순간으로 돌아간다고 해도 나는 아마 그 선택을 바꾸도록 하지는 않을 것 같다. 다만 지금은 후회로 남은 선택의 순간 앞에 마주한 그때의 나에게 묻고 싶은 말은 있다. "지금 네가 하는 이 선택이 올바른 선택이라고 확신하니? 이 선택을 했을 때 너와 너를 사랑하는, 그리고 네가 사랑하는 사람들을 위해 더 좋은 길이라고 생각하니?" 이 질문에 대한 대답을 해주는 그때의 내가 "당연하지!"라고 대답해 준다면, 나에게는 과거로의 시간여행을 할 수 있던 기회의 가치는 충분한 것이 될 것이다. 그리고 비록 후회는 할지언정 지금도 그때의 선택을 원망하거나 너무 큰 후회를 하지는 않게 될 것이다. 왜냐하면, 그때의 나는 분명 올바른 선택이라고 믿고 선택한 결과이기 때문이다.

마음속 요정과 도깨비

◦ 그 후회는 나를 바꿔줄 값진 교훈이 되어준다

인간은 살아가면서 학교에서 가르쳐 주는 지식만 배우는 것이 아니다. 아이 하나를 키우기 위해 마을공동체 하나가 필요하다는 말이 있을 만큼 우리는 살아가면서 마을의 어르신들께서 무엇인가를 가르쳐 주려고 애쓰지 않으셔도 그분들이 살아가는 모습을 보면서도 배울 것이 있고, 지나가는 꼬마 아이의 모습에서도 배울 것이 있다. 그리고 나 스스로에게서도 인생을 살아가면서 많은 것들을 배우면서 살아가게 된다. 삶을 살아가면서 마주하게 되는 수많은 선택의 크고 작은 후회들은 우리에게 그저 미련으로만 남는 것이 아니라 이 후회를 통해 앞으로의 선택들에서는 어떤 것들을 더 고려하고 어떻게 더 성숙한 마음으로 선택할 수 있을 것인가에 대해 배울 수 있다. 선택의 순간에는 분명 올바른 선택이라고 생각했던 결정도 시간이 지나고 그렇지 않을 수도 있는 결정들이 있다. 다른 변수들을 고려하지 못해서 올바르지 못한 결정이 되어버린 지난 후회하는 선택들을 우리는 실수라고 부르기도 한다. 인간은 완벽할 수 없기에 실수도 할 수 있고, 그로 인해 후회하기도 한다. 그리고 인간은 끊임없이 발전하고 앞으로 나아갈 수 있기에 지나간 후회와 실수를 통해 배우고 발전할 수 있다.

이미 지나가 버린 일이라고 하더라도 분명 어떤 일들은 실수라고 생각한대도 뼈저리게 아프다는 말로 표현할 수 없을 만큼 큰 후회들을 남기기도 한다. 그런 실수들을 겪었다고 해서 다음에는 절대 그런 실수를 반복하지 말아야지, 하는 다짐을 하더라도 인간은 망각의 동물이기 때문에 또 같은 실수를 반복하고 아파하고 상처받으면서 조금씩은 성장해 나간다. 결국, 내가 선택한 결과로 받은 상처와 그로 인한 후회들을 받아들일 수밖에 없다. 이러한 사실들을 머리로는 이해하고 받아들인다고 해도 너무나 큰 상처로 남을 후회들은 쉽게 잊기는 어려운 것도 사실이다. 몸에 생긴 작은 상처는 연고를 발라주고 반창고를 붙여 놓으면 처음엔 그 작은 상처 하나가 너무나 신경 쓰일 만큼 아프게 느껴지다가도 어느새 벌써 아물어 버렸을 만큼 시간은 상처를 잊게 하는 연고가 되어주기도 한다. 하지만 너무나 크게 생긴 상처는 낫는다 해도 흉터가 생기기도 하고 그 후유증이 남기도 하는 만큼 우리 몸과 마음에 깊은 후회를 각인시키기도 한다. 이 각인과 흉터들을 보면서 우리는 어떤 생각과 고민을 하고 앞으로 마주하게 될 선택의 순간들을 대처해야 할까. 아직 완전히 낫지 않은 상처는 시간이 지났어도 여전히 아픔을 동반할 수 있듯이 후회로 남은 선택들은 여전히 앞으로의 일들에도 영향을 미칠 수 있다. 하지만 이 후회를 통해 우리가 배운 것은 분명히 있을 것이고, 아무리 큰 상처라고 하더라도 시간이 흐를수록 분명히 조금씩 나아진다는 것, 아물어 간다는 것을 우리는 배웠을 것이다. 그렇기에 우리는 새로운 선택의 갈림길에 또다시 서게 된다고 해도 두려움보다는 내가 선택한 미래에 대한 희망과 가능성이 우리가 도전과 올바른 선택에 대한 믿음을 가질 수 있도록 해줄 것이다.

마음속 요정과 도깨비

그런데도 사랑해, 너를 나를 우리를

∘ 앞에서는 끌어주고, 뒤에서는 밀어주고

학창 시절 운동회 날이면 모두가 들뜬 마음으로 등교하고 운동장 하늘에 펄럭이는 만국기들을 바라보며 왠지 모르게 긴장되는 마음으로 운동회 시작을 기다렸다. 운동회의 하이라이트는 누가 뭐라고 해도 이어달리기 계주가 아닐까 싶다. 모두가 달리기 계주 주자의 바통을 쫓아 눈을 움직이고 계주 주자에게 직접 닿지 않을지도 모르건만 목 놓아 우리 팀의 주자를 향해 파이팅을 외쳐대며 진심으로 주자를 응원하다 보면 모두의 목소리는 큰 함성이 되어 운동장 전체를 가득 메우곤 했다. 잘 달리고 있는 주자의 바통을 이어받을 다음 주자는 커지는 함성에 긴장감이 고조되고 혹시나 넘어지지는 않을지, 나 때문에 우리 팀이 지게 되는 것은 아닌지 두근거리는 마음에 긴장으로 온몸에 힘이 잔뜩 들어가게 된다. 바통을 이어받아 열심히 뛰어가던 주자가 자칫 발목을 삐끗하여 넘어진 순간, 뛰는 주자를 쫓던 수백 개의 눈에는 걱정과 안타까움이 가득 담기게 된다. 넘어진 주자는 자신의 실수 때문에 이어달리기 경주에서 지게 되었다는 마음과 우리 편에게 너무나 미안한 마음에 바로 일어나지도 못하고 넘어지면서 다친 다리가 아픈 줄도 모른 채 걱정만 하고 있을 것이다. 또한, 마치 모두가 넘어진 나만 쳐다보면서 왜 넘어져서 우리 팀을 지게 하였는지 비난의 눈으로 나를 바라보고 있을 것 같은 기분에 차마 고개도 들지 못하고 자신의 실수를 원망하고 있을 것이다. 그때 응원석에서 목 놓아 응원하던 누군가가 넘어져서 일어나기 힘든 주자에게 "괜찮아! 괜찮아!"를 외치며 넘어진 채 자신의 실수를 원망하고 있을 주자를 향해 응원의 목소리를 전달하기 시작한다면, 아마도 열심히 달리던 주자를 응원하던 우리 팀 응원석도, 상대편의 응원석도 모두가 한마음으로 넘어져 일어서지 못하고 있는 주자를 향해 응원의 함성을 다시 보내줄 것이다.

자신의 실수로 마치 모든 사람이 나를 원망할 것 같은 마음에 다시 일어설 용기조차 내지 못하고 있던 주자는 자신을 향해 우리 팀도, 상대편 팀도 모두 하나 되어 괜찮다고 응원해주는 목소리에 차갑게만 느껴지던 본인을 향한 차가운 시선이 따뜻한 용기의 눈빛이 되어 자신을 일으켜 세워 주는 것을 느끼고, 바통을 다시 부여잡고 다음 주자를 향해 뛰어갈 힘을 얻게 될 것이다. 넘어졌던 순간 마치 모든 사람의 시선이 자신을 향해 비난할 것 같은 마음에 외롭던 주자는 자신을 향한 모두의 하나 된 마음으로 응원해주는 목소리에 외롭지 않다고 느꼈을 것이다.

우리는 살아가면서 아무리 많이 대비하고 돌다리도 두들겨 보고 건너

마음속 요정과 도깨비

갈 만큼 매사에 신중하게 선택과 결정을 한다고 해도, 혼자 살아가는 것이 아니므로 예상치 못한 변수는 반드시 존재하고, 그로 인해 항상 모든 일이 내 의지와 예측대로 흘러가지는 않는다는 것을 잘 알고 있다. 그런데도 예상하지 못한 결과에 당황하기도 하고 부딪치고 깨어지기도 하며, 넘어지고 상처를 받기도 한다. 상처와 후회들이 계속될수록 우리는 마치 이어달리기 경주 중에 넘어진 주자처럼 외롭다고 느끼기도 하고 세상 사람들 모두가 나를 힘들게 한다고 생각할 수도 있다. 혼자서만 이겨내야 했다면 쉽게 떨쳐내고 일어나기 힘들었을지도 모를 때 넘어진 주자를 향한 응원의 목소리가 주자를 다시 일어나 뛸 용기를 주었듯이 나를 향한 누군가의 응원하는 목소리는 다시 일어나 뛸 수 있는 용기가 되어줄 것이다.

높은 비탈길을 짐을 싣고 오르는 어르신의 손수레를 보면, 앞에서만 끌다 보면 뒤로 당겨지는 짐의 무게에 앞으로 나아가기 어렵게 느껴지고, 뒤에서만 밀다 보면 앞에서부터 아래로 누르는 짐의 무게에 역시나 앞으로 나아가기 어렵다고 느껴진다. 그럴 때 누군가의 도움의 손길로 앞에서는 수레를 끌고 뒤에서는 수레를 밀어주며 짐의 무게를 나누게 되면 어느새 긴 비탈길을 모두 올라 높은 곳에서 훤히 보이는 아래를 바라보며 미소를 짓고 있을지도 모른다. 우리 앞에 던져지는 수없이 많은 선택의 순간들에 혼자 살아가는 삶이 아니므로 예상과 다른 결과들로 흔들릴 수도, 상처 입을 수도, 후회할 수도 있지만 역시나 혼자 살아가는 삶이 아니므로 그 시간들은 혼자 버텨내야 하는 시간이 아니라 나와 나를 둘러싼 많은 사람이 함께 응원하고 도와가며 함께 이겨내야 하는 시간들이 되어준다. 자신이 선택한 결과로 너무나 힘들어하거나 외로워하고 있는 누군가가 있다면 그 길을 걷는 시간이 지치거나 외롭지 않도록 열심히 걷고 있는 그를 위해 응원과 사랑의 마음을 담아 앞에서는 끌어주고 뒤에서는 밀어주면서 함께 이겨낼 수 있도록 해보자.

◦ 과정이 행복하면 결국 결과는 아름다울 수 있다

등산을 하다 보면 산꼭대기는 저기 높은 곳에 있어서 계속 올라가기만 하면 도달할 수 있을 것 같지만, 산의 입구에 들어서면 산 정상에 오르기까지 오르막길도 있고 내리막길도 있고, 평탄한 길이 계속될 것 같다가도 아찔한 오르막이 나타나기도 한다. 산 정상에 오르기 위해 낮은 산은 두 시간에서부터 설악산이나 지리산처럼 높은 산은 8~10시간에 걸쳐 올라가며 등산을 해야만 도달할 수 있다. 그렇게 힘들게 올라간 산 정상에서 우리는 무엇을 보고 느끼고자 힘겹게 등산을 하는 것일까? 농담 삼아 이야기하는 것처럼 어차피 내려올 것인데 왜 힘들게 올라가는지 누군가 묻는다면 이 질문에 대한 대답이 곧 이 농담 같은 물음에도 답이 되어줄 것이다.

산 정상에 올라 높은 곳에서 산 전체를 둘러보며 산 정상의 맑은 공기

마음속 요정과 도깨비

를 마시고, 가지고 온 커피나 시원한 음료를 한 잔 마시면서 땀을 식히고 산 정상에 올랐다는 뿌듯함을 느끼는 것도 잠시, 해가 지기 전에 내려가야 하므로 산 정상에서의 시간은 그리 길지 못하다. 그렇다면 우리는 왜 몇 시간이나 걸려서 힘겹게 산 정상에 오르고자 했을까? 산 입구에 들어서는 순간부터 등산하는 목적은 산 정상에 오르는 것만은 아닐 것이다. 산에 오르기 위해 오늘 하루 다른 일들은 잠시 멈춰두고 오래간만에 자연의 품으로 들어온 상쾌한 기분을 느끼면서 행복한 기분으로 등산을 시작한다. 등산길 초입에 핀 작은 들꽃들을 보며 오늘 산에 오르는 길 내내 이 풀내음이 함께 했으면 하는 바람으로 산을 오른다. 산에 오를수록 오르막길만 계속되면 힘들 수도 있는데 가파른 오르막에 숨이 차서 힘겨워질 때쯤 오르막길이 끝나고 내리막길도 나타나면서 울창한 나무들이 잠시 해를 가려 이마와 등에 맺힌 땀들을 식혀준다. 좁은 바위 사이로 난 길을 오를 때면 앞선 사람이 뒷사람을 위해 손을 내밀어 당겨주고, 내려오는 이와 올라가는 이가 마주칠 때는 서로 양보와 배려를 하며 모르는 이라 해도 올라가는 길과 내려가는 길이 서로 무사하도록 응원을 해주기도 한다. 산 중턱 즈음 도착했을 때 준비해온 시원한 음료를 한 모금 하며 목을 축이다 보면 도시 생활을 하며 탁한 공기에 찌들었던 폐가 시원해지는 듯 마음속에 있던 응어리들도 모두 내려놓고 갈 수 있을 듯한 마음이 든다. 산에 오르는 길을 걷는 내내 아주 작은 풀꽃 하나에도, 등산객들을 피해 달아나면서도 무엇이 그리도 궁금한지 사람들을 빤히 쳐다보는 청솔모를 보면서도, 마음의 평화를 느끼게 된다.

힘겹지만 눈과 코와 마음이 깨끗해지는 것을 느끼며 오른 산 정상에서는 드디어 도착했다는 즐거움을 느끼며 산 아래로 펼쳐진 광경을 눈에 담고 해가 지기 전에 내려갈 준비를 한다. 힘겹게 오른 산이지만 산 정상에 머무르는 것은 고작 30분을 넘기기 어렵다. 산에서 내려와 집으로 향하는 길, 오늘 등산을 통해 기억에 남는 것들은 산 정상에서의 풍경보다는 산에 오르는 걸음걸음마다 나를 반겨준 작은 풀꽃들과 함께 산을 오르는 사람들과 나눈 이야기, 그리고 잠시 멈춰 서서 쉬는 동안 서로 나누어 먹은 음식들같이 정상에 도착하기 위해 함께 나눈 시간들일 것이다.

　지금 살아가고 있는 우리의 삶도 산에 오르는 것과 같을지도 모른다. 우리는 누구나 행복을 추구하면서 살아가고 있다. 우리가 매 순간 우리 앞에 놓이는 선택의 갈림길에서 늘 고민하고 최선을 다해 선택하며 때론 후회하고 가보지 않은 길에 미련을 갖기도 하는 것은 결국 우리가 살아가고 있는 이유는 더욱더 행복하기 위해서이기 때문일 것이다. 하지만 정작 자신이 추구하고 있는 행복이라는 것이 어떤 모습인지, 우리가 추구하고 있는 행복은 어떤 순간에 어떻게 찾을 수 있는지 정확하게 이야기할 수 있는 사람은 많지 않다. 그것은 아마도 우리가 추구하는 행복이라는 것이 내가 걷는 길 끝에 도달해야만 얻을 수 있는 목표라고 생각하기 때문은 아닐까?

　산에 오르는 행복이 산 정상에 있다면, 힘겹게 산에 올랐지만 산 정

　　　　　　　　　　　　　　마음속 요정과 도깨비

상에 머무르는 시간은 고작 몇 분이라면 그 짧은 행복을 누리기 위해 너무 긴 시간을 산에 올라야 한다. 과연 겨우 몇 분이 안 되는 짧은 행복을 누리기 위해 그 긴 시간을 산에 올라야 한다면 우리는 도중에 포기하고 싶어지지 않을 수 있을까? 산에 오르는 행복은 산 정상에 도착해야만 누릴 수 있는 것이 아니라 산에 오르는 길 한 걸음걸음마다 마주하는 모든 것들에서 행복을 찾을 수 있다. 그렇기에 우리는 힘겹더라도 중간에 포기하지 않고 산 정상까지 오를 수 있다. 우리가 살아가는 삶 역시도 우리가 걸어가는 길의 끝에 행복이 있는 것이 아니라 매 순간 우리는 행복한 삶을 위해 선택을 하고 그 순간마다 행복을 충분히 누리면서 살아가게 된다.

내가 피운 한 송이의 꽃이 우리의 꽃밭에 씨를 뿌리기를….

열 마디의 말보다 한 번의 행동은 강한 힘을 가지고 있다. 매 순간 선택의 갈림길에서 내가 택한 나의 올바른 선택의 길은 하나둘씩 쌓여서 어떤 선택에는 만족하고, 어떤 선택은 후회도 하면서 성장해 나아가기도 하고, 어떤 선택은 상처를 받고 아물기도 하며 내가 걸어온 길이 곧 나를 보여주는 길이 되어 갈 것이다. 그러므로 나는 타인을 대할 때 그 사람이 자신을 표현하는 말보다, 선택의 순간 갈림길에서 어떤 기준과 어떤 선택들을 하며 걸어왔는가, 그 사람이 걸어온 길을 보고 판단하려고 한다. 그 사람의 말보다 그 사람이 걸어온 길이 그 사람을 제대로 보여주는 진짜 그 사람의 모습이라고 생각하기 때문이다.

우리는 오늘도 사소한 것부터 중대한 일들까지 많은 선택을 하면서 살아가고 있다. 이 선택들이 모여서 나를 만들어주고 그렇게 한 걸음씩 성장해가며 나는 오늘도 내 앞에 놓인 이 길을 걷는다. 내 앞에 놓인 수많은 선택의 갈림길들이 있고, 그 길들이 모두 제각기 방향을 나타내는 것 같을 수 있지만, 결국 올바른 선택에 대한 나만의 확고한 기준을 가지고 한 걸음씩 성장해가며 내가 선택하는 길들은 결국 한 곳을 향해 가는 나의 길일 것이다. 매 순간 내가 걷고 있는 이 길에 확신이 있을 때도 있고, 확신이 없는 불안함이 있을 때도 있을 것이다. 내가 선택한 모든 길은 모여 하나뿐인 나의 길이 되어갈 것이다.

매 순간의 선택을 할 때마다 우리는 혼자 살아가는 세상이 아니므로 더욱 고민하고 신중한 선택을 하는 만큼 우리가 걷는 그 길이 외롭지 않도록, 지쳐 쓰러지지 않도록 열심히 걷고 있는 나를 위해 서로 응원하고 사랑해주자. 우리가 걷고 있는 이 길이 산에 오르는 길처럼 어떤 날은 오르막일 수도, 어떤 날은 내리막일 수도 있고 비 온 뒤에 만난 웅덩이처럼 진창이 된 길일 수도, 작은 들꽃들이 무수히 피어난 꽃길일 수도 있다. 아무리 예쁘게 피어난 꽃들이 무성해도 이 꽃들을 바라볼 마음의 여유가 없다면 내가 걷는 길이 아무리 꽃길이어도 그 길은 그저 힘겨운 고난의 길이 될지도 모른다. 매 순간 내가 걷는 모든 길이 꽃길이 되는 것은 우리의 마음에 달린 것이다. 그러니 우리가 함께 걷는 이 길들이 내 마음속 꽃길이 될 수 있도록 사랑하자. 나를, 너를, 그리고 우리를.

　　　　　　　　　　　　　　　　　마음속 요정과 도깨비

사람들은 살아온 환경에 따라, 살아오면서 마주한 경험들에 따라 올바른 선택에 대한 자신만의 기준이 생겨난다. 그 기준은 개인의 기준일 수도 있지만, 그 개인이 속한 집단의 기준에 영향을 받기도 하고 나아가 그 집단이 만들어낸 사회의 기준이 되기도 한다. 우리가 함께 살아가고 있는 이 사회의 올바른 선택에 대한 기준이 명확하고, 그 안에 속한 사회 구성원들이 모두가 택한 선택에 대한 믿음과 신뢰가 있을 때 우리는 개인의 앞에 놓이는 선택의 순간들에 조금은 덜 흔들리고 덜 고민할 수 있지 않을까?

모든 선택은 후회를 남기지만 후회의 크기는 결국 나의 선택에 대한 믿음의 크기와도 관계가 있을 것이다. 나의 선택에 대한 믿음의 크기가 커질수록 내가 택하지 않은 다른 길에 대한 미련은 작아질 것이며, 후회의 크기도 함께 작아지게 될 것이다.

나의 선택들이 쌓이고 쌓여서 만들어 낸 내가 걸어온 길이 꽃길이 될 것인지, 후회와 미련들로 쌓여서 진흙탕처럼 진창으로 남아 앞으로 남은 내가 걸어갈 길들에 진흙 발자국을 묻혀갈 것인지는 나의 선택에 대한 나 자신의 믿음이 중요하다.

나의 선택들에 대해 확신만 가득한 길을 걷는 이는 없다. 그렇기에 우리는 모두 선택의 순간들에 두려움과 불확실함, 혹시 모를 불안감을 가지고 있을 수밖에 없다. 함께 살아가는 이 세상 속에서 각자 서로가 가지고 있는 불안과 두려움을 조금이라도 줄이기 위해서 서로에 대한 응원과 믿음을 키워간다면 후회할 순간들이 조금은 줄어들지 않을까?

질문 세 가지

1. 아주 사소한 것부터 큰일들까지 오늘 하루 당신은 몇 번의 선택들을 했는지 기억하는가?

2. 아무리 시간이 흘러도 절대 잊히지 않는 후회하는 순간들이 있는가? 그렇다면 그 후회를 통해 무엇을 배웠다고 생각하는가?

3. 지쳐있거나 외롭다고 느낄 때, 당신을 일으켜 세워 준 것은 누구의 한마디인가? 그 한마디는 어떤 말인가?

　　　　　　　　　　　마음속 요정과 도깨비

쓰고 보니
이제 나도 알겠네요

이 책 한 권을 쓰기 위해 많은 생각을 정리하면서 머릿속에 떠오르는 사람들이 많았습니다. 삶을 살아가면서 어떤 어른이 되어야 하는지 몸소 보여주셨던 돌아가신 아버지와 우리를 키우느라 너무나도 많은 고생을 하셨던 부모님의 젊은 시절, 어린 시절의 나를 행복한 기억으로 추억하게 하는 골목길 추억의 친구들과 시골 마을의 동네 사람들. 처음 글을 쓰기 위한 시작은 제 아이들에게 남기고픈 이야기와 아이들이 살아가면서 한 번쯤 생각하면서 자라나기를 바라는 마음들을 남겨놓기 위해서였지만, 한 장, 한 장 글을 쓸수록 이 아이들에게 내가 하는 이 이야기들이 나를 어떤 사람으로 기억하게 할 것인지 궁금해졌고, 정작 이 글을 쓰고 있는 나는 어떤 사람이 되고자 했었는지 생각해보는 시간이 더 길었던 것 같습니다.

이 글을 쓰는 동안 나라는 개인이 이런 생각과 가치관들을 가질 수 있도록 만들어진 것은, 혼자 살아가는 것이 아닌 함께 살아가는 세상 속에서 나를 형성한 나 자신 외에 나를 둘러싼 많은 사람 덕분이라는 생각을 하게 되면서, 그래도 나름 좋은 사람이 되려고 노력을 하는 삶에 감사하다는 생각을 하게 되었습니다.

내 아이들에게 나는 어떤 엄마로, 어떤 어른으로 살아갈 것인가를 생각하면서, 돌아가신 아빠와 어린 시절 우리를 키우시던 부모님의 시간들을 떠올려 보고 조금이나마 나의 부모님께서 보여주셨던 모습을 흉내라도 내면서 조금씩이라도 배워갈 수 있었으면 한다는 생각을 합니다. 그때 그분들은 어떤 마음과 생각으로 우리를 키워내셨을지 떠올리며 다시 한 번 마음속에 감사함을 새겨 넣습니다.

우리는 모두 살아가면서 누군가와 만남과 이별을 하고, 곁에 있을 때는 잘 알지 못했던 소중함을 떠나보내고 나서야 더욱 절실하게 깨닫게 되기도 합니다. 소중한 이와의 이별을 경험한 사람들은 모두에게 공평하게 주어지는 유한한 시간 속에서 소중한 사람들을 간직할 수 있도록 어떤 노력을 해야 하는지 배워가기도 합니다. 또한, 그 배움의 시간에서 우리는 더 나은 사람이 되기 위해, 어떤 삶을 지향해야 하는가를 생각하기도 합니다. 더 나은 사람이 되고자 하는 내 마음이 나와 함께 살아가고 있는 내 사람들에게 전해지고, 우리들의 마음이 이 사회에 전달되어 우리가 모두 공공의 선을 위해 한 걸음씩 나아간다면 우리 아이들이 살아갈 세상은 조금 더 아름다워질 수 있지 않을까 하는 생각을 합니다.

우리 아이들의 마음속에 요정들이 건강하게 자라나 도깨비의 말에도, 요정들의 말에도 휩쓸리지 않고 자신들만의 올바른 선택에 대한 기준과 용기, 그리고 따뜻한 마음을 배워갈 수 있도록 우리가 무엇을 해야 할지 충분히 생각해볼 수 있는 감사한 시간이었습니다.

혼자서는 살아갈 수 없는 우리가 살아가고 있는 이 세상은 모든 부분에 완벽한 사람은 없기에 특별히 잘난 단 한 명의 사람이 만들어가는

마음속 요정과 도깨비

것이 아니라, 모든 분야에서 조금씩 서툰 사람들이 함께 모여 세상을 만들어가는 것 같습니다. 아이들이 가끔 다른 친구 이름을 대며 구구단을 잘한다고 자랑을 하면 제가 아이들에게 하는 말인데 글로 옮기고 싶다는 생각이 문득 들었습니다. 구구단을 잘하는 친구도 있고, 그림 그리기를 잘하는 친구도 있고, 공기놀이를 잘하는 친구도 있고, 공놀이를 잘하는 친구들도 있을 텐데, 구구단을 잘하는 친구가 그림 그리기는 서투르다면 그림을 잘 그리는 친구가 서투른 친구에게 그림을 함께 그리며 같이 그 친구의 하얀 도화지를 채워주고, 구구단이 서투른 친구에게는 잘하는 친구가 같이 구구단 노래를 부르며 익숙해질 때까지 도와줄 수 있을 것입니다. 그렇게 조금씩은 서투른 부분이 있지만, 함께 노력하면 모두가 지치거나 넘어지는 사람 없이 함께 손잡고 걸어갈 수 있는 친구들이 될 것이라는 말을 아이에게 해주며, 우리가 사는 세상도 이렇게 서로의 마음에 긍정적인 에너지가 되어 함께 손잡고 걸어갈 수 있었으면 합니다.

이 글을 쓰는 시간 동안 막연했던 삶의 방향과 올바른 선택들에 대한 가치들이 명확해져 가는 것을 느낍니다. 글로 남겨진 제 생각들은 지금까지의 제가 걸어왔던 길들을 보여주기도 하겠지만, 앞으로 살아갈 제 시간들의 나침반이 되어줄 것입니다. 인생길의 1/3 정도를 걸어온 이 시점에서 잠시 걸음을 멈추고, 저 멀리 내가 걸어가야 하는 이 길들이 어떤 방향을 향해 나아가고 있는지, 무엇을 중요하게 생각하며 걸어야 하는지를 다시 한 번 생각해볼 수 있었던 이 시간에 감사드리며, 이 글을 읽는 모든 분의 시간에 따뜻한 추억들이 솟아나기를 바랍니다.